区域国别史丛书

区域国别史丛书

葡萄牙史

〔瑞士〕戴维·伯明翰 著

周巩固 周文清 译

This is a Simplified Chinese Translation of the following title published by Cambridge University Press:

A CONCISE HISTORY OF PORTUGAL, EDITION 2

ISBN 987-0-521-53686-8

© David Birmingham 2003

This Simplified Chinese Translation for the People's Republic of China (excluding Hong Kong, Macau and Taiwan) is published by arrangement with the Press Syndicate of the University of Cambridge, Cambridge, United Kingdom.

© The Commercial Press 2024

This Simplified Chinese Translation is authorized for sale in the People's Republic of China (excluding Hong Kong, Macau and Taiwan) only. Unauthorized export of this Simplified Chinese Translation is a violation of the Copyright Act. No part of this publication may be reproduced or distributed by any means, or stored in a database or retrieval system, without the prior written permission of Cambridge University Press and The Commercial Press.

Copies of this book sold without a Cambridge University Press sticker on the cover are unauthorized and illegal.

本书封面贴有 Cambridge University Press 防伪标签，无标签者不得销售。

本书地图系原书插附地图
审图号：GS(2024)4550 号

区域国别史丛书
出版说明

立足本土，放眼寰宇，沟通中外，启智学人，始终是我馆坚守不变的出版天职。其中的一个出版方向，即世界各国历史。二十世纪二三十年代，我馆出版了《史地小丛书》《新时代史地丛书》，系统介绍世界各国历史与地理。二十世纪六七十年代，我馆集中翻译出版了四十余种国别史图书，为学界提供了重要的参考文献。进入二十一世纪，我馆参与《世界历史文库》出版工作，广受好评。

当代中国正全方位融入全球发展的大潮之中，全社会认识了解世界各国各地区历史的需求更为全面、迫切。因此才有了这套《区域国别史丛书》的创设。丛书的出版宗旨可以用"兼收并蓄，权威规范"来概括。就选目而言，既收录单一国家的国别史，也收录重要政治、经济、文化地区的区域史；既收录研究性的专史，也收录通识性的简史；既收录本国人写的本国史，也收录他国人写的异国史以及中国人写的世界史。不论哪一类历史著作，都力求权威可靠，规范可读，可以信从，可供征引。希望学界同人鼎力支持，帮助我们编好这套丛书。

商务印书馆编辑部
2023 年 10 月

目　录

导言 3

第一章　人民、文化和殖民地 13

第二章　17世纪的反抗和独立 37

第三章　18世纪的黄金时代和大地震 68

第四章　巴西独立和葡萄牙革命 100

第五章　资产阶级君主立宪制和共和党 131

第六章　独裁统治和非洲殖民帝国 160

第七章　民主和欧洲共同市场 184

译注 202

阿维斯、贝雅和哈布斯堡家族世系表 205

布拉干萨和布拉干萨-萨克斯-科堡家族世系表 206

葡萄牙共和国历任总统 207

原始材料选录 208

1990 年以来出版的相关作品选介 211

拓展阅读英文书目 215

索引 217

译校说明 239

插　图

1. 罗马建筑，不仅带来了铺有马赛克的庄园和大理石教堂，也带来了同样意义重大的市政工程，为城市提供水源 15
2. 埃武拉周边的葡萄牙南部平原历经罗马人、穆斯林和基督徒的殖民统治（isawnyu, flickr）..................................... 21
3. 巴塔利亚修道院是在 1385 年阿勒祖巴洛塔战役后开始修建的（Alvesgaspar, Wikimedia Commons）............................ 24
4. 努诺·贡萨尔维斯绘制的斐迪南王子及其兄弟亨利的遗作（里斯本国家古代艺术博物馆）..................................... 27
5. 一幅 15 世纪的图片，展示了来自非洲的黑人奴隶（里斯本国家古代艺术博物馆）... 29
6. 位于里斯本河口的贝伦塔，采用了华丽的"曼努埃尔式的"风格（Alvesgaspar, Wikimedia Commons）.................... 31
7. 这扇托马尔修道院里的大窗户是葡萄牙曼努埃尔式的石刻中最精雕细刻的例子之一（Alvesgaspar, Wikimedia Commons）......... 33
8. 一幅描绘经常卷入海上和岸上敌人的武装冲突的 16 世纪葡萄牙航海的图画 34
9. 塞巴斯蒂昂，在 1640 年葡萄牙恢复独立后，成了葡萄牙爱国主义民族英雄 39
10. 中世纪的科英布拉大学（xiquinhosilva, Wikimedia Commons）.... 42
11. 一幅描绘 17 世纪 20 年代里斯本海滨的雕版画［来自 *Viage da Catholica real majestade rey D. Filipe III al Reino de Portugal*（马德里，1622 年）］... 54

12	一幅描绘死亡形象的壁画 55
13	埃里塞拉伯爵,试图改革葡萄牙生产能力的几位杰出的现代政治经济学家之一 64
14	保罗·梅休因爵士,他和他的父亲约翰·梅休因于 1703 年谈判签署了著名的商业条约,将葡萄牙经济与英国联系在一起...... 66
15	一幅当时的雕版画描绘了一大群人聚集观看宗教裁判所的受害者被施以火刑的场景 70
16	一幅 1730 年的壁画展示了里斯本的房屋和花园露台从海滨背后的船坞向城内的阿尔法马区陡峭地升起(RickMorais, Wikimedia Commons) 72
17	马弗拉宫修道院部分地模仿了西班牙的埃斯科里亚尔 73
18	当时的绘画作品,描绘了里斯本大地震之后满目疮痍的场景...... 79
19	蓬巴尔侯爵,由华金·达·席尔瓦绘制(里斯本国家古代艺术博物馆) 84
20	葡萄牙风车房(dynamosquito, flickr) 97
21	1810 年的布萨科战役(1817 年为 Edward Orme 的 *Historic military and naval anecdotes* 绘制的图画) 103
22	陆军元帅桑塔哈,1820 年至 1851 年的葡萄牙革命中的军事领袖人物 115
23	对 1846 年由女性部分领导的农民起义的描绘(Alberto Lopes 绘制) 126
24	"维多利亚时代"里斯本的中产阶级穿着法国时装漫步在法式建筑林立的大街上 130
25	1884 年里斯本农业展览会纪念章 133
26	软木生产,其中世界一半的供应量仍然来自葡萄牙(pedrik, flickr) 138
27	1886 年竖立的方尖碑以纪念葡萄牙 1640 年恢复独立(ETH-Bildarchiv Zürich, Wikimedia Commons) 140

28 前往巴西的移民船上的妇女和儿童（里斯本广播总局）......... 142
29 安哥拉洛比托湾的深水港，被描绘在一幅当时的广告上......... 145
30 这幅漫画展现的是一位老人周围陪伴着来自中国、印度尼西亚、莫桑比克和安哥拉殖民地的"女儿们"，英国、德国的追求者艳羡地看着老人，急切地想瓜分葡萄牙在海外的财产（Gabriel Bordallo Pinheiro 的漫画）......... 146
31 1889 年，卡洛斯一世在里斯本市政厅被宣布为国王......... 149
32 诗人卡蒙斯逝世 300 周年纪念，共和党人将其视为爱国主义英雄（Casanova 在 *O Occidente* 中绘制）......... 150
33 在 1910 年革命中，武装的共和党人在街道上设置了路障（照片来自 *O Occidente*，1910 年 10 月）......... 153
34 萨拉查，1932 年至 1968 年担任葡萄牙总理......... 162
35 萨拉查统治下的性别和阶级刻板印象（里斯本国家图书馆）... 167
36 1961 年至 1974 年殖民战争期间的葡萄牙应征兵和非洲军队的新兵......... 176
37 马里奥·苏亚雷斯，1986 年至 1996 年担任共和国总统......... 188

地　　图

1 葡萄牙......... 2
2 葡萄牙的海外殖民地......... 12

献给

阿尔贝托·罗马奥·迪亚斯

和

吉尔·R. 迪亚斯

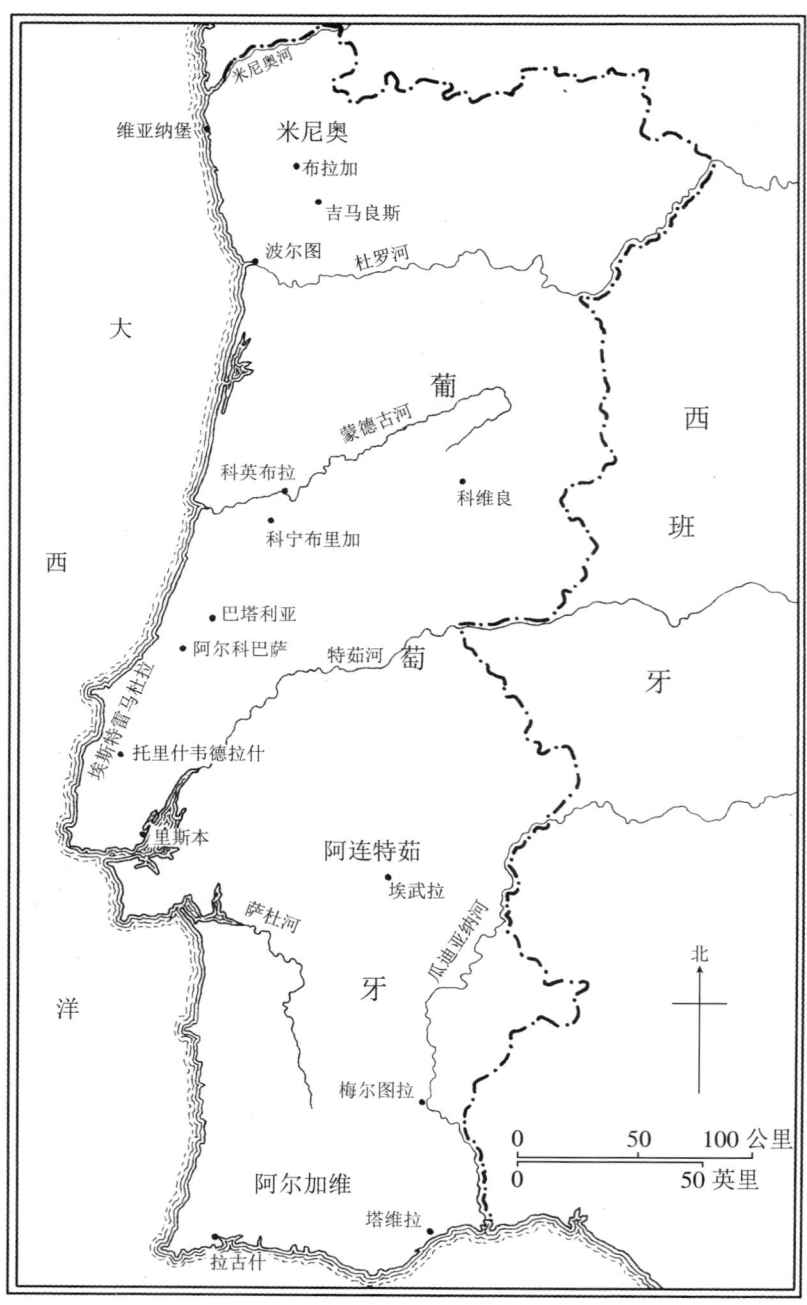

地图 1 葡萄牙

导　言

　　葡萄牙是世界上最擅长生存之道的国家之一。它只是一个很小的国家，人口从100万缓慢增长到900万就耗费了它800多年时间。在那段时间里，它在欧洲范围内获得了一种政治和文化上的自决权，也通过殖民扩张、海外移民和贸易，在世界各个角落留下了自己的印记。与更为繁荣的加泰罗尼亚不同，17世纪时，它成功地挣脱了西班牙的统治；与同样富有生机的苏格兰不同，18世纪时，它并没有因为英国的经济资助而沦为其政治附庸；与那不勒斯和巴伐利亚那些中庸王国不同，在伟大的19世纪欧洲大陆帝国大统一中，它没有被兼并；与德国和意大利不同，无论是在第一次世界大战期间还是在第二次世界大战期间，它都没有丧失其非洲殖民地；也不像诸如爱尔兰和丹麦等农业国，直到20世纪80年代，它依然处在欧洲经济共同体之外。

　　但是在近代历史上，葡萄牙不仅仅是一位顽强的幸存者，在欧洲的许多历史进程当中，它还是一位先驱者。中世纪的葡萄牙基督徒，在来自英国雇佣兵仅有的一点帮助下，与葡萄牙的穆斯林进行着血腥的斗争，终于在13世纪控制了欧洲的西部边缘。葡萄牙人还建立起欧洲第一个"现代"民族国家，它的边界自从阿尔加维（Algarve）古老的穆斯林"西部王国"灭亡后一直没有变过。一个世纪后，他们在大西洋的岛屿上首先践行了"海外殖民"这一概念。到16世纪，他们已经发现了通往亚洲的海上航线。葡萄牙的香料帝国也许是短命的，但为紧随其后的尼德兰和英国这类庞大的贸易帝国打开了通路。在美洲，葡萄牙对巴西的征服在面积上要远远超过后来构成美国的13块英属殖民地。此外，从巴西高原源源不断流入葡萄牙的黄金也成为推动18世纪欧洲工业革命的重要原料。

葡萄牙不仅在海外拓殖上引领潮流，还在欧洲探索新社会组织形式方面是一名先锋。葡萄牙自由主义者试图将国家从极端教权主义中解放出来，并为实行民主和人道主义铺平道路。葡萄牙也是旧世界中最早采用法国共和政体模式的国家之一。但与此同时，葡萄牙不得不竭力维持它并不宽裕的处境。17世纪时，为了保卫独立并收复大西洋上的殖民地，葡萄牙国库一直因海军的需求而吃紧。18世纪时，公共建设工程中的纪念碑项目开始动工兴建，著名的王室宫殿群也开始兴建起来，这远远超出了一个小型农业国的建筑预期。19世纪时，依靠非洲奴隶贸易最后阶段的盈利和数以百万的新世界移民的侨汇，有教养的葡萄牙中产阶级才得以维持维多利亚式的优雅生活。关于一个如此小的国家如何在千百年间取得这般巨大的成就，有许多问题留待历史学家去解决。

对经济现代化的追寻是葡萄牙现代史中萦绕不去的主题。从葡萄牙独立最初，也就是1640年反抗西班牙统治斗争爆发的时候，葡萄牙就一直在经济上与它的海上保卫者英国紧密相连。因此毫不奇怪，它渴望在经济活动上效仿英国的增长和多样性，尤其着力于摆脱"欠发达的"困境，这种困境总是迫使葡萄牙提供原材料而买进工业制成品。发起一场工业革命的尝试在4个不同的世纪里经历了4次，每次都取得了不同程度的成功。17世纪时，独立战争刚刚结束，地主和市民就陷入了一场是否发展羊毛纺织业的激烈斗争中。最后地主取胜，市民的兴趣被导向了巴西新发现的机会上。一直到18世纪晚期，巴西金矿枯竭，工业化才再次成为葡萄牙政府需要考虑的一项急务。然而,制造业无法同作为外汇来源的高档酒类贸易相竞争,而且,葡萄酒在巴西矿业衰落之后几乎成为葡萄牙唯一的贸易项目。19 世纪晚期,当酒类贸易下滑,国外竞争者开始领先葡萄牙时,葡萄牙开始尝试发动第三次制造业革命——创建进口替代工业。机器化大工业的兴起对城市无产阶级的形成至关重要,他们在国家事务中扮演了新的角色,并且帮助资产阶级在 1910 年宣布共和。但是 20 世纪 30 年代的世界经济危机和此后一段长期倒退的独裁统治却带来了一个停滞的时代——独裁统治粉饰农民的贫困生活,并且保护一种高度特权的寡头政治。第四次工业化的飞跃发生在 20 世纪 60 年代。那时葡萄牙从世界劳动分工中获得了一点好处——那些跨国公司正在寻找最正规、最廉价的劳动力市场,准备以此为开端将工厂从高成本、高度工会化的传统工业生产地转移出去。就在同一时期,葡萄牙国内的工业企业家方才开始利用葡属非洲殖民地,加强与欧洲大陆的紧密联系,建立起纺织业、塑料制造业、造船业和其他轻工业。截止到 1986 年,葡萄牙最终加入欧洲共同市场时,其第四次工业化进程的现代化建设已颇具成效。

要想找到一个恰当的时间顺序来划分现代葡萄牙的历史会得到很多答案。从根本上来说,17 世纪是一个民族主义的时代。葡萄牙摆脱西班牙的抗争始于 1640 年,在经历了一代人的努力后,终于在 1668 年被承认。在欧洲早期近代史上,这是一段战争阴云笼罩、争取民族自决权的伟大战争濒临爆发的时期。但是,国家的独立需要得到富有同情心的盟友的认同和保护——而这是需要付出代价的。葡萄牙拥有一份财产——布拉干萨的王室公主凯瑟琳,她带着一大笔嫁妆被送到了英国,而那位更有威望的法国求婚者则被拒绝了。但是,王朝之间的联姻并不足以确保国家的生存和得到英国海军永久的支持。葡英同盟植根于14世纪用酒交换羊毛织布的贸易，1703年，该同盟通过约翰·梅休因签署的著名条约（也有人说这是一份可耻的条约）得到了加强。一些观点认为，《梅休因条约》让葡萄牙变成了英国"新的殖民地"，但是条约并不像它看上去的那样不平等；虽然付出了一定的代价，但是它成为保护葡萄牙17世纪所赢得的民族主义的一个持久因素。

18世纪的历史被1755年发生的里斯本大地震牢牢占据，这也很有可能是葡萄牙历史上唯一一段印刻在欧洲民间文化记忆中的插曲了。然而18世纪终究是葡萄牙拼命炫耀财富的世纪：教会、王室和贵族竞相建造镶有巴西金子的小礼拜堂。布拉干萨家族当时被认为是世界上最富有的家族。圣罗克教堂里的一个小礼拜堂是用珍贵的罗马大理石建造的，在它被拆解运回里斯本一块一块重新装好前，可能还受过教皇的赐福。巨大的马弗拉宫修道院被建成了不朽的西班牙风格。将水引入里斯本的水渠用接近200英尺高的罗马式石柱建成。然而，财富在地震后荡然无存，葡萄牙将自己的命运托付给18世纪最伟大的开明大臣——蓬巴尔侯爵[1]。在伦敦和维也纳经历了一段漫长的外交学习时光后，蓬巴尔开始竭力促使这个国家实现现代化。他将犹太人从宗教压迫中解放出来，废除殖民地之外的奴隶制，削弱贵族的权力，鼓励资产阶级的兴起，提高与英国酒类贸易的收益，改革国家的行政与财政措施。

18世纪可分为两个阶段。在第一阶段，拿破仑的军队攻入了葡萄牙。正如在之前的危机中偶尔想做的那样，葡萄牙王室和他们数以千计的随从跑到了里约热内卢——大西洋对岸更为富有的领地上。威灵顿[2]的军队迅速起来抗击入侵者，使得葡萄牙晚了10年才接触到19世纪新的革命思想。因此，直到1820年，葡萄牙革命才得以爆发。就像之前的法国大革命一样，一切都惊心动魄。葡萄牙革命历经了立宪激进主义、反动镇压、内战、人民起义和城市恐怖等阶段。到 1851 年革命结束的时候，葡萄牙已经明显地改变了。旧的 18 世纪资产阶级摇身变成了新贵族。他们的首领解散修道院，分发教会土地，出售王室地产，设立一系列新的贵族头衔，并为"普通民众"建立起一个有很高财产和选举权限制的众议院，同时又为王室贵族设立了一个英国式的上议院。在历经了 30 年的激荡革命岁月后，新贵族们逐渐开始了半个世纪的政治稳定。

葡萄牙的维多利亚时代处于无所不在的萨克斯-科堡家族[3]统治下。女王的丈夫斐迪南和他的孩子们都是艺术的赞助者。作为欧洲最好的植物园，里斯本植物园一直被贝德克尔[4]旅行指南所青睐。上流社会的纨绔子弟纷纷去玛丽亚二世歌剧院，既是去看戏剧，也是为了炫耀自己。在铁路时代投资热潮的鼓动下，里斯本与巴黎连通了。在著名工程师埃菲尔的帮助下，这座城市还建起一个缆索铁路、有轨电车和公共电梯的运营网络。通过强有力的公共工程计划，政府所扮演的角色被大大拓展了。仅有的小挫折是发生在 1870 年和 1890 年的葡萄酒价格下跌。葡萄牙希望通过复辟过去的帝制来挽回这些损失。建立另一个帝国的努力——这次既不是在亚洲也不是在美洲，而是在非洲——由于葡萄牙投机性投资者的谨小慎微和在中部非洲怀有敌意的英帝国主义者的野心而被暂时阻挠了。然而，这已经不是发生在葡萄牙大众殖民冒险欲望被激发起来之前的事了。殖民征服能塑造出民族英雄，而殖民的失败也帮着将漫长而稳定的维多利亚时代推到了尽头。

维多利亚自由主义时代在经历三个阶段后走向了终结。第一阶段，1890 年葡萄牙在非洲与英国发生冲突，不得不放弃对赞比西河腹地的主张，使塞西尔·罗德斯[5]从中得利。国家的颜面尽失让政府声名狼藉，也让王室狼狈。不到 20 年的时间，葡萄牙的共和党——其中既有民主党人也有无政府主义者——于1910年推翻了君主制,宣布成立一个自由的共和国。这个共和国与之前的资产阶级王朝相比,既不能从殖民地取得财富,也不能推行一项独立于英国的外交政策,更不能满足日益增长的无产阶级和底层中产阶级的合法需求。它很快也被推翻了,但这一次是被来自军队高层右翼天主教的反叛势力所推翻的。1926年的政变揭开了葡萄牙现代史上第四个也是最后一个阶段。在经历了17世纪的国家重商主义、18世纪的专制帝国主义和19世纪的自由君主制后,20世纪迎来了一个专制保守的时代。

1926年的军队叛乱起先一点也没能增加他们党羽的利益。短短两年内,他们便将政权转交给了一个叫萨拉查的忠实的天主教平信徒,他是一位头戴汉堡帽的科英布拉大学法学院的经济学讲师。他保证军队的社会特权并继续优待军队,以此来换取其自由地对国家进行独裁统治。这个邪恶的联盟打造出了欧洲早期的法西斯主义,给葡萄牙带来了严重的经济衰退、专制的警察政府和两级分化的社会阶层。只有在品尝了40年货币主义的苦果后,经济自由才在20世纪60年代逐渐开始。在民主完全恢复之前又经历了10年,直到经历了1974年至1975年短暂的革命之后,葡萄牙才被接纳进了欧洲共同市场体系。

在尝试对葡萄牙历史特点进行某种概括的过程中,很难判断其最显著的特征到底是农村的孤立传统主义还是里斯本城与世界发展之间紧密的联系。葡萄牙一度站在连接非洲、欧洲、拉丁美洲这一三角的顶点。通过一系列狂风骤雨般的事件,葡萄牙与主要关联的国家和地区分道扬镳,获得了自主权:1640年脱离西班牙独立,1822年巴西独立,1890年与英国决裂,1974年又从非洲撤离。这一孤立程度是惊人的,使葡萄牙隔离于世界之外,几乎晚了整整一代人才接触到法国大革命。尽管葡萄牙的自由精英热切渴望,但是葡萄牙依旧停留在工业革命的边缘。更为显著的是,葡萄牙依然被隔绝在第二次世界大战造成的转变之外。爱德华时代的保守主义社会价值观一直大行其道到20世纪60年代。尽管国家的政治和社会处于孤立,但是里斯本和波尔图依旧尽力紧跟欧洲的发展,西班牙政治改革的风潮通常很快就会传到葡萄牙首都。在欧洲的另一端,葡萄牙与苏格兰和爱尔兰形成了鲜明的对比。苏格兰由渔民、牧民和农民组成,处在英国经济的统治下;爱尔兰则主要由贫穷的天主教农民构成。两个凯尔特民族都效仿葡萄牙,向美洲派出大规模的移民,三国都给新世界的社会留下了深刻的文化印记。

葡萄牙的文化特征吸引了许多杰出的观察家和学者,既有本国的也有外国的。几个世纪间造访葡萄牙的英国人的观察资料被罗兹·麦考莱[6]收集成一卷引人入胜的视角诙谐的书。查尔斯·博克斯是一位非常卓越的帝国史学家,他的著作让葡萄牙为世界所关注。与他同时代的经济史领域的研究者是马加良斯·戈迪尼奥,其著述的研究工作是在法国的流亡生涯期间开始的。另一位有流亡经历的著名史学者是奥利维拉·马尔克斯,他从美国回来,开创了一个传记研究的新支流。此后,他又开始了跨度涵盖15世纪大西洋殖民到20世纪非洲共和帝国的多卷本历史著作的编订。在1974年革命之后,葡萄牙历史学家得以赶上新的学术潮流,特别是在社会史和工业史方面。英国学术传统影响了何塞·库蒂莱罗、瓦斯科·普利多·瓦伦特、吉尔·迪亚士和海梅·雷斯的著作。约瑟夫·米勒和杰维斯·克拉伦斯-史密斯分别在美国和英国对帝国所扮演的角色进行了认真的重估。与此同时,在葡萄牙,何塞·埃尔马诺·萨赖瓦编写的插图六卷本系列历史部分地满足了人们对知识的渴望。

自本书第一版问世以来，已有大量的英语、葡萄牙语和法语新作出版。这本书本身也被翻译成了葡萄牙语和西班牙语。本书第二版增列了一份新的书目，并对每本书做了几行评论。更需要勇气的是，尽管历史学家应该注意学科界限，不能太过关注当代，但新版对1990年以后的葡萄牙历史还是增添了几页新的内容。

在这些新作品中，有一些是大规模、多卷册的历史汇编，是葡萄牙革命后很多最好的历史学家一起协作的产物，他们所呈现的不仅是对葡萄牙及其帝国的新的调查报告，也是对过去的认识所进行的修正，而且相当激进，使人耳目一新。这部简史第一版中的一个创新之处就是试图展现出对19世纪自由主义时期和20世纪早期第一共和国时期葡萄牙所取得的社会成就的肯定。这种新视角的微光已经在若昂·马托佐的《葡萄牙历史》第5卷中显现出蓬勃生机。他分析了现代葡萄牙历史在1926年至1974年整个独裁统治时期遭受的长期学术诋毁——这种学术诋毁极大地影响了国外对葡萄牙的许多记述。

新的历史编纂不仅仅挑战了对葡萄牙进行负面评价的陈词滥调，也对葡萄牙传说进行了新的解读。这些传说曾长期支撑起葡萄牙爱国者和政治家的自我形象，甚至至今还发挥着这一功效。在萨拉查独裁统治时期，亨利王子——就是那位之前在维多利亚时代已经获得英雄地位，被称为"大航海家"的——被描述成葡萄牙伟大精神的化身。萨拉查的战后政府尽管囊中羞涩，还是花了一小笔钱在里斯本港口的入口处建造了一座巨大的石头纪念碑来纪念他。那些试图去探究表象之下的真相、修正历史谬误的人都被指控为"大逆不道"，但是冒险和剥削年代的异见所受的限制逐渐松动，并最终催生出彼得·罗素的王子传记这一杰作。

当2002年葡萄牙通过采用欧洲汇率的方式加入欧盟时，它的政治家们依旧需要爱国英雄，他们能通过英雄崇拜来保持一种国家认同感。他们特别倾向于赞美瓦斯科·达·伽马。在达·伽马率领小舰队顺流而下进行欧洲人第一次前往印度的远征 500 年后，一座新的 8000 米长的横跨特茹河的大桥以他的名字命名了。以下就能说明这位海军上将的历史地位——一位叫桑贾伊·苏拉马尼亚姆的印度经济史学家曾大声质疑：一群来自葡萄牙这样一个偏僻的蕞尔小国的海员，真的能在 3 亿亚洲人中掀起经济波动？瓦斯科·达·伽马和他的后继者是否只是沧海一粟？葡萄牙政治家起初对此类论调相当不满。然而，在欧洲法西斯主义的废墟上诞生的民主葡萄牙已经懂得尊重开诚布公的争论。因此，那些重新审视中世纪，将葡萄牙艺术和音乐发扬光大，分析本国近期革命根源的新历史学家们，可以有足够的勇气，用有力的笔触去处理帝国伟大的主题。葡萄牙学术因此欣欣向荣。

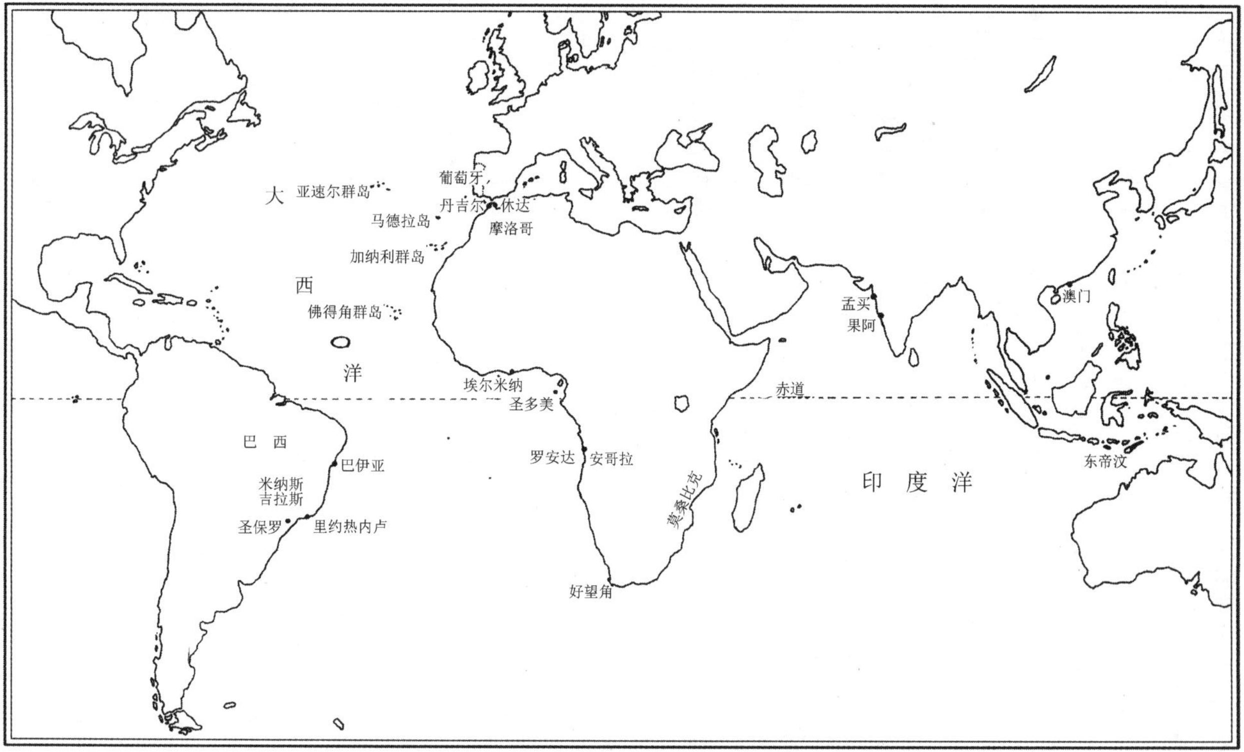

地图 2　葡萄牙的海外殖民地

第一章
人民、文化和殖民地

现代葡萄牙的形成始于 1640 年革命和与西班牙长达 28 年的战争。当然，葡萄牙人的出现比现代国家的形成要早得多，他们的历史也很悠久丰富。事实上，有时中世纪的葡萄牙王国会被描绘成欧洲残存下来的最早的国家组织。葡萄牙社会的文化根源还可以上溯到更远的时候。旧石器时代，伊比利亚半岛西部有人类活动的痕迹，虽然并没有繁荣昌盛起来，但他们至少也给逝去的领袖们建起了专属的巨石墓葬。新石器时代，当地人尝试着开始对动物进行驯化或半驯化，培育谷物，同时也发展起了海洋捕捞业——这将逐渐成为几个世纪以来获取营养和经济收益的一个固定来源。葡萄牙艺术也逐渐从石珠、骨饰发展为用早期粗陶制成的装饰品，这是一种延续至今的技艺。北部和东部相对开放的边远地区允许移民进出，他们带来了各方面的新的人类技术：黄铜工艺、青铜铸造，最后发展到制铁。金属时代的到来也导致了昂贵珠宝的流行，对于黄金的追寻，不管是在国内还是在海外，都似一根精致的红线，贯穿了葡萄牙的后续历史。

在铁器时代，葡萄牙文化经常因外部欧洲世界、地中海和非洲新民族、新思想的到来而丰富。古老的凯尔特人——他们在语言上与布列塔尼人和威尔士人关系密切——经陆路到来，寻找耕种和定居的良机。葡萄牙北部的家族结构和村庄组织都源自凯尔特人的经验。凯尔特人也是艺术影响的一个重要源泉，他们基于风笛的音乐传统被传承了下来。来自地中海东岸腓尼基城市的海上贸易者则为沿海地区带来了殖民化影响。葡萄牙的矿藏，比如在康沃尔的那些，大大繁荣了地中海的诸多"文明"。腓尼基水手后来被希腊人和迦太基人所取代，后者也在大西洋沿岸的港口和海滩上留下了自己的印记。长途商业的发达引进了造船技术和用进口罐装酒补充当地啤酒需求的品位。然而，早期葡萄牙历史上最伟大的殖民者还是罗马人，他们对内陆和沿海都进行了殖民。

前2世纪，罗马人击败了他们在伊比利亚半岛西部的迦太基竞争者，并开始试图征服卢西塔尼亚人，也就是后来我们所知的在伊比利亚半岛东部的葡萄牙人。在经过了100多年代价高昂的战争后，罗马共和国派出尤利乌斯·恺撒镇压葡萄牙中部高原的抵抗。带着一支15000人的军队，恺撒越过群山，到达大西洋，一路向北打进杜罗山谷。他发现"葡萄牙"相当繁荣，能提供必需的战利品来取悦那些远在后方的罗马债权人。40年后，罗马军团完成了对伊比利亚半岛西北部的血腥"平定"。4个世纪文化和经济上的罗马化开始改变卢西塔尼亚民族的生活。一条连接里斯本巨大港口和富饶北方的战略高速通道建了起来，这条路直到2000年后的铁路时代才被超越。巨大的河流上筑起了石桥，正是凭借这种工程技术，一些公共工程一直挺立到今天。更伟大的优雅建筑风格体现在拱形结构的水渠上，它们将水运过干涸的南部平原。在国家的中心，罗马城市科英布拉加（Conimbriga）繁荣兴盛起来，它离未来中世纪的科英布拉城不远。

罗马的殖民——无论是来自意大利的移民，还是那些曾在军团中服役的退役士兵——是如此的强烈和漫长，以至于人们的语言都拉丁化了。同样普遍地，城市法律和行政管理也采用了罗马范式。城市获得也承担了长期错综复杂的财政和司法方面的权利与义务。一些重

图1 罗马的建筑不仅为"卢西塔尼亚"带来了铺有马赛克的庄园和大理石教堂,也带来了同样意义重大的市政工程,为诸如埃武拉这样的城市提供水源

要的城市，比如说瓜迪亚纳河畔的梅尔图拉（Mértola），可以铸造它们自己的钱币。自治市政府成为葡萄牙政治系统的关键。这也是在罗马结束统治古代世界1000多年后，当葡萄牙人开始自己的殖民冒险时，在世界各地推行的统治方式。在城镇之外，罗马庄园成了大地产的焦点，被后人称为"大庄园"（latifundia）。南部平原的一些罗马地产扩张到1万英亩乃至更多，在那儿，代理人和买来的奴隶种植着橄榄、葡萄、小麦、黑麦、无花果与樱桃。除了他们出产的农作物和牛外，特茹河沿岸的一些庄园还以培育珍贵的卢西塔尼亚马而著称。最有钱的庄园主让别人为自己的天井铺上漂亮的马赛克，为他们的客人建起舒适的热水浴室，他们甚至拥有为自己葬礼提供服务的私人小教堂。与此同时，他们的仆人和小妾却只能喝稀豆汤、吃小米粥。

　　古代葡萄牙的工业与罗马文明的要求紧密相关。采石场被用来提供建筑用的石块、铺路用的石板以及那些用作雕刻的有很好纹理的石头。甚至一批顶级建筑也用了来自葡萄牙的石料。北部的露天金矿和铅矿以及南部的铜矿与铁矿归政府所有，在承包商的严密监督下进行开采。为了限制走私和逃税，任何在天黑以后运输金属的人如果被抓到都将被处以巨额罚金。在葡萄牙，完全由奴隶组成的劳动力生产方式一直延续到18世纪。在南部海岸，萨杜河三角洲地区的主要工业是鱼类加工业，葡萄牙的金枪鱼酱被腓尼基人发展成餐桌美味，受到古典时代雅典人的广泛赞赏，成为罗马"阿尔加维"的主要出口产品。鱼类的加工储藏需要大量淘洗自葡萄牙海岸的盐。鱼类加工，就像制陶和纺织业一样是罗马的产业，直到近代仍然是葡萄牙经济的支柱之一。但也许最持久的罗马工业还是墓葬雕刻、大理石雕刻和马赛克铺砌，经过黑暗时代和以后的岁月，它们都在调整与模仿中被保留了下来。

　　就如其他受影响的地区一样，改变罗马帝国的日耳曼人入侵也影响了葡萄牙。日耳曼人在葡萄牙北部定居,与罗马化的卢西塔尼亚人为邻。在许多方面上,新日耳曼人试图维持罗马的传统,比如说模仿他们的货币。一群移民创造了一个5世纪的王国,定都于布拉加。布拉加王国的邦交可能远达东部的拜占庭帝国,但其独立性不强,联盟也不够牢固,最终还是被纳入一个更为广泛的日耳曼伊比利亚帝国,即西哥特人王国。尽管哥特人在葡萄牙的统治贯穿了整个7世纪,但是在法律、文化和经济方面的影响却非常微弱,而且它富丽堂皇的首都远在西班牙的托莱多。在很多方面,历史学者也许更容易把葡萄牙历史上的日耳曼时期记作500年罗马文化之后和500年伊斯兰文化之前的一段中间期。但是有一项日耳曼遗产毕竟存在,那就是一种强化了的基督教。这种新的地中海宗教在罗马时代后期开始被传播到葡萄牙,但是日耳曼王室贵族给了它一个新的推力。布拉加成为葡萄牙首屈一指的主教区,而托莱多则成为西班牙的高级教区。伊比利亚半岛的基督教在之后500年的伊斯兰统治中幸存了下来。

  葡萄牙的伊斯兰化开始于第一个穆斯林世纪的晚期。在710年和732年之间,阿拉伯军队与为他们助战的北非柏柏尔人穿过伊比利亚半岛入侵了法国。他们为地中海文明带来了新的繁荣。他们的首都是富饶的大都市科尔多瓦[1],在那里,用上千根大理石石柱建成的巨大的清真寺,俯视着横跨瓜达尔基维尔河的罗马古桥。伊斯兰化蔓延到西方腹地,导致了葡萄牙大量人口改变信仰。旧的罗马式教堂被改建或重建,成为新的清真寺。那些坚守自己信仰的基督徒和犹太教徒被容忍,但是伊斯兰教已成为大众的宗教。只有在日耳曼影响最为强烈的北部,由于基督教首领坚持抵抗科尔多瓦的帝国强权,伊斯兰教才没能渗入。在国家的其他地方,葡萄牙青年被鼓动起来,离开了西部的家园,到宏伟的穆斯林城市中当官或经商,寻求财富。年老时他们再饱含回忆,返回自己的村庄,种种南瓜,用阿拉伯韵文写写田园诗。在9世纪的葡萄牙,移民的传统和对故乡田园诗般的向往已经根深蒂固,这比卡蒙斯²描写的在印度的葡萄牙人思乡的诗歌早了500年。

科学和知识是穆斯林学者带给葡萄牙最深刻的贡献之一。通过对古典著作的阿拉伯语翻译,那些古希腊的哲学家和数学家重见天日了。观象仪和指南针被引入航海技术和地图制作中。穆斯林在印度洋巨浪中而非地中海平静海面上积累的造船经验被采纳,以便适应大西洋的航海条件。阿拉伯技术不仅在海军建设中被采纳,也广泛应用于民用建筑。铺砖的道路、带顶的烟囱和瓷砖墙成为葡萄牙家庭的一个固定特征。穆斯林瓷砖采用几何图案装饰,但在后面几个世纪里,基督徒用瓷砖建造了更为巨大而复杂的壁画,描绘历史上的英雄故事和日常生活的场景。在穆斯林时期,日常用语依旧保持拉丁化,但是涉及植物、工具、度量衡、车、挽具等的技术用语则借用阿拉伯语。穆斯林文化最大的经济影响体现在农业上:灌溉得到了改进和扩张;巨大的水车建了起来,将水从河里提到田里;机械化碾磨迅速代替了用臼加工的传统劳动力密集方式。穆斯林治下的里斯本因公共热水浴室和良好的卫生条件受到地理学家伊德里斯的赞颂。社会生活被音乐、舞蹈和精美服装的展示所主导。在穆斯林统治转为基督教统治后很久,"摩尔人"舞蹈仍受邀在葡萄牙盛大的国家纪念仪式上表演。穆斯林血统也许依旧可以在里斯本阿尔法马区³的乡村民歌中被察觉到。存留至今的穆斯林小巷依旧保持着1147年被英国十字军征服时的样子。

在欧洲十字军运动登上历史舞台、从海路运送雇佣兵攻打圣城耶路撒冷之前的很长时间里,葡萄牙宗教战争就已经开始了。在伊比利亚半岛北部山区,小规模的基督教政权几乎贯穿整个穆斯林时代。在11世纪时,这些北方人已经侵入穆斯林领土深处,越过葡萄牙的布拉加往南直至西班牙的托莱多。与此同时，非洲涌现出新的军事势力，在穆斯林统治的伊比利亚半岛上建起一个新的王朝——阿尔摩拉维德王朝（the Almoravids）[4]。基督徒要求外援的呼唤得到了法国团体的回应，克吕尼的修道士们鼓励法国骑士和他们的武装随从加入葡萄牙的宗教战争。到11世纪末，一位来自勃艮第的亨利控制了杜罗河上波尔图港周围的叫作"葡萄牙"的土地，也就是港口之地的意思。1097年4月9日，也就是法国诺曼底公爵占领英格兰31年后，勃艮第伯爵亨利对从米尼奥河到蒙德古河之间的葡萄牙大西洋平原做出领土宣示。在葡萄牙，一个基督教国家正在兴起，挑战着穆斯林国家高墙环绕的城市和高耸的城堡。

葡萄牙伯爵很快产生将葡萄牙打造成王国的抱负，亨利的儿子阿方索·恩里克斯在离布拉加主教区不远的戒备森严的吉马良斯市建起了王都。他的王位受到了两个方面的严峻挑战：在北方，后来征服卡斯蒂利亚的基督教国王们声称具有至高无上的地位，葡萄牙被迫投入大量资源去训练和装备军事人员以及修建石制防御工事；在南方，葡萄牙控制特茹河平原的野心受到了阿尔摩拉维德王朝统治下穆斯林社会的挑战。然而葡萄牙在12世纪前半叶依旧向南推进，先是将首都迁到科英布拉；待十字军非常残暴地攻陷里斯本后，又将首都迁至里斯本。在12世纪下半叶，在从摩洛哥一直横跨到欧洲的阿尔摩拉维德王朝统治下，穆斯林力量有所复兴。然而在13世纪时，优势又再次回到基督教这边。与此同时，北部边境依然战事频频，给葡萄牙中世纪社会造成很大压力。贵族和国王间的合作经常破裂，在意大利博洛尼亚大学受训的教会法学家们所推行的王权不时地取代了封建契约。这种对王室专制主义的不断挑战最终在1245年爆发的基督教内战中达到了顶峰。

葡萄牙宗教战争使长期处于穆斯林平静统治下的国家陷入贫

困。战争不仅带来了饥荒、逃亡和蔓延的疾病，也扰乱了经济发展的步调。由于基督教势力进一步深入南部，有时还伴随着永久性的占领，因此葡萄牙穆斯林开始寻求向更为安宁和繁荣的西班牙与摩洛哥地区移民。被征服的部分地区人口锐减，那些来自北方的移民粗放式地经营着这些土地而不去投资高级的种植业。留下的穆斯林往往被奴役，至少也会沦落到更低的地位。另一方面，穆斯林城镇的基督教犹太人担当新的地区领导角色。基督教殖民最具有艺术性的成就是在古老的穆斯林土地上建起了西多会修道院。伟大的阿尔科巴萨修道院只是葡萄牙中世纪的建筑繁荣的代表之一。与修道院殖民和农业发展相反，基督教军事修会的活动更贪财和功利，例如圣殿骑士，他们也在战争中起到了主导作用。然而，1250年之后，随着葡萄牙的合并，国家建设呈现出更积极的形式。

在1256年，复辟王朝采用了法国早期的民主模式，通过召开议会或者说"国会"来讨论民族志向的分歧。在又一轮领土扩张过程中——这次葡萄牙的基督徒征服了相邻的阿尔加维地区，用古老的掠夺方式获得了大量的财富，贵族的野心部分地得到了满足。阿尔加维宏伟的"摩尔人"城堡、大西洋沿岸的伊斯兰"西部王国"全部都成了基督教征服者的战利品。然而，为了避免生产劳动人口的大量流失，新的统治者给了穆斯林臣服者一些民事和经济权利。基督教对穆斯林宗教仪式的宽容虽然没有之前穆斯林对基督教信仰的宽容那样执行得彻底，但是伊斯兰教仍然在农民、工匠中延续了好几个世纪；并且这片属于果园和渔场的宁静之地成为半自治的王国，也依旧维持着不温不火的繁荣，其国王还是戴着葡萄牙的王冠。

对阿尔加维的基督教征服产生了非常不利的影响，那就是将葡萄牙带入了与卡斯蒂利亚尖锐的冲突中。这一冲突主导了葡萄牙未来700年的外交政策。卡斯蒂利亚从西班牙中部高原向南的扩张与

图 2 埃武拉周边的葡萄牙南部平原历经了罗马人、穆斯林和基督徒的殖民统治。罗马人在此修建了狄安娜神庙（现在已经被毁，即图片的中心位置），穆斯林曾在这座山顶城市设防，而基督教的国王们则经常在此居住

葡萄牙的扩张几近平行。然而葡萄牙具有随时可到达大西洋海岸的优势。卡斯蒂利亚需要一个出海口的欲求使得它对西方穆斯林提出了领土要求,但是这被葡萄牙对阿尔加维的征服所阻碍。于是,卡斯蒂利亚被迫通过它所征服的安达卢西亚、塞维利亚和科尔多瓦这些内河港口发展海外贸易,而无法通过其一直所渴望的拉古什、塔维拉两个海港。冲突并没有因为阿尔加维的陷落而告终,葡萄牙和它东部邻居之间的对抗反而加剧了。维持边界城堡以保卫王国的军事传统不再针对南部的穆斯林敌人,而是转向东部的基督徒。边界城堡被定期加固,这一做法一直持续到1640年葡萄牙独立战争爆发。防御支出给葡萄牙国库增加了沉重的负担,使得葡萄牙在征服后的社会对立阶层中寻求一种社会平衡变得更为困难了。

在宗教战争之后的几个世纪里,葡萄牙社会被分成了三个截然不同的地理区域。在北部,封建契约等级制度支配着一种农业经济。向贵族提供劳动力,可以换来一些谷物和对抗邻国侵略的最低限度的保护,这就是这种社会契约的基础。这个体系是剥削性质的、暴力的,也是不稳定的,但是它经受住了规模巨大的14世纪灾难,比如黑死病和"农民起义"——这两件事正如影响英国那样,在同一时间以同样的方式也影响着葡萄牙。在葡萄牙中部,焦点则汇聚在城镇,其中涉及各种阶级关系。中产阶级市民中的"资产阶级"在城市中获得了影响力,从手工艺和商业中获得了财富。权力掌握在市政当局手中而不是在贵族手里。城镇对粮食的需求有利于中部平原的地主致富,但是城市对劳动力的需求又使得大量农工离开农场,导致了农工的稀缺。为了留住农工,地主开始授予他们有限的土地权利,以换取货币或其他形式的地租。在南部,掌控社会的既不是北方式的贵族也不是平原式的市政当局,而是骑士修道会。他们的庄园役使基督教移民和穆斯林奴隶工作。在不同程度的合作和对抗模式中，劳力在整个国家既被需要，又遭到限制。1373年，里斯本城的市民决定建一道新城墙来抵挡反叛的乡下人和外国入侵者，并强征很重的劳动税。紧张的局势由此爆发，不到10年，乡村就陷入了公开叛乱，王室失去了对王国的控制。

1383年革命奠定了早期的现代葡萄牙社会的基础。不光是农民反抗贵族，市民也起来反对国王。摄政王宝座的竞争者在城镇和农村中争取支持，为民众广泛参与政治事务开辟了道路。在混乱中，里斯本主教被一群人私自处死，一位庶出的王子发动了一场宫廷政变，然后被暴民们拥戴为国家的守卫者。这位王子——阿维斯的若昂——是阿维斯军事修会的会长，因此，当他在一场内战中离开里斯本前往全国寻求支持的时候，便能得到其他军事修会的支持。卡斯蒂利亚将这次动乱视为进行干涉的良机，便围攻里斯本，好让它倾向的王室派别掌权。然而鼠疫突袭了这座城市，迫使西班牙人退兵。经过了两年的动荡，葡萄牙议会在科英布拉召开，宣布王位空缺。11名牧师、72名贵族和军事修会骑士以及50名代表自治市政府的平民，选举阿维斯军事修会会长若昂为葡萄牙国王，即若昂一世。卡斯蒂利亚立刻再次入侵，结果在1385年8月14日的阿勒祖巴洛塔战役中被联合起来的葡萄牙各派所击败。胜利者开始着手设计葡萄牙最好的修道院——巴塔利亚修道院。里斯本出资兴建了一座巨大的加尔默罗修会[5]感恩大教堂。因为对一个强国取得了辉煌的胜利，所以葡萄牙的民选王朝赢得了国内的支持和国际上的尊重。

阿维斯王朝着手建立一个稳固的、着眼于未来的反卡斯蒂利亚同盟，从而开始在国际事务中崭露头角。一个显而易见的潜在合作伙伴是英国——另一个在大国势力范围西部边缘的大西洋小王国。从一位英国十字军战士成为第一任里斯本主教开始，葡英关系一直

图3 巴塔利亚修道院的建造始于阿勒祖巴洛塔战役之后。这场战役确保了阿维斯的若昂一世的王位，巩固了与英国的同盟，驱逐了卡斯蒂利亚入侵者

波动起伏。后来,在百年战争的头 10 年内,葡萄牙时不时地站在英国一边。现在,若昂一世签署了一份"永久同盟条约",于 1386 年在温莎签字生效,这将成为葡萄牙的外交基石,一直延续到 20 世纪。他还娶了兰开斯特的菲利帕——英王爱德华三世的孙女为妻;他们的儿子,也就是王子,将葡萄牙带到了现代社会的边缘。三个儿子中,爱德华(即杜阿尔特)后来成为国王并赢得了贵族的支持;皮特(即佩德罗)资助城镇,鼓励里斯本的商业发展;亨利(即恩里克),就是被称为"大航海家"的那个,后来成为基督骑士修道会的军事指挥官,并奠定了葡萄牙世界帝国的基础。唯一的意外发生在远方,与若昂的私生子阿方索有关:他娶了他的军事统帅的女儿,因此获得了卡斯蒂利亚战争期间赢得的广阔土地。他们建立起全国最富有的公爵家族——布拉干萨家族,正是他们最终在 1640 年获得了执掌全国的权力,在被卡斯蒂利亚统治 80 年后恢复了与英国的同盟,在遭受荷兰 40 年的攻击践踏后重建起一个帝国。然而在此之前,在阿维斯王朝合法的英葡分支统治下,葡萄牙已经度过了它的第一个黄金时代。

在经历了 2000 多年腓尼基人、罗马人、穆斯林和基督徒的殖民统治后,葡萄牙人终于开始了他们自己的帝国扩张与殖民定居事业。他们在大西洋的岛屿上获得了最早的成功。在加纳利群岛上,殖民者起先是征服者,必须奴役柏柏尔土著;后来,命他们种植葡萄、售卖加纳利甜酒的一纸敕令使他们转变成地主。这项计划成功了,尤其是特内里费[6]吸引了许多缺地的移民。但是在经过了半个世纪葡萄牙人的活动后,根据一份条约,加纳利群岛被转给了卡斯蒂利亚,以缓和伊比利亚半岛的紧张局面,而这样的条约还有很多。一项长期的葡萄牙工程——也是由亨利王子和他的军事修会赞助的——把葡萄牙定居者带到了空荡荡的马德拉群岛和亚速尔群岛,那里成功地引进了小麦以补充葡萄牙国内的农场贸易，而且还用船而不是牛车向里斯本供应玉米。但还有更远的殖民地，例如佛得角群岛发展出了一种以奴隶种植的棉花和靛蓝染料为基础的纺织工业；甚至一直深入热带地区，西非的圣多美群岛上也种植着由黑人奴隶收割的甘蔗。因此，葡萄牙在这百来年间尝试的种植重要作物的殖民模式主导了世界贸易长达好几个世纪。

葡萄牙帝国野心的第二个特征要比发起海岛殖民更具有冒险性。阿维斯王朝渴望穿过直布罗陀海峡征服整个非洲大陆。在以前的时代，伊比利亚和马格里布通常都处于相同政治文化的统治下——要么是罗马式的，要么是日耳曼或阿拉伯式的，现在基督教国王试图统一葡萄牙和摩洛哥王国。正是土地吸引着葡萄牙北部的贵族和南部军事修会的骑士。葡萄牙北部的土地肥沃但稀少，南部的土地很多但贫瘠。但北非之前是罗马帝国的粮仓，拥有广阔的平原，只要穆斯林农民能像他们在葡萄牙南部平原和阿尔加维时一样处在基督教骑士的控制下，就可以大量种植小麦。为了延续 12 世纪攻占葡萄牙中部、13 世纪征服阿尔加维的势头，若昂一世和他的儿子们试图发起第三次收复失地运动（*reconquista*），用新征服的非洲领土和屈服于新王朝的新奴仆来犒赏他们的支持者。这次冒险并没有成功，但军队的一个壮举被载入了史册。这就是 1415 年在摩洛哥人的抵抗下夺取防卫森严的休达[7]。亨利王子在战场上表现出色，这个事件也标志着"向内看的"欧洲中世纪的结束和"向外看的"扩张时代的开始。

由葡萄牙领导的欧洲扩张时代的成功，并不能归功于缺地的贵族和骑士，而应该归功于里斯本与拉古什的在佩德罗王子资助下繁荣起来的城市市民。非洲的第二个诱人之处在于黄金。地中海世界大部分的黄金都要通过摩洛哥驼队从西非运来，这为意大利的伊

图 4 这幅由努诺·贡萨尔维斯绘于 1445 年的橡木嵌板展示了正在受宣福礼的斐迪南王子,两侧是他的妹妹勃艮第的伊莎贝拉和他的兄弟"大航海家"亨利

斯兰教和基督教互助银庄所周知。因此,葡萄牙商人渴望占领撒哈拉北部的沙漠市场,并像阿尔摩拉维德王朝在11世纪所做的那样,主宰欧洲的外国黄金供应。尽管葡萄牙人进行了多次英雄般的军事冒险,但对摩洛哥的军事征服总是不能如愿。然而葡萄牙人的经济头脑着实有所提高,慢慢地,他们开始绕着撒哈拉沿海地带寻找其他可获取矿产的途径。到了15世纪60年代,他们从塞内加尔买进黄金;又过了不到20年的时间,他们已经到达黄金海岸(今加纳),建立起一座防守坚固的贸易站,命名为圣乔治堡。之前通过骆驼经由陆地运输的黄金比例已经发生了改变。这项黄金贸易由王室垄断,并由里斯本海滨的一个部门负责管理;不久,它就开始向葡萄牙提供前所未闻的大量财富,每年达半吨黄金。

里斯本的上层资产阶级和他们的代理人从殖民扩张中获益甚多。在其兄杜阿尔特国王死去后,商人之友——佩德罗王子成为摄政王。在此后影响葡萄牙政局的动荡中,他得到了来自上层资产阶级和代理人的全力支持。然而站在地主一边的宫廷反对派并没有为资产阶级的兴起而喜悦,他们最终剥夺了王子的摄政权。在动乱中,佩德罗王子也丢掉了性命。非洲贸易表现出长期的低迷,直到贵族们意识到,如果采取一种稍微低调的方式,他们也能从新的帝国主义中获利。葡萄牙南部最大的经济弱势之一就是劳动力短缺。因此那些突袭摩洛哥的骑士就喜欢绑架妇女和儿童或者抓捕战俘,好把他们卖到平原上的大庄园里或者阿尔加维古老的水果农场中去做奴隶。拉古什的水手就热衷于抓捕奴隶。当探险者到达非洲西海岸时,他们开始购买黑奴,有时以马作为交换。当15世纪50年代贸易复兴的时候,贩卖一个毛里塔尼亚奴隶的利润估计可达700%。去往葡萄牙的黑人移民达到如此繁盛的程度,以至于南方的地主无须征服新疆域也能生存下来。在欧洲奴隶贸易最鼎盛的时期,埃武

图5 在15世纪巴西沦为殖民地之前,来自非洲的黑奴在葡萄牙被广泛用于田间和家庭劳动

拉,这个南部最大的也是第一个被基督徒征服的城市,有10%的人口是黑人。许多非洲奴隶,无论是在农场里的还是从事家庭服务的,都过得非常不幸,他们被剥夺了在征服战争中被捕获的老一辈白人奴隶所享有的许多合法权益。比如,黑人女奴就不像白人女佣那样获得防止性侵犯的保护;年轻的麦士蒂索混血女孩被当成礼物送人做妾,但未必能成为合法配偶。种族通婚意味着在不到十几代的时间里,曾经居住在葡萄牙的35000名非洲黑人已经融入略微黑化的葡萄牙主流族群中。只有里斯本还有一个很小的黑人社区存留下来,他们专长于某项技能,比如粉刷房子。黑奴贸易的长期影响要到17世纪美洲殖民地开放时才能显现出来。

紧随着对非洲海岸的探索,第一个重大的殖民突破始于1492年。一位热那亚海军上将[8]——之前为葡萄牙效力,而现在受雇于卡斯蒂利亚王室——穿越大西洋，为欧洲帝国在美洲开辟了新的天地。哥伦布的努力完全集中于加勒比群岛，但是在1500年，葡萄牙水手发现了巴西南部的大陆，并且在教皇的分配下，宣布了领土所有声明。王室向愿意为新大陆开发投入金钱和才能的殖民冒险家颁发征服特许状，这与征服摩尔人土地时所授予的特许状类似。非洲岛屿上发展起来的种植技术被带到了拉丁美洲，殖民者还努力向被奴役的美洲土著灌输工作纪律。当私人冒险失败之后，王室开始直接负责经济掠夺，并以一种经欧洲实践证明非常成功的方式组织非洲的黑奴贩运。为了增加黑奴的供应量，一块葡萄牙特许的殖民地在安哥拉建了起来，征服者被赋予权利，可以征服非洲酋长，迫使他们抓捕土著当作奴隶出口，以此来付封建捐税。这套系统运行得非常成功，贸易量在下个世纪中逐渐提升，达到了每年输送1万个男人、女人、孩子和婴儿的规模。他们把巴西变成了一块悲伤而繁荣的殖民地。

葡萄牙帝国崛起的第二次突破发生在1498年，那时，在瓦斯科·达·伽马的指挥下，一支小型舰队绕过非洲好望角抵达了印度海岸，发现了从欧洲到亚洲的直接航线。从那以后，大型的武装商船载着印度的胡椒、棉花，印度尼西亚的香料、调味品以及中国的丝绸、瓷器，驶往位于里斯本的皇家贸易公司。古老的威尼斯东方贸易公司与奥斯曼帝国携手，花了30年时间才取回先前陆路贸易中数量可观的份额。尽管海路漫长，木质船体也容易腐烂、失事或遭海盗抢劫，但是一趟成功的印度航运所获的利润是极其巨大的。为了保护航线，葡萄牙在东非的蒙巴萨建造了一座巨大的海军要塞；在印度果阿建立起一个殖民城市；并在中国澳门建造了一个中转港；甚至在日本长崎组建了一个基督徒社团，此社团一直兴盛不衰，直到明治维新才被取缔。此后的100年时间里，葡萄牙实际上

图6 位于里斯本河口的贝伦塔按照国王曼努埃尔一世喜欢的"曼努埃尔式的"华丽风格建于1498年开放与印度的海上香料贸易后的那段繁荣岁月里

垄断了通往亚洲的海上通道。

非洲的财富由若昂二世收入囊中，他于1481年登上王位。就像一个世纪前佩德罗王子摄政时所做的那样，他用这笔财富增强了王室的权力以对抗贵族。国王与贵族之间的对抗在处决葡萄牙第一公爵——布拉干萨公爵的事件中达到了顶点，这是王权在王城埃武拉的一次公开展示。更多的公开处决使廷臣分裂成各种对立的派别，使国王被孤立。国王通过建立新式政府得以生存，其基础是聘用职员制，由职员来管理新式政府的行政部门。最后，贵族开始反击，当国王死后，与他疏远的内兄于1495年作为贵族集团的领袖登上了王位。新国王曼努埃尔一世继续使用现代行政系统经营海外贸易，统治了一个未曾预料到的帝国繁荣的黄金时代，因为亚洲的财富开始源源不断地流入葡萄牙。曼努埃尔时代的特别引人注目之处在于丰富的装饰性建筑风格。财富被运到里斯本和拉古什的海港，但这些装饰品被拿到各省新建或翻新的皇家寓所中展览。为了庆祝新的繁荣局面，葡萄牙也采用了宗教感恩和教会资助艺术的方式。尽管依赖于港口的商人阶级，但土地贵族、教会贵族和巡回法庭的三角联盟依旧非常有力。为了保护贵族的传统权力，曼努埃尔国王采用新的西班牙式的措施来使在15世纪曾两次挣脱桎梏的新兴资产阶级继续处于屈从地位。

也许欧洲海外殖民帝国的开辟与伊比利亚半岛社会内部关系的根本转变同时发生并不是偶然的。在1492年，就在哥伦布抵达美洲之前，卡斯蒂利亚打破了与格拉纳达长期稳定的结盟和竞争并举的格局。在闪电式的入侵中，古老的穆斯林王朝被推翻了。虽然经济耗费巨大，但这场突如其来的行动在政治上获得了成功。基督教入侵者没有对西欧最后一个穆斯林王国给予关照，而是进行掠夺。许多西班牙的富裕商人和丝绸制造商都移民他国。一旦穆斯林势力被打败，对穆斯林宗教习俗的容忍度便急剧下降，宗教迫害由于宗教裁判所而被制度化了。葡萄牙迅速步上西班牙的后尘，也结束了宗教宽容的局面。在1497年，就是瓦斯科·达·伽马出发开辟前往印度的非洲航线的同一年，葡萄牙通过法律禁止穆斯林和犹太人公开表达信仰。这种强制性的改变使得"新基督徒"这一新的社会类别诞生。许多犹太新基督徒是工匠和商人，他们在城市和港口以及更远的殖民地中扮演着重要的经济角色，因此他们被卷入了控制北方的土地贵族与葡萄牙中部城镇中的强大的城市中产阶级之间的纠纷。土地利益集团限制商人的权力，指控他们有不法的宗教行为，有些指控是正确的，有些则不然。中产阶级再也没能像在15

图 7　这扇托马尔修道院[9]里的大窗户是葡萄牙曼努埃尔式的石刻中最精雕细刻的例子之一

图8 16世纪的葡萄牙航海不仅涉及和平探索和有利可图的商业,常常也卷入海上和岸上敌人的武装冲突

世纪40年代内战期间佩德罗王子摄政下或在15世纪80年代若昂二世统治时期那样拥有一位王室保护人,所以那些反对宫廷保守势力的人面临生命危险。国家对创业的需求和贵族对中产阶级力量的恐惧在接下来的3个世纪中一直呈现出张力。

曼努埃尔国王的统治结束后,葡萄牙的巨大财富并没有延续多久。意大利的城邦重新开辟了前往印度的其他航线,与葡萄牙形成竞争;西非的金矿也被持有英国伊丽莎白女王签发的特许状的半海盗式的武装商人所造访。葡萄牙贵族将他们的注意力再次转向王朝联姻,尤其为了伊比利亚半岛的统一而苦苦寻觅。在16世纪70年代后期,狂野的年轻国王塞巴斯蒂昂重新奉行了国家兴盛的关键在于陆上征服这一观念,但为时不长。他亲自领导了向摩洛哥进发的军事行动,但在阿尔卡萨基维尔战役中被打败,自己也下落不明。王位继承人的选择对西班牙哈布斯堡王朝有利。虽然神话制造者声称,关于葡萄牙,西班牙的腓力二世曾说:"我继承,我买下,我征服。"但实际上,大多数葡萄牙统治阶层觉得他们与安达卢西亚、阿拉贡整合成一个跨国界、跨文化的伊比利亚帝国的长久抱负终于就要实现了。虽然文化爱国主义可能会在民众层面上存在,但民族分裂主义并不是高层政治需要考虑的一个严重问题。新国王非常小心地采用了葡萄牙腓力一世的封号,并且承诺保证葡萄牙司法和宪法的自主权。有一小段时间,他甚至把主教法庭从西班牙的中部高原搬到了里斯本,他的新大西洋之窗。但没过多久,政治现实就要求他关注联合王国的中心,即新建的马德里城。

伊比利亚的统一给许多葡萄牙人带来了机遇和财富。最重要的是,它结束了几个世纪的边境冲突——尽管这可能有利于士兵、商人、马贩、军火商和强盗,但消耗了国家太多的政治能量。葡萄牙贵族现在获得了接触一种更为宽广的宫廷文化而不是他们自己宫廷里狭窄的后封建上流社会的途径。主教和贵族们在安达卢西亚的卡斯蒂利亚领地甚至更远的西班牙地中海领地寻求规则外的升迁渠道。葡萄牙的中产阶级以非法手段成功地打通了西属美洲殖民地与葡萄牙的贸易渠道，从中获益更多。与非洲和巴西不健康的奴隶殖民相比，葡萄牙移民通常更喜欢秘鲁的白银财富。真正的卡斯蒂利亚人抱怨这种竞争，惯于将葡萄牙人贬为从卡斯蒂利亚大屠杀中逃出来的犹太难民。而另一方面，为了扩展殖民地的财富，葡萄牙人的商业嗅觉受到卡斯蒂利亚当局心照不宣的欢迎。一直到1598年腓力二世去世的时候，西班牙的统一才宣告完成，至此西班牙控制了从西印度到东印度的整个世界。

第二章
17 世纪的反抗和独立

葡萄牙的反抗始于 1640 年 12 月 1 日。对西班牙-葡萄牙联合王国的攻击让人始料未及。在联合的早期,王室曾非常小心,尽量不为满足西班牙的需要而给葡萄牙王国增加不适当的负担。然而到 1640 年,这种美好的关系已经被侵蚀了,西班牙的军事需求需要采取紧急行动。位于伊比利亚半岛远端,很早之前加入卡斯蒂利亚王国的加泰罗尼亚王国在 1640 年 6 月背叛了西班牙联盟。卡斯蒂利亚王国立即要求葡萄牙征募士兵,穿越半岛前去镇压东部的加泰罗尼亚起义。葡萄牙平原上的大地主特别反感马德里的联合王国强加给他们的军事负担。一些地主拒绝让稀缺的田间劳力参军入伍,为镇压加泰罗尼亚起义向西班牙白白贡献他们的劳动力。抗议者鼓动他们的第一公爵若昂·布拉干萨宣布葡萄牙独立,永远摆脱卡斯蒂利亚强加给他们的重荷。他们认为西班牙不可能在两条战线上进行镇压,因此,只要在加泰罗尼亚仍处于叛乱时打出争取自由的一击,葡萄牙的反抗就很有可能获得成功。端坐贵族宝座上的布拉干萨家族在埃武拉城和卡斯蒂利亚前线间犹豫不决。若昂公爵知道,如果阴谋失败,他将比其他任何葡萄牙公爵失去更多的土地。然而最终,他同意领导这次起义,并用自己家族的名字来命名这个谋叛的王朝。起义军随即攻占了里斯本的王宫,驱逐了西班牙哈布斯堡王朝派驻当地的代表。

布拉干萨起义从一开始就不是一场广泛参与的革命。早在3年前的1637年，一场真正的草根革命就曾在葡萄牙酝酿。当时，农民起来抗议西班牙联合王国强加给他们的高额税收。然而，他们的理由没有得到地主的支持，因为地主害怕任何大众起义都有可能危及他们自身的地位和特权。事实上，有人就认为后来贵族们在1640年的起义很有可能就是一种先发制人，以避免西班牙联盟的负担变得愈发沉重后发生另一场大众起义。布拉干萨的支持者们急于防止天下大乱、秩序倾覆，而英国正受此威胁[1]。

葡萄牙独立运动缺乏大众参与，但并不意味着公众缺乏从西班牙联盟中独立出来的渴望。与卡斯蒂利亚几个世纪的战争使葡萄牙与它唯一的陆地邻国结下了深深的敌意。谚语警告人们相信卡斯蒂利亚人的危险，民谣则强调两国大众文化的差异。一种"救世主式的爱国主义思想"在葡萄牙滋生，追忆着失踪国王塞巴斯蒂昂的丰功伟绩。人民迫切渴望这位救世主能从摩洛哥归来，拯救人民于困苦之中。然而这种追求葡萄牙人身份认同的民众热情并没有对社会上层产生很大的影响。一直到革命时期，宫廷文化仍是真正跨国界的。甚至葡萄牙最伟大的爱国诗人卡蒙斯也曾认为自己是西葡人（Hispanic）[2]。上层社会并不使用后来成为葡萄牙国语的乡村方言。卡斯蒂利亚化导致葡萄牙的剧作家加入其他艺术家的行列，一起去马德里王宫寻求资助，而不是去小得多的葡萄牙王廷寻求资助。

所以，导致葡萄牙贵族叛乱的不是任何上层社会中的文化民族主义情绪，而是17世纪的经济危机逐渐破坏了他们对西班牙联盟的接受能力。伊比利亚的大危机在1620年之后就逐渐开始出现端倪，当时，因为殖民地白银产量的下降，西班牙的财力也在逐渐削弱。这种不景气导致了社会局势的紧张和对葡萄牙人的指责。在秘鲁的银矿殖民地，老一辈的定居者将不满归咎到移民头上，他们秉持反

图 9　在 1578 年试图入侵摩洛哥的战役中失踪的塞巴斯蒂昂，在 1640 年葡萄牙恢复独立后，成了葡萄牙爱国主义民族英雄

犹的种族主义思想，驱逐葡萄牙商人。敌意很快蔓延到了欧洲，到了17世纪30年代，共同体内部的对抗已经非常普遍了。这种敌意，因为加泰罗尼亚的叛乱和要葡萄牙协助镇压的命令而进一步激化，最终在1640年爆发为公开的反抗。但是叛军背后的贵族远远没有联合在一起。大约有半数的葡萄牙贵族——他们中有许多是被联合王国擢升为贵族的——依旧对西班牙保持忠诚。他们渴望通过对哈布斯堡王朝保持忠诚而得到土地和金钱的奖励，甚至是在西班牙地中海领土上的统治权。布拉干萨的"反叛者"褫夺了哈布斯堡王朝授予贵族们的"忠诚者"头衔，并且逐渐为他们的支持者创造了30个新的贵族爵位，使现存的贵族规模翻了一番。最富有的阶层聚集到平原城市埃武拉，新王朝在那里打下了根基。

在17世纪的葡萄牙，贵族并不是唯一犹豫不决的反叛者。港口城市里斯本的城市中产阶级也因为他们对分离主义政权的态度而发生了分裂。的确，一方面，官僚们早期做出了倒向布拉干萨的决定，政府继续运行，职能基本没有中断。而另一方面，在金融和商业领域中，许多企业家更倾向于开放的边界，并且惧怕民族主义的概念可能会在葡萄牙周围竖起爱国主义的围栏。有人认为，脱离共同体会让葡萄牙在塞维利亚和美洲的投资面临风险。论战的另一方观点则正相反，他们认为，脱离共同体能开辟与前西班牙属国尼德兰的贸易，并且能为葡萄牙进入莱茵河流域更广大的内陆市场提供更好的途径。荷兰因素被证明是葡萄牙独立战争中很重要的一个部分。荷兰不仅成为哈布斯堡时代在葡萄牙殖民地的积极贸易者，而且对许多被驱逐的葡萄牙犹太人后裔来说，尼德兰已成为一个政治和经济上的天堂。在西班牙统治时期，当宗教不宽容变得越来越苛刻的时候，他们带着商船和资金逃往了阿姆斯特丹。

当葡萄牙起义爆发时，像贵族和资产阶级一样，天主教会也面临一个未曾预料到的困境。乡村神父和卑微的修道士们大声呼应布拉干萨公爵的起义，认同自主的葡萄牙民间文化。然而，大修道院院长和主教都已经融入了卡斯蒂利亚的上层社会，不愿意断绝与国际社会的联系。他们害怕国家分裂会鼓舞而不是削弱人民的抗争，从而危及自己的等级特权。耶稣会神父最无所畏惧地表达了反对保守宗教观的态度，因此也在新的宫廷里获得了影响力，他们中的一些人甚至持有相当激进的政治和经济思想。

16世纪40年代，耶稣会作为一种反宗教改革的武器应运而生。1558年，葡萄牙修会在埃武拉创立了自己的大学，以此作为古老的科英布拉大学的现代竞争者。耶稣会教育者被保守派斥为颠覆者，便加以反击，并且声明：尽管他们在传播知识，可也在遏制人文主义和民族主义势力。他们的教育只使用拉丁文，从而使葡萄牙无法接触在整个欧洲日益繁荣的通俗文学。耶稣会严格地保持着审查制度，笛卡尔和牛顿的哲学被排除出他们的课程提纲。对于新科学时代的开放式疑问，他们更倾向于阿奎那的服从学说。尽管他们遇到了来自一些土地贵族的抵制——这些贵族不希望自己的孩子前往现代化的埃武拉和金融城市里斯本游历——但是一种传统和现代的平衡，使得耶稣会士能在每一代正在成长的贵族身上施加教育和忏悔的力量。16世纪时，耶稣会强烈支持里斯本在非洲和巴西进行帝国式的扩张，他们从殖民地财产中获得了巨大的财富，也在亚洲传教事业中赢得了巨大的威望。17世纪时，尽管他们的庇护者教皇反对，耶稣会仍然赞同独立运动，并支持觊觎王位的布拉干萨家族。这将他们带进了与宗教裁判所持续不断的对抗中。

葡萄牙的宗教裁判所依照西班牙模式成立于1536年，是反宗教改革运动中的一个镇压性机构，而非教育分支。其半独立的权力可以抵御王室的影响，甚至可以免于教皇的干涉。其官员和告密者

图 10 尽管在 16 世纪受到耶稣会的挑战，在 18 世纪受到启蒙君主的挑战，在 20 世纪又受到共和党人的挑战，创立于中世纪的科英布拉大学依旧是葡萄牙保守主义的堡垒。它最著名的毕业生是安东尼奥·萨拉查，在 1928 年成为财政部部长前，他曾在这里讲授财政法

令人恐惧，就像后来的"秘密"警察带给葡萄牙社会的恐惧一样。它在对待所谓的宗教嫌疑犯时表现出的残忍，被作为一种社会控制手段而受到广泛宣传，它的处决一般都公开进行以求达到最大功效。在哈布斯堡王朝统治下，宗教裁判所已经成为政府手中一个非常重要的、有些隐秘的工具。它有独立行事的权力，无须议会或法律的核准。它是一个镇压异端的强大武器，在维护旧的保守秩序上受到土地贵族的支持。宗教裁判所动辄以传统、守规矩和种族纯洁为名义镇压一切创新，从而经常同所有的葡萄牙现代改革者发生冲突。所以令人毫不吃惊的是，1640年，宗教裁判所赞成维持伊比利亚的联合和西班牙的统治秩序，并且立即动员它的支持者去镇压布拉干萨起义。1641年7月，宗教裁判所所长决定支持一桩由一名公爵、一名侯爵、三名伯爵和一名大主教策划的反革命阴谋。虽然这场力图维持与西班牙联合的大图谋没能驱逐反叛的布拉干萨"国王"，但它暗示着独立必须经过漫长的战争，而且新政权的政治稳定经常面临内部威胁。

在镇压布拉干萨起义和重新征服葡萄牙省的努力中，西班牙人似乎拥有一张意识形态上的王牌。这就是教皇在葡萄牙事件上毫不让步的敌意。17世纪的梵蒂冈一点也不喜欢民族主义。教皇将这种政治独立与席卷北欧的新教宗教自治联系在一起。就算教皇在1640年倾向于支持葡萄牙独立，他也不敢得罪西班牙这个现存最大的天主教势力。因此葡萄牙起义存在一大障碍，因为他们既得不到教皇的支持，也得不到任何权威的保证，承认上帝站在他们一边。尽管受到教皇的排斥，而且在葡萄牙主教死后，他们一直选不出继任者，但一个半独立的天主教会仍然存在，并贯穿28年独立战争的始终。许多修道院拥有上好的土地，经济上也很富足，贵族在战时还向当地教会提供艺术和其他方面的赞助。农村教士继续对他们那些经常提心吊胆的大众布教，世俗管理者也精打细算地分配着主教职位的资源。尽管与最天主教化的西班牙王权长期处于敌对状态，但葡萄牙仍然是一个天主教堡垒。

尽管事实并非如此，但葡萄牙起义者依旧采用"复辟"作为他们的政治口号。他们所寻求的政府系统实际上以哈布斯堡王朝所创建的模型为原型，而根本不是要回到16世纪。在西班牙治下，王权由皇家官员和一个政府委员会来行使。若昂四世希望通过类似的机构加强王权，从而平衡和限制贵族、平民与教士所释放出的野心。然而问题是，虽然贵族愿意鼓励布拉干萨家族抢在大众革命爆发之前先发制人，但他们不愿意给新国王许可以建立起一个绝对专制的君主国。葡萄牙国王是由议会任命的而不是神授的。此外，新王室在所有财政收入上都有赖于议会的批准，甚至连抵抗西班牙的防卫支出也是如此。贵族们不断要求免税，教会也拒绝放弃自己免于国家税收的历史特权。双方都指向了作为政府收入传统来源的第三等级。国王力量太过弱小，不能强征连哈布斯堡王朝都没能增加的税收；他也太过孤立，不能压服贵族或者教会。不情愿的国王不得不承认议会不仅可以限制他的神圣权力，而且还能强迫他从自己的私人地产的收入中拿出一部分钱来资助独立战争。

新国王的生存在很大程度上要归功于第一位首席大臣弗朗西斯科·德·卢塞纳的机智和技巧。在哈布斯堡王朝治下，卢塞纳曾任葡萄牙管理议政会书记一职长达36年，因此是这个国家最有经验的管理者。作为一名有能力的官僚，他把服务对象转为里斯本王宫中事实上的新掌权者，但是竭力避免任何对西班牙不必要的冒犯，因为他的儿子还在为哈布斯堡王朝服务，并很有可能成为报复葡萄牙分离主义者的潜在受害者。为了避免不必要的结构和社会变化，这位首席大臣坚持在职官员不变，没有为奖励革命支持者而创设新的职缺。他还否决了任何迫害"通敌"于马德里的西班牙忠王派的设想。然而这种平稳的过渡被粗暴地打断了,1641年2月,愿望受挫的葡萄牙民声沸腾。1637年失败的革命被重新记起,社会公平的要求被大声提出。贵族们惊骇起来,称之为"里斯本恐慌"。西班牙有可能助长了富人阶级的恐慌,并警告说:只有废黜"逆贼"布拉干萨,才能恢复正常的秩序。首席大臣非常坚决地镇压了贵族的反革命叛乱,那些出身高贵的罪魁祸首被公开处死,以此来保卫布拉干萨的王位。

王室从1641年对反革命分子的处决中得到的权力引起了贵族的忧虑,他们希望保持自己的影响力,对中央政府施加限制。在没有任何可替代的王位候选人的情况下,又考虑到荷兰式共和方案的不切实际之后,反对王室专制的贵族们罢免了国王的官员。这位首席大臣——在独立的头几个月里对贵族恪尽职守,因出身平凡,所以贵族认为他必然俯首帖耳,也不担心让他身居高位——向世人证明他的实力足以处死反对他的贵族。卢塞纳对国王的忠诚心之强与法国首席大臣黎塞留很像,他的力量也已威胁到贵族的影响力。卢塞纳因为通敌的指控而受到传讯并被审判,国王也没能救他。他被公开斩首于埃武拉城市广场,充满象征意味的是,刽子手的剑是用来斩首国王的敌人的。在接下来的国王与议会的斗争中,一个能力非常弱的首席大臣被强加给了国王。因为有如此强势的贵族限制着他政治活动的空间,若昂国王不得不向国外寻求支持。

1640年的葡萄牙革命不能简单地被描述成在伊比利亚半岛一角为争夺权力而进行的国内斗争——甚至还出人意料地导致了一个独立国家的诞生。这场革命发生在欧洲所经历的最伟大的转变期当中。三十年战争[3]、现代法国的兴起和英国革命都对葡萄牙摆脱西班牙的漫长过程有直接的影响。早期近代欧洲的普遍大危机影响了国际贸易,而葡萄牙还在其中扮演着殖民的角色。它也影响了人们的意识形态,对教会的知识垄断构成了巨大的科学挑战,而葡萄牙正是教会知识垄断的受害者。这场危机也涉及外交方面,葡萄牙成为好几个相互冲突的战略布局中的棋子。所有这些都交织在一场欧洲南北双方的大对抗中。在这场对抗中,葡萄牙作为南方天主教中意识形态最为保守的国家之一,成了被北方新教俘获的一块经济飞地。

起初,那些欧洲政权并不关注这种屡见不鲜的西班牙行省叛乱。就算他们要关注,同时发生在更强大、更繁华的加泰罗尼亚的叛乱和布拉干萨的若昂的姻亲于 1641 年领导的安达卢西亚南部的叛乱也更为显眼。国际社会对葡萄牙事件的忽略发生在这种情况下:当时,法国、英国和尼德兰这些大国都在忙于自己的内战、宗教战争和国际战争,力图在早期近代世界中建立起他们的地位和身份。17 世纪早期,庞大的荷兰贸易公司兴起,使葡萄牙作为欧洲与印度桥梁的国际重要性显著削弱。尽管新教政治家对禁止同葡萄牙反叛者建立外交关系的教皇禁令不太在意,但他们慢慢意识到,葡萄牙起义有可能成功,承认一个独立的葡萄牙可能会对他们有好处。承认真的来了,第一个承认葡萄牙独立的是英国,尼德兰的海上对手,昔日与葡萄牙达成南北联盟的中世纪盟友。葡萄牙亚洲帝国的未来是迫在眉睫的要务之一。

到了 1640 年,葡萄牙在亚洲的香料帝国已进入衰落期。尽管有这种经济衰退,但在葡萄牙大众的想象中,印度仍然是一个充满浪漫气息的神秘大国。东部的帝国依然保有 50 多个滩头、要塞、贸易工厂和岛屿,从赞比西河一直延伸到太平洋。总督从他的海岛城市果阿,松散地监督着贸易网。城市的北边有印度主要的纺织和印染中心,南部的马拉巴尔(Malabar)[4] 香料园也受果阿控制。帝国夸大地声称:有着近 25 万人口的果阿将在 17 世纪初赶上伦敦或安特卫普。果阿人口中大多数是奴隶，殖民家庭通常都有十几个守卫、男仆和女仆，以几近罗马的奢华方式伺候着他们的主人。在莫桑比克，奴隶工匠和手艺人都被征召入伍，而自由的印度移民则开设商店，去做修补匠、金匠、理发师和杂货商。最远的外来社群来自亚美尼亚和马来西亚，但殖民"贵族"却是欧洲人。欧亚混血儿没有和生于母国的白人同等的地位，但在发生危机时，他们却被征召入伍，和黑人奴隶、信基督教的印度人一起去扩充军队的行列。

服完兵役后，来自葡萄牙的移民从军者可以缔结正式的婚姻，成为定居公民。他们中的一些人娶了被送往东方、想寻求一份嫁妆的白人女孤儿，但大多数娶的是亚洲人或欧亚混血儿。在1640年，果阿可能只有不到1000个已婚公民获得了选举市议会和监督宗教善款的完整权利。当时，果阿的修道士可能比有选举权的市民还要多，但是，教会就像政府一样，对种族依然保持着严格的限制，教会中的晋升更多的是依据肤色而不是教育和文化。为了防止他们的女儿与低俗的移民或者更差的人缔结不合适的婚姻，有钱人家捐助建造了舒适的女修道院，在那里白人妇女可以不受滋扰地生活，免于频繁的生产分娩。然而，政府要员们尽力限制女修道院的数量，以此来确保至少他们能找到白人新娘。政府和教会都为在帝国中枢举行的城市仪式之壮丽与辉煌而感到高兴。

这个富裕的印度世界——其中的每个人，不管是传教士、士兵还是小店员、官员，都在投资香料贸易——面临的威胁表现出多种形式。随着贸易利润的下降，防务被忽视了，海盗们变得更加大胆，印度王公也显得更为自信。一份与荷兰签署的休战协定在1621年到期了，于是总督在耶稣会外交官的鼓动下，于1635年和英国人签了一份当地和平条约。一艘英国船被派去澳门取回火炮，保卫果阿，抗击荷兰人。牧师向有所怀疑的信众保证，英国将专注于香料贸易而不会尝试传播新教异端信仰。这种天主教和新教之间进行合作的突破未能遏制荷兰在亚洲经济实力上升的趋势，但是的确为1642年和1654年在欧洲签订的英葡条约提供了一个外交范例。然而，除此以外，亚洲并没有像大西洋殖民地那样，成为独立运动的组成部分——而在大西洋殖民地，欧洲加尔文教和天主教之间的冷战引发了激烈的战斗。

在"西班牙占领"期间，葡萄牙的大西洋殖民帝国和亚洲殖民帝国发展得一样糟糕。16世纪80年代，就在葡萄牙失去独立的同时，荷兰脱离西班牙赢得了独立，并从多个环节突入大西洋帝国，展开了一场漫长的争霸战争。到了1605年，荷兰人已经成为南大西洋上最大的航运商，就在这一年，180艘荷兰商船造访了南美洲的盐田。到了1621年，他们又统治了蔗糖运输业，每年为巴西蔗糖贸易建造十几艘新船；有29家制糖厂保持运营状态，每年出产4万箱原糖。几乎不顾当时两国的政治和外交关系，超过一半的葡萄牙殖民交易通过荷兰船只运输。葡萄牙的船务代理人通常是里斯本新基督教商人阶层中的成员，在过去几代中，他们的犹太祖先曾被迫改变信仰。他们往往与阿姆斯特丹的犹太社区有很好的联系，而这些犹太人中很多本身就是来自葡萄牙的流亡者。葡荷贸易相当兴旺，吸引了来自法国和威尼斯的大规模投资，跨越了国家与意识形态的界限。

然而，商业上的合作和竞争并不是葡荷关系的唯一特点，战争也常常在大西洋上演。1630年，荷兰第二次试图占领巴西东北部的甘蔗种植园并获得成功，占有它们超过了20年。在1641年，他们还占领了葡萄牙在非洲最大的奴隶来源地，并控制安哥拉的罗安达港长达7年之久。与此同时，也发生了两起永久性的入侵事件，一在西非，荷兰人于1637年占领了葡萄牙人的黄金贸易城堡埃尔米纳[5]；一在南非，尼德兰人于1652年在好望角筑起了防御工事。最终这两块殖民地都成了英国的领土。

争夺大西洋控制权的同时，一系列外交活动也在欧洲上演，试图使自封的葡萄牙国王获得承认。最终，布拉干萨家族与新教英国结成了联盟，但是在这么做之前，他们曾长期努力尝试与更为强大而且更为信奉天主教的法国国王结盟。法国对南北分裂[6]持观望态度，并有一个半受容纳的新教少数群体，他们与经济创新关系密切。在三十年战争中，法国强化了在北部的影响力，直到1648年与德意志各邦国签订和平协议。在南方，战争一直持续到1659年，才在西班牙最终获得和平。这一实力的提升，以及无须与天主教断绝关系便能确立民族认同感的能力，使得法国成为新葡萄牙显而易见的首选"助产婆"。然而，葡萄牙与法国的帝业没有太大关联。法国欢迎一场既能削弱西班牙又有助于其侵占加泰罗尼亚边境的葡萄牙叛乱，但是葡萄牙独立对于法国外交来说依旧不那么重要。野心勃勃的葡萄牙人希望抓住一场世纪联姻，将布拉干萨的凯瑟琳公主嫁给年轻的法王路易十四，然而这种努力却以失败告终。路易十四没有与这个和教会分裂、合法性存疑、失去教会认可的王室联姻，而是和西班牙结成了堂皇的天主教联姻。然而，为了保护次要利益，法国还是找了一位公主给布拉干萨的若昂的儿子做配偶，并且小心地支持葡萄牙的自治作为对西班牙的限制。一个亲法国的政党在葡萄牙宫廷中成长起来，并且后来在葡萄牙努力争取独立的军事和政治结局中扮演了重要的角色。然而与此同时，英国再一次显示出在葡萄牙事务中的存在感。

在独立战争期间，葡萄牙和英国之间的外交关系经历了严重的扭曲。在西班牙占领之前，联结两个国家的"古老同盟"为英国提供了酒的供应、羊毛织布市场、前往欧洲以外地区的海路安全港和对抗宿敌及帝业竞争对手卡斯蒂利亚的盟友。恢复联盟的美好前景吸引了英国，承认起义王朝的谈判在专制君主查理一世的控制下开始了。然而，在取得成果之前，英国陷入了内战，葡萄牙不切实际地支持了保皇派。具有讽刺意味的是，当查理一世垮台的时候，布拉干萨家族又不顾一切地转向弑君者克伦威尔寻求帮助以巩固他们的王位。在威斯敏斯特签署的一份条约中，若昂国王同意阻止针对英国"护国公"的贸易者的骚扰，并允许这些贸易者使用圣经。凭着惊人的勇气，国王还允许新教徒在天主教的土地上埋葬死者。1661年查理二世复辟之后，根据葡萄牙摄政女王若昂遗孀的指示，这份条约在白厅[7]做了修订，从而包含了严肃的军事条款，最终推动葡萄牙独立战争走向终点。葡萄牙被允许在英国以雇佣兵的市价招募2500名士兵和马匹去抗击西班牙，更难能可贵的是，葡萄牙被允许在苏格兰和爱尔兰的所有凯尔特自治领中再寻找4000名战斗人员，并可以包租24条英国船进行载运。这支远征军将装备英式武器抵达葡萄牙，并被保证宗教信仰自由。第二年葡萄牙又招募了更多的英国骑兵和步兵。这个联盟当时通过布拉干萨的凯瑟琳公主与英格兰和苏格兰的查理·斯图亚特的婚姻而确定了下来。公主带上了200万枚金币的巨额嫁妆，英国还得到了在葡萄牙殖民帝国中的两个殖民立足点：非洲的丹吉尔港[8]和印度的孟买港。支付婚礼债务成为葡萄牙国库半个世纪来的重负。然而这些花费仍不足以保证葡萄牙的独立。但是一个完全未曾预料到的地区送来了更多的帮助，这就是葡萄牙自己在巴西的拉美帝国。

　　布拉干萨家族坚定地扎根于葡萄牙大平原上的农业，对殖民事务知之甚少。因此，对若昂四世来说，巴西在他统治期间扮演了一个外交中心角色是一件令人吃惊的事。正是耶稣会游说者带头说服了反叛的国王，告诉他拉美殖民地能帮助他确保革命的成功。通过建立皈依者可以居住的、产权属于欧洲的基督徒社区，耶稣会在拉美获得了巨大的影响力。此外，出于方便，牧师与通常怀有敌意和嫉妒心的世俗殖民者结成了联盟，这些殖民者都因荷兰人在巴西北部造成的宗教、经济和政治威胁而焦虑。当欧洲布拉干萨起义的消息传到巴西，里约热内卢的领袖——萨尔瓦多·德·萨[9]，同耶稣会士达成共识，同意支持葡萄牙独立。

　　萨尔瓦多·德·萨支持耶稣会并与布拉干萨家族结盟的部分动机与其在非洲的损失有关。安哥拉的葡荷战争是三十年战争中最遥远的战场之一了。荷兰人最初准备在1624年攻占罗安达港，若非哈布斯堡王朝任命一名葡萄牙贵族积极开展殖民地防务，这片年供1万名安哥拉奴隶的殖民地就保不住了。在1641年，荷兰人重新开始他们的攻击，急于在葡萄牙的独立经和谈被承认之前占领殖民地。安哥拉的葡萄牙守备部队逆河逃窜，跑到了一块遥远的非洲流放地，正准备决定是接受荷兰人的统治，还是继续保持对哈布斯堡王朝的忠诚，或是举起代表布拉干萨家族起义的旗帜。他们选择了布拉干萨家族，并向里约热内卢寻求帮助以抵御非洲人和荷兰人对他们设防领地的攻击。经历了整整7年时间，当萨尔瓦多·德·萨抵达非洲且巴西人于1648年将荷兰人从罗安达驱逐出去时，他们才最终得救。这个地方出人意料地落到了若昂国王手里，但因为破坏了之前与荷兰人达成的和平协议，他稍感不安。然而，夺回荷兰人所占殖民地的运动并没有在罗安达结束，6年后，巴西人重新收回了巴西东北部的大种植园殖民地，迫使荷兰人不得不将注意力集中到与加勒比地区的贸易上来。因此葡萄牙独立的呼声得到了南美殖民地和它的非洲附属国的支持。

　　1656年，葡萄牙的国王若昂四世去世了。尽管他重新控制了他在巴西和安哥拉的南大西洋殖民帝国，但是他的单方面独立宣言并没有在欧洲获得承认。他在位期间，曾3次召开议会，给这个王朝以合法身份并为战争征税，但是都没获得完全的成功。当若昂强大的西班牙遗孀成为这个起义王国的摄政时，她不得不继续寻求与西班牙的和解，但是战争继续拖延着。在国内，贵族们利用国王之死进一步加强他们的国内影响力、限制王室的行政权。然而在1659年，葡萄牙的情况快速转变。《比利牛斯条约》结束了西班牙与法国的长期战争，改变了国际形势。这份和平对葡萄牙的外交绝非好事，反而解放了西班牙军队，使得他们能再一次尝试镇压轰轰烈烈的葡萄牙叛乱。然而，在腓力四世之子领导下重新发动的入侵并没有实现重新征服这个已脱离的王国的目标。相反，得益于大规模外来雇佣兵的援助，葡萄牙在战争的最后阶段赢得了胜利。

伴随着里斯本王宫的一次政变，独立战争的胜利阶段在1662年开始了。布拉干萨的凯瑟琳嫁给新教英国国王的昂贵婚礼既不受大众支持也不精明慎重，为摄政政府带来了尖刻的批评。西班牙攻势再起，增加了民众的紧张，加上贵族财富遭到洗劫，在里斯本引起了严重的恐慌。在后来成为名义上的国王、有可能智力迟钝的王后私生子的支持下，贵族中一个难以驾驭的年轻派别推翻了摄政王后的统治，将26岁的卡斯特罗·梅略尔伯爵[10]推上了战时"独裁者"的位置。新政权决定立即改变葡萄牙的国际关系格局，从与英国结盟转到与法国结盟。年轻的国王迎娶了一位法国公主，年轻的独裁者将波旁王朝的皇家专制主义和枢机大臣作为自己政府模仿的对象。而新国王的弟弟佩德罗王子和妹妹英国凯瑟琳王后对这种亲法独裁统治的反对意见却被置之不理。凭借卡斯特罗·梅略尔的军事实力以及在法德统帅绍姆贝格杰出指挥下的国际雇佣军，葡萄牙发动了3年对西班牙疲惫之师的有力战争。在经过几场决定性战役后，葡萄牙的胜利终于在1665年得到了巩固。两年后，亲法国派和它的独裁者在另一场宫廷政变中被推翻了。佩德罗王子和亲英国派重新夺取了权力，并且在 1668 年，西班牙最终承认了布拉干萨王朝的"合法性"，《威斯敏斯特和约》也正式得到批准。尽管佩德罗在他统治的前半期只是被冠以"王子摄政"的封号，但是他给葡萄牙王室带来了 40 年政治上的连续性。

佩德罗王子对他哥哥王位的篡夺给葡萄牙政治带来了根本性的变化。无能的年轻国王被流放到中大西洋上的亚速尔群岛。年轻的独裁者怀着专制主义的野心逃离了这个国家，具有讽刺意味的是，他去英国寻求避难。尽管佩德罗通过迎娶被他哥哥疏远的法国妻子来提振自己的政治地位，但是葡萄牙拒绝了与法国结盟。在独立战争的最后阶段，西班牙侵占的所有领土都被归还给了葡萄牙，只有一个例外，那就是控制直布罗陀海峡的摩洛哥要塞城市——休达。在独裁统治下冒头的专制主义趋势被扼制了，旧贵族暂时恢复了部分影响力。政府又一次被宫中的少数寡头所控制，而不是处在由国王任命的官员控制之下。与英国的古老同盟得到了恢复；里斯本成为缩小版的伦敦，奉行北方的重商主义，与周围格格不入，挤满了阿姆斯特丹新造的商船。环绕在里斯本四周的葡萄牙农村是一片农业天主教的海洋，在那里地方贵族命人按意大利风格建造小教堂，绅士们照着富丽堂皇的法国概念去建造他们的庄园。

1668 年的和平本应该使葡萄牙摆脱防务费用的消耗，有条件以巨大的飞跃去摆脱贫困。然而，繁荣却依旧难以实现。葡萄牙国内最接近产业化且具有国际重要性的产业是盐业。盐曾经是战争期间一种至关重要的经济资产，并且市场范围也从荷兰扩大到波罗的海诸国。在 17 世纪 60 年代，阿姆斯特丹的盐价相当高，也促进了葡萄牙最终取得独立。因为葡萄牙的商船规模始终不够大，不能将盐运到顾客手中，所以每季都有数以百计的小船南行至葡萄牙海

图 11　一幅雕版画的局部，描绘了 1620 年左右里斯本滨海区王宫的西侧和码头的情景

图 12 在里斯本圣文森特德福拉修道院的回廊上，一幅 18 世纪早期的瓷砖壁画描绘着死亡的景象

岸，购买 8 万吨原盐。用盐作为进口支付手段的能力使葡萄牙盐业获益良多，但附加值颇低，且抑制了国内制造业的发展。凭借卖盐的收入，里斯本社会能从国外买到纺织品、服装、家居设施、金属制品、瓷器、装饰品以及其他奢侈品而无须去培养国内手工业或提高农村生产力。先天发育不足、只能出卖原材料而买进制成品的困境，从一开始就折磨着恢复独立后的葡萄牙经济。

葡萄牙的第二大海岸工业，捕鱼业，也没能带来期望中的繁荣。鱼对于沿岸人家和港口居民来说是比肉还要重要的饮食组成部分。但是海外殖民地的增长毁掉了这项全靠海上技能的行业，因为渔民都被征去服务于帝国庞大的海上航线了。渔民们还要忍受渔船的短缺，因为渔船都被拿去用在长途贸易上了。造船厂也有其他为海军优先建造的项目，连造船用的木料都要花巨资从瑞典和巴西进口，而不是靠牛车从葡萄牙内陆的森林里运出。当捕鱼业资金匮乏到无法满足国内主要食品鳕鱼干的需求时，葡萄牙的经济依赖性已经变得相当严重。这个曾经引领开发拉布拉多和纽芬兰大渔场的国家，现在却要依靠英国船队去捕捞北大西洋的鳕鱼了。更为夸张的是，葡萄牙甚至允许英国渔民从英属北美殖民地直接向巴西种植园市场出售鳕鱼干。这种开放严重破坏了传统重商主义坚持的所有贸易必须经由大城市进行以增进母国财富的要求。

然而，里斯本的食物供应面临着一个比鳕鱼短缺还要巨大和古老的危机。这就是缺乏充足的谷物市场供应机制。看起来，从国际市场上购买谷物，似乎要比投入稀缺的资金和人力、提高国内种植业的管理和运输能力来得更加容易而且有利可图。自中世纪以来，葡萄牙的谷物危机就一直影响着城市并且成为第一次殖民扩张的动机之一。17世纪时，问题和以前一样严重。玉米种植直到18世纪才开始缓解粮食短缺的压力，但日常的主要谷物还是小麦、黑麦和大麦。一些种植在南部平原的小麦可以用沿海的船经由部分河段通航的萨杜河运出。然而当海运可行时，往返于离岸的岛屿还是更加容易。在1631年，革命爆发之前，里斯本已经用法国船进口了60船亚速尔群岛的谷物和相似数量的来自塞维利亚的西班牙谷物。在脱离西班牙之后，英国成为葡萄牙国外谷物的主要供应商。而当英国剩余供应不足时，里斯本就开始向英属北美殖民地购买粮食。因此葡萄牙维持了鼓励贸易的传统而非鼓励国内的农业生产。然而进口"便宜"食物而不去培育国家自足的政策并没有改善城市中产阶级和贵族地主之间的关系。

由于盐、鱼和谷物等的传统生产不能将葡萄牙从贫困中拯救出来，佩德罗王子的摄政政府就怎样改造国家经济广泛征求意见。3

个方案被提了出来，以使国家摆脱贫困，并且在以后的3个世纪里，这3个方案都被周期性地采用了。第一个也是最难的方案是实行工业化，这个方案旨在更有效地利用本国的资源和人力。第二个方案是以移民的方式向殖民帝国输出人和技术，然后再依靠移民以现金或其他形式寄回母国的汇款为生。第三种方案是向英国或其他地方出口原材料和初级产品，再依靠外国的技术来供应制成品。在佩德罗王子执政的40年时间里，他尝试了3个方案，其中以工业化的尝试为开端。

　　独立初期制造业政策的基础就是未竟的纺织品生产。葡萄牙最大的单一进口商品和对国际收支平衡造成压力最大的商品就是编织布。尽管葡萄牙是一个养羊大国，但它只是将自己大量的羊毛作为北欧国家的纺织品原料出口。因此，摄政王的经济顾问埃里塞拉伯爵建议应该按佛兰德斯传统模式在葡萄牙建立一个自己的羊毛纺织业。"工厂"建在科维良，位于中央山脉脚下，既方便得到大量的羊群也方便获得干净的山泉。然而就像在其他发展中国家中开展的新工业项目一样，这项试验并没有获得成功。经济创新引发了葡萄牙传统纺织行会的强烈抵制。他们不仅害怕更好的资本化工厂纺织业在市场上的竞争，也担心国有企业会挖走他们熟练的劳工。从将单件工作外包给织棉工中获得可观利润的中间商也对竞争提出抗议。在市场的另一边，消费者也抱怨当地的产品比不上英国精纺毛料的质量。带有一种强烈但又保守的时尚感的城市买家，也拒绝接受这种新的国产布料。政府保护新生产业，对纺织品进口强加限制，力图节约外汇，这反而激化了对抗。经济限制进一步加剧，甚至通过了旨在限制上流阶层过度购买外国产品的禁奢法。城市进口消费者与农村传统纺织业者的愤怒和地方行省贵族的抗议交织在一起，后者将工业化视为对其古老社会地位的一种威胁。

反对工业化的地主找到了期待已久的支持者,这也不难预料,就是坚决保卫传统观念的宗教裁判所。在独立战争期间,宗教裁判所没能阻止葡萄牙从西班牙中分裂出去;在卡斯特罗·梅略尔的独裁统治下,宗教裁判所也未能打破葡萄牙和法国的良好关系,以及从法国柯尔贝尔(Colbert)那里借来的现代经济规划思想。在佩德罗王子摄政下,宗教裁判所的成员们引发了贵族的恐惧,这些贵族声称工业化可能会给王室带来独立的收入来源。贵族声称的这种王室自由,将削弱对王室的传统限制,促进朝向一种王权专制形式的发展,而这正是他们在1641年和1662年时都竭力反对的。宗教裁判所发现阻碍佩德罗的工业政策毫无困难。纺织品制造商被指控为犹太资本的代理人,在宗教裁判所的地牢中饱受折磨,以此来吓跑潜在的投资者。在对犹太教进行法庭调查期间,对织工的长期监禁使生产陷于停顿。判罚导致纺织品制造商的财富全部被嫉妒的指控者没收,为了达到最大的威慑效果,一些工业家被当众处死了。这场迫害不是变态的种族歧视和宗教盲从的一次简简单单的大爆发,而是葡萄牙改革派和保守派之间权力斗争的中心部分。

宗教和种族迫害加剧了17世纪葡萄牙社会和经济的分裂,就像几个世纪纪后的发展中国家一样,当时非理性的偏执使理性的利益冲突占据了有利地位。葡萄牙的冲突不仅是乡村和城市、工业家和贵族之间的对抗,也是社会阶级内部的一种对抗。葡萄牙有一个特别积极有力的"买办资产阶级",他们通过进出口贸易获得财富和地位。中产阶级中这些做贸易的人,在维持国际贸易的高水准中享有自己的既定利益,而不是在培植国内生产做到自给自足中享有既定利益。作为远远不是经济民族主义者的城市批发商,他们发现自己与外国供应商有一种共生关系。这正是法国人和他们的本地代理商都不想看到葡萄牙发展本国丝绸业的原因——这将限制法国丝绸在葡萄牙的市场。法国商人阻止佩德罗政府在法国招募工匠的企图，并为1692年大旱灾给葡萄牙丝绸生产商带来的困难而欢欣鼓舞。由此，里斯本滨海的进口商发现他们已经卷入了一个外国供应商和保守贵族相勾结的邪恶同盟，两者都反对政府的经济发展政策。这个资产阶级圈子里最有影响力的合伙人就是英国人了。

里斯本的英国贸易社群，被统称为"工厂"，是一个在滨海拥有稳固的基础、组织严密、享有政治特权的贸易代理人社群。尽管有时宗教裁判所将歇斯底里的仇外情结指向英国人，但工厂成员依旧保持了他们在独立战争期间赢得的权利，践行着自己的新教信仰，维持着自己小心翼翼地用墙围起来的墓地。保护这种英国联系的战略元素便是皇家海军，在捍卫葡萄牙和它的殖民帝国免遭敌人攻击上，皇家海军要比法国或西班牙的舰队都更为有效。在外交上，葡萄牙通过布拉干萨的凯瑟琳也与英国紧密联合，她一直是英国白厅的王后，直到1685年。然而，比这种战略和外交的结合更为重要的是与葡萄牙经济利益的古老同盟，这种同盟试图阻止葡萄牙进口替代工业的创建并且维持与英国的商业往来。与英国工厂联系在一起的当地代理人和零售商自然也满足于继续从英国的生鱼、精纺毛纱及更突出的小麦供应中获得一份收益。因此，正是"葡萄牙贸易"帮助英国的谷物种植业主发起一场农业革命。而葡萄牙却没能走上相同的道路。相反，它再次将目光转向殖民帝国，力图在不打乱竭力阻碍经济创新的、危如累卵的社会秩序的前提下，去解决不断严重化的收支平衡赤字问题。

古老的亚洲海洋殖民帝国曾大量吸引来自葡萄牙港口和东边阿尔加维的移民，但还没达到压倒性的数量。重新收复的巴西陆上殖民帝国需要更多的人口去开发这半块人口稀少的大陆的农业潜力。就像已经被英国或法国的经验所有力证明的那样，移民，尤其是那些来自人口密度很大的葡萄牙北部的移民，可以替代一场可能会剧烈改变社会结构的国内农业革命，发挥同样的效用。葡萄牙移民，作为一种经济发展的替代物，直到19、20世纪才达到顶峰，但是的确已经在17世纪出现了。巴西的蔗糖和烟草移民种植者被期待去应对这个不断变化的世界市场，好为葡萄牙赢得收入去支付从英国进口的商品。

在17世纪后期，葡萄牙对巴西农业日益增长的依赖因市场环境变化而成为死穴。尤其是北方强国对加勒比群岛大规模的殖民征服导致了激烈的殖民竞争和糖价的下跌。为了弥补收入的损失，将引发的收支平衡危机缩到最小，古老的巴西产糖殖民地巴伊亚将自己的产业扩大到烟草种植领域。一种皇家烟草垄断制度建了起来，这给政府带来了显而易见的好处，因为烟草税不是给某一贸易公司的而是直接上交王室。殖民地烟草税成为王室收入的一个主要来源，这也就避免了王室与贵族之间很多原有的财政冲突。巴西的出口烟草被涂上蜜糖，每2.5英担用牛皮纸包成一卷，从而获得了绝佳的保存性，能囤积起来进行投资或者投机。葡萄牙把嚼烟出售给法国人，把鼻烟出售给印度人。烟草也成为那些必须汇集在非洲用以换取奴隶的货物"杂烩"中的一个重要的项目。尽管英国种植园主在弗吉尼亚发起激烈的竞争，巴西船队每年带到欧洲的2万卷烟草中仍有许多被卖到了英国。然而到17世纪80年代，就像之前的蔗糖贸易一样，烟草贸易衰落了。1688年，葡萄牙被迫通过降低汇率为殖民地烟草的再出口提供价格优势。10年后，当巴西淘金潮开始时，烟草种植者获得了一种完全不同的利好，因为淘金者成了烟草的大消费者。

甘蔗种植者和烟草种植者都没有把欧洲移民广泛用作田间劳力。对于那些最繁重的工作，他们依赖于现成的奴隶劳力供应。17世纪的葡萄牙通过购买、喂养、运输和销售大约50万名非洲奴隶工人获得了一些利润。尽管葡萄牙缺少船只和水手,但仍旧成功地经营着庞大的横跨大西洋的被拐孤儿、囚犯、罪犯、债务人、强征劳力和被绑架旅客的移民事务,这些人是奴隶贸易的补充。为换得这些人类"商品"和一点王室垄断的象牙,奴隶商向西非巨商们提供了酒、布匹以及烟草。在安哥拉,来自里约热内卢的巴西军事总督们通过武装行动拓展了猎奴场地,向内陆推进了100英里,使白人和黑人贸易商群体都蒙受了损失,但给士兵们带来了巨大的利益。古老的非洲刚果王国和安哥拉王国被葡萄牙独立后的殖民战争切实地摧毁了,但是奴隶贸易依旧又繁荣了200年。然而,殖民地的财富并不足以将葡萄牙从17世纪的贫困中拯救出来,佩德罗王子的政府再一次将目光转向更具争议的国内经济改革和发展问题。

完整或部分地解决葡萄牙农业欠发达这一问题的长期方案需要到酒类贸易中去寻找。作为一种被看好的拯救葡萄牙经济的手段,酒类贸易具有许多优点。最简单的技术上的优势是,通过对出口酒征收关税来提高国家收入是非常简单的手续,不需要对王室书记使用的原始记账系统做出任何改革。要想将国库收入来源转为国内生产税收可能需要一场官僚革命,而这很有可能超出了葡萄牙温和教育制度能够应付的程度。不仅有专注于葡萄酒的世俗上的实际好处,酒类贸易还具有不太冒犯宗教裁判所和农业保守主义力量的意识形态上的优势。的确,在1683年,当波尔图英国酒商的异端行为变得太过露骨,佩德罗也无法阻止他们被教会驱逐。但是总体上来说,对于那些种植葡萄并用古老方法酿酒的大地主来说,外国酒商还是可以接受的。有时候酒类运输商在英国很难找到确定的销路,因为那里的消费者更喜欢来自波尔多的红葡萄酒而不是17世纪葡萄牙的劣质红葡萄酒。但是,地方性战争意味着法国葡萄酒并不总是可以得到。英国出口商显然更愿意葡萄牙人用金银来购买他们的布匹,但是在货币供应短缺时,他们也能接受用酒来偿付。在17世纪80年代早期,葡萄牙经济在经历了70年代的衰退后出现了一个温和的基于葡萄酒业的复苏。其领头者是马德拉岛。

来自意大利的热那亚商业银行家最早开始了在马德拉岛上的殖民,他们将其打造成一个与葡萄牙紧密相连的小麦种植岛。此后,马德拉岛逐渐转向蔗糖生产,直到它的贸易被不断崛起的、拥有更好的土地与更廉价的奴隶劳力的加勒比大型甘蔗种植园所打败。马德拉只好再一次转变它发展农业的策略,而这一次是转向酒类生产——把酒卖给它以前在加勒比地区的蔗糖竞争者。慢慢地,马德拉酒在稳定性和质量上得到了改善,英国酒商的特许殖民地在岛上建了起来,他们开始把酒贩运到英国本土和其他英国殖民地。到了17世纪晚期,英国酒类出口商在葡萄牙北部大陆的维亚纳和波尔图得到了新的关注。一家与那些在里斯本的英国工厂具有同样特权的工厂建了起来,葡萄酒出口也上升到每年1000桶。在18世纪,波尔图的酒类贸易已成为葡萄牙最大的产业之一。然而在此之前,政府还采取过其他策略以拓展国家财富的根基。

在17世纪下半叶,两位政治思想家——安东尼奥·维埃拉神父和埃里塞拉伯爵[11]曾试图改变葡萄牙的经济结构。维埃拉是一位耶稣会作家、若昂四世的亲密顾问,也是加尔文教荷兰与天主教葡萄牙的和平协议中的关键角色之一。他希望随着独立的实现,葡萄牙能与犹太群体取得和平,并设法让流往阿姆斯特丹的葡萄牙资本尽快返回国内。他大胆地前往尼德兰并且会见了在阿姆斯特丹犹太教堂里的流亡者,但因为他穿的是贵族服饰而不是教会服饰,引起了许多流言。在犹太教堂里,他听取了结束新基督徒面临的司法缺失的要求。难民们要求，对异端的审判不应该以匿名揭发和种族的忠诚心判断为基础，而应以具名的对非法崇拜的具体指控为基础。他们还要求任何作为投资返回葡萄牙的资金必须免于教会迫害事件中的司法没收。与英国清教徒最终获得的成果相比，维埃拉为那些改宗犹太人争取更为开放的宗教气氛的努力仅获得了有限的成功。对于他在经济领域的创新，甚至连他自己所属的耶稣会都怀疑在葡萄牙建立荷兰式的联合股份公司是否明智，因为这可能会限制耶稣会在殖民地的生产。宗教裁判所更是从根本上反对维埃拉的创新和宽容政策。在当地贵族的支持下，宗教裁判所成功地把他软禁在一座修道院里，并最终把他放逐到罗马，在那儿，他成了17世纪欧洲最伟大的传教士之一，然而却失去了对葡萄牙所有事务的政治影响力。1667年他最终离开葡萄牙，让保守派取得了优势。然而，后来经另一位经济现代化推动者、王室顾问埃里塞拉伯爵的努力，他的事业又得到了复兴。

正是埃里塞拉最终意识到葡萄牙的社会保守力量实在太强大了，不会允许政府坚持工业化的政策，因此他需要让货币贬值，以使传统的农业出口能与地中海地区的出口对手相竞争。虽然葡萄酒生产商是第一个从1688年货币贬值中获益的，但软木、柠檬和羊毛贸易也感受到了财政上的刺激。不久以后，因为世界贸易的进步，里斯本出口了1万桶橄榄油。荷兰购买了300万蒲式耳的盐用来交换波罗的海的木料、小麦和鱼。与英国的新鲜柑橘贸易也能带来每年5万枚金币的收入。从巴西到北欧市场的中转贸易也受益于货币贬值，每年大约要从巴伊亚引进10万张经过鞣酸处理的牛皮，用在皮革和制鞋业上。然而这些增长还不够。出口到英国的商品仅值25万英镑，远远不能偿付每年价值50万英镑的进口商品。仅纺织品一项的进口就超过了整个葡萄牙农业生产的出口值。每年的谷

图 13　埃里塞拉伯爵是试图改革葡萄牙生产能力的几位杰出的现代政治经济学家之一，但遇到的困境使他于 1690 年自杀

物缺口仍然达到100万蒲式耳。甚至在大旱灾加重埃里塞拉困境的前夕，他就于1690年自杀了。

世纪之交见证了葡萄牙许多的改变。佩德罗王子，现在是国王佩德罗二世了，已经知道如何去平衡国家中的各派，也不再同保守力量斗争，这股力量对于他来说太强了。1700年，他默许了宗教裁判所对羊毛纺织厂的另一次打击，18个大厂主被逮捕。他意识到巴西与日俱增的重要性，并且他非常幸运，因为在1697年，住在圣保罗边远地区的人们意外地在内陆发现了黄金。在接下来的30年中，葡萄牙从黄金贸易中收获颇丰，以至于能暂时放弃在生产领域中寻找新的创新。新的财富意味着王室有足够的收入去支付国内消费，这样就不用再召集议会了。直到1822年，紧随法国大革命的葡萄牙革命爆发之后，葡萄牙议会才再次被召集。未能在17世纪60年代站稳脚跟的葡萄牙专制主义，却在18世纪很好地建了起来，以至于国王的大臣们据说要比普鲁士腓特烈大帝的大臣们享有更大的权力，而普鲁士的腓特烈大帝正是开明君主的原型。

然而，世纪之交，葡萄牙财政外交最有持续性的事件还是1703年《梅休因条约》的签订。《梅休因条约》的前身可以追溯到1353年波尔图和伦敦两个港口之间签署的商业条约。《梅休因条约》的签订要比英国爱德华三世和葡萄牙斐迪南之间达成的王室条约早20年，也要比《温莎条约》的签署和王室联姻早33年——这次王室联姻生下了引领葡萄牙海外殖民扩张霸业的王子们。18世纪发展出的古老同盟既是战略上的也是经济上的。保罗·梅休因于1703年5月16日谈判签订了军事条约。当法国和西班牙的波旁王朝联盟可能威胁英国进入大陆的通道时，这份条约给了英国进入葡萄牙的途径。1703年12月27日，约翰·梅休因签署了更重要、更持久的商业条约。在条约的第二款中，英国安妮女王同意：

图 14　保罗·梅休因爵士，他和他的父亲约翰·梅休因于 1703 年谈判签署了史上最著名的商业条约之一，从而长久地将葡萄牙经济与英国联系在一起

神圣大不列颠女王陛下代表本人及其继承人在此承诺,以葡萄牙领土所种出的葡萄酿成的葡萄酒,始终可以进入英国,且无论何时,无论英格兰王国和法兰西王国处于和平还是战争之中,均不得直接或间接地以关税或进口税的名义或任何其他理由,对葡萄牙的葡萄酒征收额外的税收。应征税额为同等数量法国进口葡萄酒的三分之二,无论其进口运输方式是酒桶、大桶还是其他容器;如果在任何时候,前述降低税率的条款受到挑战或者违背,那么神圣葡萄牙国王陛下有权再一次抵制英国的羊毛织布或其他羊毛制品。

> 引自卡尔·A. 汉森:《葡萄牙巴洛克时代的经济与社会（1668—1703年）》（麦克米伦,伦敦,1981年）

巩固《梅休因条约》对于葡萄牙来说非常重要。销往英国的葡萄酒,过去曾随着法国竞争者数量的增减而上下波动,现在却得到了优先进入的保证。里斯本政府现在能够保障足以平衡进口的定量出口了,土地利益集团在知道他们拥有一个稳定市场后,便能放心地将注意力集中在酒类生产上了。现代化的反对者们看到了他们支持安全而传统的单一产业政策的胜利。然而,该条约也不是单方面对葡萄牙有利,英国得以在一个虽小但重要的市场里不受阻碍地销售纺织品和衣服,那儿再也不会有规模显著的当地产业能够更高级或更廉价了。此外,酒和羊毛的协议也为英国布料在大西洋殖民地提供了出路。《梅休因条约》本身一直延续到了1810年,即拿破仑和威灵顿的军队入侵葡萄牙的时候。但是,此后无论好坏,英国和葡萄牙的伙伴关系又延续了很长时间。

第三章
18世纪的黄金时代和大地震

近代葡萄牙的黄金时代肇端于18世纪。佩德罗国王活到了1706年，见证了巴西矿业繁荣的前10年。但是，他的继任者若昂五世在葡萄牙艺术和文化取得巨大繁荣时在位。正如16世纪早期第一位殖民国王曼努埃尔治下那样，建筑业繁盛了起来。西班牙用拉美矿业的收入建造出的富丽堂皇的建筑被葡萄牙皇家宫殿和贵族庄园所模仿。一小部分有文化的精英开始亲近求知的世界，建起很好的图书馆。外交官，甚至是王室成员，穿越欧洲进行旅行以获得国际观感。教堂奢侈地使用镀金雕刻和饰品。贵族们穿着最好的衣服招摇地坐在四轮大马车里。但是少数人的富有伴随着大多数人的贫困。农民们生活在近乎封建的依附条件下。宏伟的宫殿没能转化为家庭和农村住房的进步。学识在贵族圈中的流行并没有折射出任何公共教育的进步或者大众识字率的提高。葡萄牙教会依旧是天主教欧洲中最保守的教会之一，并且继续压制公开的质询。葡萄牙经济上依旧与英国紧密联合，阻止了工业基础的扩大。勉强维生一直是这段"黄金时代"里的大众体验。直到巴西黄金带来的轻松岁月告终，1755年里斯本大地震摧毁了宗主国的商业中心，社会和经济上的改变才开始影响葡萄牙。

18世纪早期的上流社会以里斯本河畔大广场上的宫殿为中心。尽管紧张的政治局势使国王和贵族离心离德，王室寓所里还是住满了请愿者和渴望在宫廷上露面的外国访客。最严格的礼仪规范着等级秩序，国王俨然一副遥远而不可亲近的模样。大公通常包含一些公爵、十几个侯爵和三十多个伯爵。在他们之下是一些更小的贵族和数以千计的贫困骑士，例如基督骑士修道会这类军事修会的成员。贵族血统被看得非常重要，但是社会流动也是可能的，法官、将军和学者都能获得贵族地位。有身份的人把大量的时间花在前往与他们地位相当的人的宅邸中共进晚餐，交流社会和政治传闻上。有时他们也隐藏姓名，去寻找一些稍微有点罪恶的乐趣，比如去看看里斯本奴隶活泼的非洲舞蹈，追逐漂亮的黑人女子。然而上流社会的白人妇女却被严格地阻挡在公众视线之外，由她们的男性监护人充满嫉妒地保护着。富有的男人有时会带上一个正式的情人，直到他找到一个社会地位相匹配的妻子。当分开时，那些幸运的情人会被给予一笔养老金并获得在修道院终生生活的保障，而他们的孩子将一并加入父亲的社会阶层。里斯本的贵族都是些赶时髦的人，他们乐意被人看到穿着最新款式的巴黎服装。据说，国王拥有的衣服数量要比里斯本所有时尚商店拥有的衣服全加在一起还多。为了能使他们的时装在既做排水沟又做公共厕所的狭窄街道上保持干净，那些漂亮的人都坐在轿子里，用帘子隔开公众视线。当教士出去吃饭喝酒时，也有自己的脚夫、马车和护卫。一年中最盛大的节日要属圣体节，那时城市被打扫得干干净净，就连上层社会的妇女也被允许走上街头去看看打马而过的国王、王后和枢机主教。大概是一年一次的样子，为了去看一次宗教裁判所的公开审判，非犹太教徒也会去参观圣文森特教堂。不管是什么身份，被判刑的男男女女都会被拉着游街。黄昏时分，那些被判死刑的人就会被烧死在火刑柱上，以此来显示教会依旧比国家更为强大。

18世纪葡萄牙财富和特权的核心支柱是17世纪90年代晚期

图15 一幅当时的雕版画描绘了一大群人聚集在里斯本的海滨王宫前观看宗教裁判所的受害者被施以火刑的场景

在巴西发现的金矿。这些内陆高原上的矿床在白人殖民者和他们的黑人奴隶中掀起了一股淘金热。到1700年时，这些非法的边境营地每年大约可淘出5万盎司黄金。5年后，其收入跃升到每年60万盎司黄金，葡萄牙帝国第二次成为世界上最大的黄金生产国。矿业也刺激着整个巴西的经济。牧场主源源不断地向矿场提供着肉和皮革，并把他们多余的产品出口到欧洲。捕鲸业为当地提供餐饮用油，也为出口创收做出贡献。烟草种植者发现他们的市场不仅在矿场中也在海外得到了扩大，因为矿场主把烟草卷卖到西非以买进新的奴隶来挖矿。尽管1701年签订的西班牙为法国供应奴隶的条约使葡萄牙奴隶主损失了一些生意，但是一项贯穿南美的走私贸易依旧保持着繁盛。制糖业蒙受了劳动力流失的损失——他们都流向了矿业，但是凭借来自非洲的新进口源艰难渡过了难关。正是由于巴西的繁荣，葡萄牙王室被视为欧洲最富有的王室，他们考虑着要把宫廷搬到里约热内卢，放弃帝国贫穷的欧洲部分。这个主意早就有了，但是直到100年后才得以实施。

对在欧洲的广大葡萄牙人口来说，巴西经济扩张还有一种更为重要的影响——这就是移民的机会。16世纪时，葡萄牙用对外移民的方式在亚洲建起了它的第一个殖民帝国。20世纪时，葡萄牙用移民而非投资的方式在非洲建起了它的第三个殖民帝国。在这两轮移民之间，美洲第二个殖民帝国的成型也以寻找财富的游荡者的流动为基础。殖民地人口从1636年的100万升到1732年的200万再到1801年的300万。18世纪去往巴西的白人移民在数量上并不能与受压迫的非洲奴隶移民相比，但是这种来自葡萄牙北部的少地农民的流动却为母国打开了一个长久的缓解人口压力的安全阀。尽管英国在南美的经济影响力不断上升，葡萄牙移民还是确保了巴西在文化、语言、宗教和饮食上具有鲜明的葡萄牙特色并在独立后也保持如此。

葡萄牙王朝在不同方面上从巴西这一宝库中受益很多。旧有的收支平衡问题在近两代人的时间里得到了解决，18世纪60年代之前再也没出现过一次严重的危机。不断增长的殖民贸易税收意味着无须经国会和议会讨论就能获得其他国内收入的来源，而且从金子涌入里斯本开始，在一个多世纪的时间里国会和议会就再也没被召集过。若昂五世也能建立起一个表面上与更加富有的法兰西王国非常相似的绝对专制政权。他的个人统治与刚开始时的英国议会民主截然不同。凭借如此多的财富，他便能忽视葡萄牙国内经济中所有旧有的结构性问题。只要能够进口谷物和布匹，贫困的农业、发育不充分的交通业和微乎其微的工业发展便都被忽视了。甚至商船

图 16　这幅1730年的蓝色瓷砖壁画展示了里斯本的房屋和花园露台从海滨背后的船坞向城内的阿尔法马区陡峭地升起

舰队也能被忽视，因为当时能雇用外国水手来守卫庞大的船队。国王通过赐赠一小篮印有他自己画像的金币，能使葡萄牙的每一个问题都暂时得到解决。若昂国王的宫廷开始关注盛大的仪式和纪念庆典，而居住在葡萄牙的英国侨民此时则转向贸易。

　　黄金时代的持久特征之一是一份公共工程的遗产。在科英布拉，大学图书馆得以重建，并用最显眼的镀金饰品进行装饰。坐落在河流对岸的平原上的布拉干萨宅院也以宫殿标准重建。里斯本城任命工程师来建造一条巨大的罗马式高架水渠，通过横跨山谷的200英尺高的石头柱子把淡水从山上引下来。议员们并没有说服国王资助这项工程，但他们却能通过对这座黄金城市的大众消费品——比如肉、酒和橄榄油等——征税来募得资金。国王自己则关

图17 马弗拉宫修道院部分地模仿了西班牙的埃斯科里亚尔,反映了葡萄牙在18世纪巴西矿业黄金时代的虔诚和富有

心一项更为宏大的建筑计划,即他在马弗拉的庞大宫殿群。马弗拉宫殿群以西班牙的埃斯科里亚尔[1]为模型,同样建在乡村,远离来自城市民众的压力。1000多间屋子的奢华家具陈设与套间和庭院的优雅设计相得益彰。与环绕在周围的贫困乡村相比,马弗拉宫建筑物及其几何型花园的规模令人惊叹。高大宏伟的建筑群还包含了一座宏伟的巴洛克式修道院以及一座与皇家庄园相匹配的教堂。布拉干萨家族不想让自己看上去比他们的西班牙邻居少一点虔诚,因此按腓力二世喜欢的方式将修道院整合进王室寓所里。18世纪像伏尔泰这样对宗教持怀疑态度的人用理性主义的鄙夷口气谈论这项工程,并暗示若昂国王实际上一直幻想让修女来做情妇。然而,对当地人来说,被绳子捆起来的强制劳工和监工的军团为他们提供了足

以受用一生的工作机会，尤其是需要维护7000辆小车和大车，以及喂养役畜。

73　　来自巴西的财富是如此之多，以至于不得不小心保护，防范海盗和走私犯。葡萄牙的水手既是海盗行为的实施者又是受害者。从传统上来说，巴巴里海盗[2]会去抢劫富有的基督徒以谋取赎金，而将贫困者变为奴隶，但是到了18世纪，他们也开始渴望抢掠来自巴西的全部商船舰队。与之相竞争的葡萄牙海上乞丐则使用大西洋上的岛屿而不是摩洛哥港口来对王室航运进行掠夺性的袭击。当商船舰队驶近亚速尔群岛进入欧洲水域时，海上战斗人员便被租来保护他们，其中一些还是由英国提供的。危机是如此的严重，以至于那些去里斯本的富有的乘客被建议再带上一本由一个对穆斯林国家友好的政府签发的备用护照。然而从王室的观点来看，走私是一个比海盗严重得多的问题。在1697年，为了强化对南美海上船长的控制，巴西红木（巴西的国名就来自这种染料木）贸易变成了一项王室垄断的业务。这种限制没有效果，全体船队成员继续逃避各种私人货物的税收，如果必要的话，就通过贿赂海关官员的方式让他们视而不见。皇家烟草垄断也经常被那些商贩所破坏，他们将成卷的烟草藏在蜂蜜桶里面。因为烟草种植被引进葡萄牙，所以烟草税逃得更厉害了。葡萄牙北部一个遥远的女修道院被查出一天就卖出了250磅非法种在修道院墙后的烟草。在南方，那些被雇来将殖民地烟草背过山送往西班牙的赶骡人，就经常在家乡的市场上免税出售他们的包裹。当1697年议会最后一次碰头时，曾尝试对烟草征收保护税。然而这个计划失败了，王室改将烟草税的征收转包给一个商人协会去处理，并威胁要把所有的走私犯流放到充满瘟疫的安哥拉海岸5年。

　　黄金很快超过烟草成为王室收入的主要来源，但是税收的征收同样困难。所有的金粉都理应在矿头被铸成金币或者金锭，并由王室监管该过程，这样其中的五分之一就能留给王室。然而走私是如此猖獗，以至于在1705年，估计只有5%的金矿产出被送达国库，而不是规定的20%。最成功的走私者是那些不受政府调查的修士僧侣，他们将钱夹藏在自己的长袍下。据称，偷盗的僧侣达到了这样的规模，有一段时间所有的神职人员都被从巴西的矿区中赶出去了。黄金也被走私到美洲的其他地区，并免税卖给欧洲买家。这种陆路走私进一步削减了王室用来资助一支有效海关力量的地方财政收入。在淘金热期间，当穿过巴西北部的葡萄牙移民和来自巴西南部最早发现矿床的保利斯塔人为争夺矿产的内战爆发的时候，政府的控制力下降得更加厉害。在1708年，里约热内卢总督凭自己的当地军队入侵了产矿省份，并建立起一套基本的政治和财政秩序。矿业继续保持繁荣，但最终的受益者既不是巴西也不是葡萄牙，而是英国。

在矿业发展的顶峰年月里，葡萄牙和英国之间的贸易逆差从18世纪20年代的50万英镑一下跃升到50年代的100万英镑。这种逆差必须用金条来支付。尽管葡萄牙的酒类贸易颇受惠于《梅休因条约》，并一度占到葡萄牙出口的90%，但出口的收入还是不能满足不断上涨的进口花费。还没算上原木、木桶板、鱼、大米、玉米和其他来自英属北美殖民地商品供应的花费，英国精纺毛纱、枣红马和斜纹哔叽布料的支出就已经超过了酒类的收益。葡萄牙的农业出口也不够抵偿英国在里斯本和波尔图的"隐性"收入。不管是鳕鱼贸易还是纺织品贸易都是建立在信贷贸易的基础上的，要付出大额乃至具有高利贷性质的利息。航运服务也使英国获得了可观的隐性收入。在半个世纪多一点的时间里，价值2500万英镑的金条落入了英国人之手，以此来平衡国际账务。

拥有将金条运往英国的最快航线使法尔茅斯获得一项常规的巨额收入，他们用快船来躲避海盗。1741年1月中旬的船班上有运往英国的价值28000英镑的黄金，这些黄金属于61名客户。这艘船就是海盗绝佳的猎物。在18世纪60年代的某一年里，法尔茅斯进口的巴西黄金价值895000英镑。从1325年开始，除非谷物严重紧缺，否则出口金条在葡萄牙是违法的。为了绕过这一有趣的技术难题，这些运金船通常都会被免检。当这么做符合王室的心意时，黄金出口的非法性质使葡萄牙海关关员能够不断骚扰外国贸易者甚至查抄整批货物。为避免这种损失，小型贸易公司就用合法的汇票来进行汇款；而那些大型英国公司，由于受到领事和工厂的支持，继续冒着风险运出金条。为了获得更大的安全保障，他们有时会雇用皇家海军的船进行交易并付给船长一笔佣金。正如欧洲其他地区一样，葡萄牙金币在18世纪的英国畅通无阻地流通着。

葡萄牙堂皇的帝国繁荣在矿业革命30年后第一次遭到了威胁，那时最容易开采的巴西金矿已经日趋枯竭，而且新矿开采成本开始上涨。幸运的是，对于那些靠殖民关系发家的人来说，当巴西发现拥有可观的钻石储藏时，一种新的财源出现了，尽管同样短暂。钻石贸易增添了王室的光辉和传统殖民的收入，使最终破产的那天得以推迟。钻石贸易由里斯本的尼德兰领事垄断并组织装船运往阿姆斯特丹的钻石工厂，那里专门从事钻石的切割和抛光。矿业财富继续维持着王室，直到若昂五世于1750年去世。此后，当巴西贸易变得不那么好时，若昂五世的继承者若泽一世的大臣们就不得不面对增加葡萄牙国内财富的老问题了。然而在他们开始这样做之前，由于1755年的里斯本大地震，葡萄牙的整个国际贸易被严重动摇了。灾难摧毁了英国人的工厂，淹没了海关大厦，并且烧毁了整个市中心。

里斯本大地震是最具毁灭性的自然现象，扰乱了 18 世纪欧洲平和的心境。伟大的启蒙思想家对它的起因和结果有所争论。教会纳闷为什么它就始于万圣节弥撒期间，害死了如此多的信徒。商人们为残垣断壁埋住了他们的积蓄而恐慌。王室成员逃往农村，在野外宿营长达数周而不敢住在有屋顶的住所里。在最后的地震消失后，大火又席卷全城数日。一位年轻的修女凯蒂·威瑟姆，向在英国的母亲寄出了一份有关她苦难经历的生动叙述：

当可怕的事件发生时，我正在清洗茶具。开始就像马车的颠簸，我面前的东西在桌上上下颤动。我四下环顾，看到墙壁在摇晃并倒下。我念着耶稣的圣名，起身跑向圣坛边，认为那里可能会安全一点，但是那里根本没有出路，我身边都是坍塌物。空中弥漫着石灰与灰尘，什么也看不见。我遇到一些善良的修女，她们大声哭喊着跑向下面的花园。我问她们其余人在哪里，她们说就在那里。感谢主，我们碰到了一起。跑出不远，我们高兴地看到另一个活着的人，而且他看上去还不错。我们整日祈祷，但仍然充满了恐惧和惊扰。我们日夜战栗和颤抖着，自从那以后就一直这样。只有上帝知道这一切会怎样，什么时候才能结束。昨天晚上我们又经历了一次骇人的事件，再一次感到非常惊骇。我们盖着一条毛毯在一棵梨树下待了 8 天，每次当风吹动树叶的时候，我和其他一些人都是如此的惊恐。我认为我们应该离开这儿，不可能一直在这儿待着。所以我们去到空旷的地方，很高兴地睡下了。伟大的主赐给我们一小块用树枝和垫子覆盖的地方，在这儿我们又度过了几个晚上。那天早上，几名神父加入我们，他们高兴地看到我们还活着，就像我们看到他们时一样。我们进入花园中的一幢小木屋，两位好神父和我们中的大约半数人便在屋中起居，但我们穿着衣服睡觉，从万圣节开始我们未脱过衣服睡觉，因此我感到很不适，但我乞求上帝接受我的悔过。每天5点，还有勇气住在上层的人会敲钟，为那些想做晨祷的人服务。如果夜里没有受惊吓，我们是会去做的。可有时夜里会地震，使我们恐惧，便不敢做晨祷。因为我们的修道院很高，要走二三十级石阶才能上去。在我们的35间房间里，没有一间是可以起居的，需要加以修缮。自那以后，教堂的大门没有开过，也没有信众前来，里面一片瓦砾，唱诗台、餐厅和厨房也完全塌了，所以我们必须竭尽所能地让天主喜悦，给我们赐福，因为再没有天主的赐福，我们就无法承受。见过里斯本灾前和灾后样子的人将大为震惊，城市只剩碎石瓦砾。估计有4万幢房子被毁，而最可怕的是，很多可怜的灵魂因为一场大火，被困在废墟中，没有丧命，也无法逃脱，有的被活活烧死，有的被活活饿死……亨利·富兰克林爵士是克林豪尔先生的故交，地震时，他正要进入马车，发觉屋子将要倒塌，便跳下车，可还是被压到。他从缝隙中爬出，看到另一条街上很多人幸存。他用葡萄牙语说"Vene"，就是过来的意思，并把这些人都救了。他的马车毁了，仆人和马都死了。

引自罗兹·麦考莱：《他们去往葡萄牙》
（伦敦，1946年）第269—270页

所有里斯本人的遭遇和这名英国修女一样。社会每个部分都以自己的方式应对。宗教裁判所担心犯人在灾难期间逃脱。在损坏的宫殿的地牢中等候审讯的罪犯被捆绑在骡子背上送往科英布拉，然后再被囚禁起来，而另一些罪犯被赦免。富人们花钱购买船票，把

图18 当时的绘画作品，描绘了里斯本大地震之后满目疮痍的场景

家人送到国外寻求安全。外国人涌进没被大火殃及的大使馆周围小丘上的房屋和花园中。抢劫者和纵火犯被就地处以绞刑。商人在商店和仓库的灰烬中寻找还有什么值钱的东西留了下来。银行家拒绝支付任何账单并停止了一切信贷交易。在下城区中的葡萄牙零售商损失了他们所有的布匹，其中大多数布匹是他们向英国人的工厂员工处赊购而来的。尽管工厂员工设法获取了食物并供应国王以确保他的善意，但工厂员工自己也几乎失去了一切。海关大厦和印度大楼被摧毁了，所以没有新的贸易可以合法地进行。英国商人拜访国王的大臣，要求将海关大厦的重建作为一项紧急事务。他们被礼貌地拒绝了，并且被告知必须优先考虑人道主义救援。为了避免饥荒，纽芬兰鳕鱼船队被政府征用进行紧急粮食分发，这引起了一直觊觎这支船队的英国商人没心没肺的懊恼。当外国人社区开始算账

时，才确定原来地震中的大多数英国遇难者是"不知名的"爱尔兰工人。英国社群中的中产阶级部分确认只死了49个女人和29个男人。不到6个月，工厂就再次开始运作，并且得意地宣称，在这场紧急事件中，他们比外国竞争对手抢先了一步。

重建的直接工作由教会和贵族成员承担。若昂五世的私生子们表现得很慷慨。家长制的教会让神父们各安其位，这样死者终能得到妥善安葬，生者也得到慰藉。一名王室公爵承担起维持法律和秩序的责任，他召集军队并加强海防以抵御海盗。新国王在危机处理上表现得明智而主动，难民的恐慌逃难潮也最终得到遏止。里斯本大地震最具戏剧性的长期后果是决定按一种在西属美洲新建城市中采用的网格状结构完全重建下城区中心。海滨王宫已经被破坏得无法修复，于是人们计划修建一个新的巨型广场，将若泽一世的骑马雕像立在广场中央，而王室寓所和政府办公室则环绕在它的三面。在广场背后，城市的商业区和住宅区将按常规的样式设计。为了能在被地震翻起的淤泥上进行重建，数以千计的木塔从北欧运过来作为地基。在这些木塔上面，漂亮的多层石头建筑被设计成一种规则的建筑风格。人们计划要将里斯本建成为欧洲最好的城市。虽然巴西的财富正在减少，但残存的财富却被期待着资助这一伟大的愿景。然而该项目执行得非常缓慢，直到1777年若泽一世去世时，这座华丽的城市还远远没能完工，而他著名的首席大臣蓬巴尔侯爵也失去了自己的地位。与此同时，简陋小屋在环绕里斯本的7座小山附近的空地上大量涌现。这就是处在水深火热中的难民居住的地方，而贵族、寡头和牧师们却修复了他们的石筑居所。

里斯本大地震的影响不仅仅意味着城市的重建。随着灾难中的受害者焦急地在废墟中搜寻他们钟爱的遗物、十字架和圣母像，一些带着恶意的神学指责爆发了。牧师们向他们的教区居民宣讲一种夸大了的原罪恐惧，令想要避免恐慌升级的政府十分不快。一个直言不讳的耶稣会士指责政府采用了无效的权宜之计，而人们本应该在更大的惩罚降临之前挽救自己的灵魂。他半疯狂的举动让他变成了当地一位很受欢迎的"圣徒"。为了阻止他的说教，他被交给了宗教裁判所，后者公开展示了他的"异端"行为。1761年他被绑在火柱上，在里斯本游街示众，其骨灰最终被撒入大海。在一个仍受虔诚与盲从合力摆布的国家中出现如此恶毒的宗教情绪，引起了国外的关注。伏尔泰对于这次地震造成的破坏有着特别深刻的印象。虽然他谨慎地避免进行宗教诽谤，但他还是写下了对上帝掌管下的世界注定美好这一信条的质疑。在他的讽刺小说《老实人》中，主人公在地震期间访问了里斯本，遭受了自然灾害导致的所有困难和宗教裁判所的迫害，但是仍然表示深信这句充满微笑的讽刺，即一切都是为了最美好的世界中最美好的目的而设的。伏尔泰对当时葡萄牙社会的夸张性观点值得被引用：

在经历了摧毁四分之三的里斯本的大地震后，葡萄牙专家想不出比对人民施行火刑更好的方法去阻止家破人亡。科英布拉大学曾宣称，数以千计的人慢慢被烧死的景观是阻止地震的万无一失的方法。为此目的，他们抓了一个娶自己教母的巴斯克人，以及另外两个实施犹太人的诡计而拒绝吃猪油烤鸡中的培根的葡萄牙人。梅格洛斯和他的学生坎迪德在废墟中就餐时被捕，其中一人发言轻率，而另一人赞许地听着。他们两个都被带走，分别关押在两个极为寒冷的单间里，绝不会给他们带来要忍受阳光的不便。一个星期后，他们身着异教徒的衣服并以纸质的主教发冠作为帽子。坎迪德的衣服用焰头向下的火焰和没有尾巴或爪子的魔鬼装饰，而梅格洛斯衣服上的魔鬼既有尾巴又有爪子且火焰朝上喷发。就这样，他们领着游行的行列，听取了非常感人的布道，接着欣赏了优美的对位旋律音乐。坎迪德按诵经的节奏被鞭打，巴斯克人和不吃培根的两个人被烧死，而梅格洛斯被处以绞刑，尽管这不是这些仪式的正常做法。而在同一天，又一场巨大而嘈杂的地震造成了重大的损害。

引自 T. D. 亨德里克:《里斯本大地震》

（伦敦，1956 年）

在伦敦，人们对于里斯本大地震的反应与那些法国哲学家相比少了很多嘲讽色彩。一艘满载锄头、铲子、靴子、大米、熏鲱鱼和应急口粮的货船立刻从朴次茅斯港出发。但随着英国的商人阶级听到各种关于他们在里斯本工厂财产的传闻，这种人道主义姿态很快也就被对财产损失的焦虑所替代了。未来的约克大主教的妻子一个人就在里斯本损失了 7000 英镑。但是对于这次里斯本大地震，人们最大的反应还是悲哀，因为对于许多英国人来说，他们对葡萄牙的了解要远远超过其他国家。葡萄牙曾经是几个世纪的盟友并一直被视为熟悉而友好的土地。然而，因为居住在葡萄牙人身边的英国人天天持一种半殖民的态度，大多数葡萄牙人可能会感到自己像是被剥削和被低人一等看待一样。地震造成的不幸使皇家学会开始对地震学进行深入的科学研究。然而，正如德国的歌德所表现出的那样——外国人的这种好奇中还夹杂着强烈的恐惧。地震发生时歌德只有 6 岁，这给他留下了一段生动的"恐怖恶魔"的童年记忆，这个恶魔将恐怖传遍大地，引发了人们对世间存在着一个万能而又仁慈的上帝这一概念的怀疑。

葡萄牙国王若泽的首席大臣（后来更广为人知的是他的封

号——蓬巴尔）在震后成功地改写了里斯本的历史。与他争夺城市重建功绩的对手遭到了驱逐，蓬巴尔侯爵借地震事件培养出一种新的历史传统，而他在其中扮演着伟大而无所不知的大恩人角色。根据记载，在这场灾难发生后的10年里，正是蓬巴尔侯爵避免了上帝的愤怒、保护着国王本人、惩罚卖国贼、恢复贸易、奖掖艺术、清理废墟、重建城市。他甚至改变了高架水渠上的石刻献词，称颂他的王室主人而不是里斯本市民。尽管事实并非如此，蓬巴尔侯爵却成了葡萄牙真正的政治中心人物，而国王，他的王室支持者，退居幕后。

尽管蓬巴尔侯爵的独裁更多地反映了18世纪专制主义的严酷统治，但他是葡萄牙历史上最具创新性的统治者之一。他属于传统的葡萄牙学者、外交官和政治家群体。这些人居住在国外，非常熟悉欧洲启蒙主义。他们成为穿袍贵族（*noblesse de robe*），别扭地挤在上层资产阶级和小贵族之间。他们以"外来的"精英著称，却从来没有受到过传统社会中古老贵族的欢迎，也没能得到里斯本和波尔图英国特权商人的拥护，因为他们试图培养一个本国商业阶层，以便能够掌控自己国家的命运。在黄金时代，他们的影响力仍然受到限制，即便掌权的若昂五世要比评论家和历史学家所描绘的那个虔诚的呆子更有文化。一旦老国王死了，野心勃勃的充满爱国心的现代化倡导者便立即抓住机会，蓬巴尔开始崭露头角。

蓬巴尔能在朝廷中施展影响具有两个有利条件。第一个是他在维也纳工作期间娶了一位奥地利贵族并为葡萄牙国王的奥地利遗孀所知。当丈夫去世后，她召见蓬巴尔要他负责外交事务。蓬巴尔的第二个也是长远来看更有影响的优势是，他在伦敦长期任职期间，阅读了大量的现代政治经济学作品，因此他能充分理解葡萄牙与英国之间亲密商业关系的优势和弱点，他还认识到任何经济改革都必

图 19 蓬巴尔侯爵是一位权威主义的现代化倡导者,在 1755 年大地震后开始领导里斯本的重建;当来自巴西的殖民收入减少时,他又鼓励酒类贸易

须慢慢实行并尽可能巧妙。一位与他往来书信的友人明智地建议，所有的激进变革都要在尽可能保守的体制掩盖下进行。因此，当蓬巴尔侯爵作为若泽一世的首席大臣，开启其权力不断膨胀的四分之一世纪时，他表现得既见多识广又十分谨慎。他勤奋工作，抱负远大，但同时也表现得十分沉默寡言和顽固。

尽管蓬巴尔侯爵意识到他的经济计划将不得不慢慢地实施，但他也从17世纪的经验中得知改革最大的障碍将来自传统贵族。这些传统的捍卫者能够容忍那些在里斯本和波尔图城里的虽为异端却必须的英国飞地，但更害怕本国商业阶层的出现。因此，为了给影响力更大的资产阶级的成长开道，一旦蓬巴尔侯爵得到国王的批准，他采取的一个最为重要的步骤就是与贵族力量进行对抗。他是通过分裂贵族来做到这一点的。一些贵族得到升迁并受到了青睐，这使他们成为君主和蓬巴尔侯爵的忠实附庸。而另一方面，另一些贵族则不幸成为受迫害对象，其残忍程度在30年后的法国大革命来临之前无出其右。对贵族的攻击始于1758年，那一年国王宣布"身体不适"，由王后开始摄政。

数月之后，国王身体不适的消息通过政府的宣传机器传达给公众，声称这是未能使蓬巴尔下台而心怀不满的贵族发动暗杀所造成的。蓬巴尔侯爵首先对阿维罗公爵进行报复，阿维罗公爵的宫殿被毁坏，花园也被撒满了盐以诅咒土地贫瘠。然后他将报复转向塔沃拉家族[3]。塔沃拉家族对王室的敌意可能与其荣誉受损有关，这倒不是因为国王推行的国家政策，而是因为国王的轻率多情。对蓬巴尔来说，塔沃拉家族是他摧毁贵族门阀影响力的一个合适目标。惩罚方式经过精心安排，以突显他无上的权力。塔沃拉侯爵被以一种中世纪的方式车裂而死，侯爵夫人则被强迫目睹其孩子被处死。塔沃拉家族的家徽从建筑物上取下，侯爵封号也被撤销。随着蓬巴侯爵的恐怖政治扩展，上千名被说成国王敌人的人和国王的大臣被关押在遍布葡萄牙的地牢里，那些能幸存下来的也要继续在地牢中待上20年。即便是国王的兄弟也没能逃过蓬巴尔的猜疑，那些庶出的王公被从社会和政治事务中驱除出去，并打入修道院。次要的对手则被流放到殖民地以阻止任何反对新独裁政权的图谋。

在建立一个绝对专制政权以便自己能腾出手来进行"启蒙"改革的第二个步骤中，蓬巴尔侯爵开始攻击教会。他的初步行动是将耶稣会士从他们原来的王室忏悔神父的位置上赶走。当罗马教廷大使提出抗议时，蓬巴尔侯爵便威胁要断绝与梵蒂冈的一切联系，建立起一个自治的半新教风格的民族教会。对耶稣会士的迫害不断加强，直到他们的修道院和学校被关闭，他们的殖民财产被没收，最终，所有的耶稣会神父都被从葡萄牙领土上驱除了出去。蓬巴尔侯爵成功粉碎了一个在天主教欧洲中最有影响力的天主教修会，他的成功很快传播到西班牙和法国，在那里也掀起了类似的迫害。最终教皇被迫解散了整个耶稣会，作为让葡萄牙再次效忠罗马教廷的一部分代价。蓬巴尔侯爵着手建立他自己控制下的国家教育机构以取代耶稣会的教育机构，包括埃武拉的大学。在他的设想中，要有一个初级学校网络来培训政府公务员并逐渐灌输新的国家秩序。然而，这个计划从来没有得到完全执行，对于那些可能与英国竞争的商业职员的培训，仍然远远滞后于国家的要求。在科英布拉大学城中，对教会的挑战引发了主教被捕以及高等教育的改革，为法国哲学的传播铺平了道路。科学和数学作为国家新一代高级官员和军队工程师的培训内容而被纳入教学大纲。更为激进的变革主张在内科和外科教学领域中被提出。但是蓬巴尔侯爵要建造一座植物园和天文观测台的宏伟现代化愿望，还得依赖那些不切实际的老派法学和神学人员。期望中的启蒙经常会被过去的愚昧惯性所阻碍。

蓬巴尔侯爵的社会改革不光致力于教育领域，也致力于为新经济的繁荣开辟道路。他意识到阻止葡萄牙前进的一个负担依旧是那种对所有犹太裔葡萄牙人的制度化迫害。因此他废止种族歧视并决定新基督徒和旧基督徒在法律面前一律平等。为了执行如此激进的变革，他不得不与宗教裁判所对抗，为此他几乎废除了宗教裁判所并将其变为国家法庭。作为社会控制手段的宗教裁判所并没有被废止，后来反为蓬巴尔侯爵政府所用。新的审问对象不再是那些曾经被指控为异端的工业投资者或商业企业家，而是那些以叛国罪指控的国家敌人。除了将犹太人从压迫中解放出来，蓬巴尔侯爵还解放了葡萄牙的黑人奴隶。他这样做倒不是出于自由主义理想抑或对薪资激励概念的认同，而是为了阻止殖民家庭将黑人作为佣人从巴西种植园带到葡萄牙。巴西依旧是葡萄牙国际经济的关键，无法承受稀少而昂贵的黑人劳动力的流失，他们偶尔会被带去欧洲工作。增加巴西的农业财富，并获得对它的更多控制成为蓬巴尔侯爵设想的经济改革之一。

蓬巴尔侯爵寻求主宰葡萄牙和巴西经济的另一种方式是核准"垄断"贸易公司——它们可以由那些国王的忠实支持者来管理经营。两家这类公司被给予了巴西的专营权，为了保护它们的利益，蓬巴尔侯爵对独立商人——他们习惯于作为流动小贩载着从英国赊购的货物到巴西去——的自由贸易做了限制。蓬巴尔侯爵冒着招致英国批发商愤怒的风险取缔这些"流动商贩"，但他做了仔细的研究。他所采取的措施并没有损害那些强大英国公司的利益而只是波及了那些在英国领事的"法庭"中少数没有政治影响力的小中间人。蓬巴尔侯爵希望通过建立这些大公司而培养出一个本土化的商业资产阶级以与贵族的影响抗衡。然而他的代理人们却并不打算鼓励激进的小资产阶级的崛起或培养新的生产手段，而仅仅是为那些新中产阶级政治家打开获取许可税和贸易利润的通道。那些洞察巴西贸易运行机制的公司官僚被特别指示要彻底榨取来自巴西的利润。巴西对蓬巴尔侯爵来说是如此重要，以至于他派自己的亲哥哥去巴西负责公司事务。

蓬巴尔侯爵致力于从巴西取得新的个人和国家财富的决心是他与耶稣会发生激烈冲突的原因之一。耶稣会的殖民领土贯穿整个巴西内陆，从亚马孙一直延伸到河床。传教士们成为7世纪探索内陆并发现金矿的圣保罗边远地区住民的强大竞争对手。在许多例子中，耶稣会士都能在战争中击败保利斯塔人，并为他们的美洲本地臣民建起防御严密的村庄。西班牙和葡萄牙的耶稣会士偶尔能开展合作以获得对各自殖民政府的优势。比如说在1750年，耶稣会士就曾激烈反对将西班牙承担的乌拉圭传教使命转给葡萄牙，并且武装臣民进行抵抗。蓬巴尔侯爵越来越惧怕耶稣会的势力，并且被这样一个念头所困扰，即耶稣会士与独立商人之间存在某种邪恶的阴谋，而为了他自己的垄断贸易公司，这些独立商人是他一直想压倒的。基于此，耶稣会士便有理由相信蓬巴尔侯爵将国家控制强加于边远地区、鼓励欧洲殖民者与土著妇女结合以推进殖民化的政策将导致残酷的剥削和种族灭绝。然而，与争夺对繁荣的沿海地区的实际控制所引发的隐蔽冲突相比，关于殖民政策和在遥远内陆榨取财富的公开争论就显得并不重要了。

除了在内陆占据传教地，巴西的耶稣会士还在南美拥有最富有的种植园和最昂贵的城市不动产。他们在里约热内卢拥有10万英亩土地，占有1000名奴隶。他们还在低地种植园区拥有17家制糖工厂。他们成功的关键在于能进行有效的管理，而这也是他们广受嫉妒和受贿指控的原因。600名由耶稣会任命的牧师并不受数量多得多的世俗教会牧师的欢迎，由此看来蓬巴尔侯爵并没有攻击教会全体，而且最先谴责耶稣会的是与他们对立的牧师。坚定不移的耶稣会拒绝放弃他们的特权或缴纳国家税收，这导致蓬巴尔侯爵没收了他们的全部财产。接下来这些被没收的地产又由于供应过剩，常常以极低的价格被卖给私人买家。这些富起来的地主就成为政治和社会影响力的新来源，并加速了巴西独立认同感的成型。与此同时，在里斯本，蓬巴尔侯爵完全没有想到，他正在为更广泛更革命地解散葡萄牙自身的修道院树立起一个影响力持久的先例。

蓬巴尔侯爵之所以要为他的新贸易公司剥削巴西耶稣会士，原因之一是他渴望限制英国对巴西进口供应的统治力。在这方面他被严重阻挠了。1762年，当西班牙出人意料地入侵葡萄牙时，他被迫立刻改变了反英立场。政府匆忙重申其属于英国同盟并要求一支训练有素的英军来保卫葡萄牙边境。每年都要开往巴西的船队被留在了里斯本，以便万一紧急时可以载着王室逃往美洲。蓬巴尔侯爵放弃将国家贸易扩展到巴西的提议，因为这可能损害英国的利益。西班牙突如其来的威胁是如此真切，以至于让蓬巴尔侯爵出于战略原因决定将巴西首都由巴伊亚迁往里约热内卢。他还记得，在西班牙王位继承战争中，葡萄牙几乎失去巴西，那时法属圭亚那的殖民者和荷兰海上商人都渴望控制巴西，全靠英国同盟才挽救了葡萄牙的利益。因此，蓬巴尔侯爵放弃排挤英国的行动，走上了较为温和的经济创新之路。

巴西的新总督被鼓励尝试咖啡种植来实现农业的多样化生产。一个世纪后，咖啡产量超过了所有其他农产品，巴西也控制了全球的咖啡供应。为了减少从英国进口，蓬巴尔鼓励种植小麦、稻米和亚麻。在遥远的北部，一家殖民贸易公司恢复了传统的棉花种植，另一家则刺激了烟草这项古老的贸易。蓬巴尔侯爵的举措非常成功，然而这已经埋下了葡萄牙长期失败的种子。巴西变得更加富裕且自力更生。巴西人渴望发展自己的工业，而不是仅仅为葡萄牙提供生产原料。殖民纽带变得日益紧张并导致了一系列暴力事件的发生，此后巴西慢慢走向独立，并于1822年最终获得独立。

　　葡萄牙长期难以独霸巴西贸易，这迫使它去大西洋殖民地寻找可供替代的商机，在那里它能享有不受阻碍的优势。安哥拉就是这样一个殖民市场，那里的竞争还没能强大到可以排除葡萄牙的船运和投资。在安哥拉，殖民政权大大促进了来自葡萄牙本土和殖民地——印度尼西亚（帝汶岛）、印度（果阿）和中国（澳门）——的受保护的高价商品的销售。安哥拉也是劣质酒的市场——这种酒甚至连来者不拒的英国人都不会进口。反观巴西却足够富有，能在品位上有所选择，并且更愿意选择英国的产品而不是葡萄牙的产品，然而安哥拉却是那些在世界市场上没有竞争力的葡萄牙商品的倾销地。那些无力竞争巴西商品供应的里斯本商人发现了一扇通过非洲和奴隶贸易获得巴西财富的后门。这项贸易存在很大风险，而且也并非总是有利可图，但它为困境中的国内商人们带来了一个有限地分享巴西财富的希望。因为利润率并不是那么吸引人，而且还必须满足本国殖民地的大量奴隶需求，所以英法两国在巴西的贩奴贸易中对葡萄牙构成的竞争是有限的，直到18世纪晚期才加剧。

　　里斯本商人在18世纪的巴西所取得的初步成功要归功于他们利用自己的聪明才智创造了一条横跨南大西洋的"奴隶贸易通道"，以此来规避最大的风险。他们比非洲的奴隶供应商棋高一着，即向后者销售商品和提供运输服务，而非直接买下奴隶。奴隶们在被运抵巴西之前仍旧是奴隶供应商的财产。负责运送的里斯本运营商再以货币或巴西信用证的方式获得报酬。这样一来，葡萄牙企业家就避免了奴隶在途中死去而遭受损失的风险。这些"死亡商人"不光将奴隶的损失视为一种风险，还从奴隶的高死亡率中看到了潜在的发展空间。奴隶死得越快,新的需求也就越多,从而进一步扩展了他们卑鄙的市场。这个南大西洋贩奴系统的驱动力在于信贷。在非洲,里斯本贸易的商品以信贷的方式被散发给经纪人——他们多从逃兵和罪犯中招募,并曾从欧洲或亚洲坐船驶往安哥拉的港口。他们反过来将信贷商品交给运奴队负责人,再由负责人去内陆巨大的奴隶集市上会见那些猎奴人。一旦奴隶被运抵巴西,信贷就再次成为动力。农业庄园都背负着很多债务,以至于不管蔗糖市场行情如何,种植者都只能继续购买奴隶、生产蔗糖,偿还先前的贷款。

　　同安哥拉的里斯本贸易被两个利益集团所掌控。"英国"集团主要关心巴西是否有足够的奴隶来维持采矿和作物生产。他们以黄金和棉花的方式获得报酬并与宫廷中的亲英派保持着松散的联系。他们的对手则与宫廷中的"法国派"保持联系,更愿意用秘鲁白银进行支付,因为秘鲁白银能在印度高价卖出以换回棉制品。同时"英国"集团还允许以蔗糖付款,蔗糖在没有热带殖民地的地中海地区相当畅销。尽管他们之间存在竞争,但是在传统贸易中仍进行合作,维持商品在非洲的高价,以维护欧洲的整体利益。里斯本商人通过政府关系进一步提升他们的优势,并依赖于相善的王室宫廷在一切信贷诉讼中得利。然而,并非所有前往安哥拉的商人都属于那些具有既定的良好关系的传统商人。偶有冒险家组织开展到安哥拉的远征,他们被视为军火贩和走私者,被指控从侵吞奴隶的不法商人、非洲小型海港等处购买奴隶。这类不法行为侵犯了"有序的"里斯本奴隶贸易。

　　里斯本的固定合作商人历来享有的一个优势是有机会竞标与安哥拉贸易有关的税收合同。西班牙的贸易契约(*asiento*)许可证更加有名,也大不一样,外国商人相当看重这种奴隶贸易许可证,因为既可以向西班牙帝国运送不易腐坏的货物,也可以运送高损耗的奴隶。在葡萄牙，竞标"税务征收"的优势不仅是一种相对的贸易优势，而且为持有人提供了债务优惠。它也赋予了王室对于象牙贸易的垄断和少量的王室税收利润。然而，这些好处对于6年的合同期限来说是有限的，因此会鼓励承包商在享有优势的时期带着大量货物涌入市场而无视通货膨胀。承包商也给自己带来了在代发船只上的装货优势，他们违背了严格的装货规定，让更多的奴隶更快地离开巴西。

拥挤成为承包商最明显的虐奴行为之一，并且成为蓬巴尔侯爵用来攻击该体系、为亲信创造奴隶贸易新机会的理由之一。然而，以有利于其新公司的方式重组奴隶贸易并非蓬巴尔侯爵较为成功的方案之一。尽管两家巴西包租公司获得了安哥拉贸易的一小部分份额，但它们无力与独立的里约热内卢对手竞争。更糟糕的是，奴隶供应商抵制葡萄牙试图榨取非洲利润的做法，并在安哥拉北部的英国港口开发出新的输出渠道。直到18世纪晚期，蓬巴尔侯爵卸任之后，葡萄牙才恢复了其作为奴隶贸易大国的领先地位，但当时英国即将放弃奴隶贸易而转向废奴。

当里斯本专门从事非洲的奴隶贸易时，波尔图在18世纪成为运往英国的酒类贸易中心。葡萄牙的佐餐葡萄酒对于英国市场来说并不理想，但是作为法国干红的替代品，它比西班牙的同类产品更容易被接受，而且其供应受政治的干扰较少。大部分葡萄酒到达伦敦港口，但还有一些直接用船运到金斯林、赫尔或布里斯托尔港。波尔图的酒类贸易是如此成功，以至于到了18世纪20年代，英国批发商一年运输25000桶，是里斯本葡萄酒输出量的四倍。英国酒商骑马穿行于杜罗河谷的小农户葡萄园，试品葡萄酒，并用武装护卫所携带的现金购买。在18世纪30年代，当英国酒商开始将白兰地酒兑入最好的杜罗葡萄酒时，波尔图的酒类贸易发生了变化。这种强化酒会在河南岸的大地窖中存放两三年,待陈化后作为"波特酒"出售,而非像过去那样在依然生涩时就被喝光。这种方法使得利润激增,增强了英国的经济力量。他们可以先买后付,直到被选中的葡萄酒安全渡过了危险湍急的河流到达他们的酒窖才付款。该地区的众多葡萄牙商人始终无法积累资本或获取知识来成为这样高档葡萄酒的生产商。每年销售 4000 桶的商家约需 6 万英镑的资本去生产波特酒,即使他们能以每桶 7 英镑的价格购买到新鲜葡萄酒。18 世纪 60 年代,这片为异邦带去繁荣的特殊地区吸引了蓬巴尔侯爵的注意,他正致力于创建一个国内商业阶层并提高葡萄牙在国际贸易中的利润份额。

  蓬巴尔侯爵的波特酒贸易政策是高明经济学与腐败堕落调和的产物。通过 1756 年成立的一家葡萄酒公司,他开始实施他的政策。蓬巴尔侯爵充分意识到,通过酒类贸易提升国家收益需要提高质量和限制供应。为了做到这一点,他坚持将波特酒生产限制在指定产区内,但他却非法地将自己远在杜罗河谷之外、土壤大不相同的葡萄园列为指定产区之一。为了改良品种,他坚持果农应专门生产白葡萄或红葡萄品种,而不再像过去一样混种。北部农民也被迫毁掉他们所有的接骨木树,停止用接骨木树的果汁当染色剂、毁掉好酒的传统做法。肥料也被禁止使用,这大大降低了农民的产量,但是改善了葡萄的味道,增加了贸易商的利润。对英国酒庄施压,使它们使用葡萄牙白兰地制作强化酒的企图没有成功,然而法国进口白兰地以继续用于优质波特酒的生产。杜罗葡萄酒公司始终未能为股东赚钱,这些股东也非自愿入股,有很多是市政和教会当局的成员,被迫用他们的积蓄投资参股。然而公司给管理者的报酬的确非常丰厚,可以帮助蓬巴尔侯爵建立新的中产阶级。公司也提高了波特酒作为社交饮品在牛津和剑桥的公共休息室中的受欢迎程度,但因此提高了大学教师患痛风病的概率。

杜罗葡萄酒公司是最有影响力、最持久和最不得人心的蓬巴尔侯爵贸易企业。波尔图的英国上流社会讨厌它，有失公正地指责蓬巴尔侯爵病态地恐惧外国人。实际上正是蓬巴尔侯爵极为务实的态度使英国人能够在自己的郊区住宅中活得滋润、关紧铁门自成一统。成功的英国酒商甚至可以购买他们自己的葡萄园，成为殷实的地主。宏伟的工厂厂房成为盎格鲁-撒克逊文化在葡萄牙的领地，也是其财富的象征，能够在非常隐秘的环境下开展业务。处于城市社会阶级另一端的当地民众对于葡萄酒公司垄断当地酒馆的普通葡萄酒供应着实不满。独裁者欺骗性地宣称，这项措施是为了保护饮酒者免遭有害物质对健康的威胁，尽管所有人都知道这项措施是用来为独裁者的同伙提供垄断利益的。严重的暴乱事件爆发了，当地的治安法官同情愤怒的民众。无情的蓬巴尔侯爵召集5个军团来贯彻圣意，并逮捕了400名涉嫌头目。他事后宣称，只有国王的仁慈，才使实施绞刑的人数控制在30以内，但不幸的法官也在其中。

波特酒贸易的成功并没有惠及那些被排除在指定产区之外的农民。甚至在指定产区内，当蓬巴尔侯爵担心过多的产量会降低价格时，有些生产商也被迫砍掉自己的葡萄树而改种橄榄。其他没有政府支持的地方，虽然普通葡萄酒的产量增加了，但是质量进一步恶化，甚至巴西人也开始从法国或西班牙购买走私的佐餐酒，因为葡萄牙的葡萄酒是如此的粗糙。一度繁荣的北部海港维亚纳的英国社团失去了它的英国领事，海外贸易公司仅剩两家。海港背后的米尼奥省的农场被迫种植卷心菜来代替葡萄。农民们被迫移民或者成为受青睐的杜罗葡萄酒产区的临时工。作为流动的葡萄采摘工，他们面临来自西班牙的移民工人的竞争，这些移民工人更能容忍极为低廉的工资、恶劣的食物和住宿条件。

尽管大西洋帝国和波特酒专营贸易都取得了一定的成功,然而,在18世纪60年代,葡萄牙仍然是一个严重欠发达国家。蓬巴尔侯爵的努力使一些具有优势的小贵族和城市中产阶级获益,但是其他地方的无土者依然未能拥有土地,大部分农村地主仍旧像以往一样无法抓住市场带来的机遇。骡子是标准的运输动物,科英布拉与里斯本一直没有道路连通,直到1798年才建立可靠的交通体系,但又因业务量不足而被迫停业。在北部,牛车越来越多,但是从波尔图到布拉加的大路是如此的泥泞,以至于用轮式车辆要花费5天才能走完40英里。在没有邮车的情况下,葡萄牙的皇家邮件只能在长距离的人行道和马道上运送。蓬巴尔侯爵一次引人注目的运输系统的现代化尝试是为自己的葡萄园修建了一条短运河,他后来被指控花费了600万克鲁扎多的公款来惠及自己的家族,这几乎相当于修建里斯本水渠所花费的总额,但是没有定罪。私人的富裕并没有带来相应的公共投资,甚至杜罗河最好的葡萄酒仍然要依靠没有改善的航道运输,面临很大的风险。在农民可以自给自足的区域以外,食物始终供应不足,来自意大利或波罗的海的外国小麦占全国消费量的12%。北部最贫穷地区的农民开始种植美洲马铃薯作为主食,但没有进入市场的运输手段。在更湿润的河谷地区,玉米被引进以提高粮食的产量,但是"玉米革命"是有限和局部性的,直到18世纪60年代经济萧条来临,葡萄牙依然未能利用其收入实现发展和经济多样化。

当18世纪60年代外贸受挫时,蓬巴尔侯爵恢复了100多年前埃里塞拉伯爵试图进行的古老的葡萄牙工业化工程。迄今为止,蓬巴尔一直都不是一个创新者,而只是财产的再分配者,他知道怎样通过控制别人的生产为自己的支持者提供回报。现在他面临国际收支平衡的危机,这迫使他鼓励家庭手工业的发展以缩减进口制造业产品的开支。他试图通过从英国进口织机以重振长期被压迫的纺织行业。到了18世纪末，大约有500家小羊毛作坊开始运营。古老的丝绸业得到振兴，其基础设施颇具规模，为前朝所建，位于里斯本以北，并吸引了相对大量的3000人的劳动力。在波尔图，棉纺织工业受到鼓励，但是直到19世纪才繁荣起来，最初遇到了来自英国的以先进技术生产的廉价纺织品的严峻竞争。在工业驱动下，葡萄牙在安哥拉建设钢铁厂以试图减少对俄罗斯和西班牙进口钢铁的依赖。雄心勃勃地完成建设后，工厂以蓬巴尔侯爵的乡间行宫命名。但是当巴斯克钢铁厂的管理者被送到非洲后，他们却无法忍受当地的瘴气。这个工业方案虽然比17世纪被宗教裁判所遏制的那个更为成功，但对于改变葡萄牙的葡萄单一种植产业的国际现实依然没有太大帮助。

1777年，葡萄牙发生了重大改变，若泽国王去世了。他的首席大臣卸任并被女王玛丽亚一世告知在新政府中将没有他的位置。与此同时，政治犯被释放，流放者归国，被胁迫的贵族在法庭上重新获得一些影响，甚至受到最残酷迫害的塔沃拉家族也得以死后平反。蓬巴尔侯爵下台的最大受益者是教会，教会又重新恢复了政治优势，并且试图在政策方面指导日益虔诚的女王。当18世纪末富有的英国旅客贝克福德访问阿尔科巴萨修道院时，这座伟大的修道院已相当繁荣。然而这并不意味着保守主义的完全恢复，由于欧洲经济萧条的终结和酒类贸易的复苏，政府维持经济干涉主义的压力得到缓解，若泽一世制定的政策也在那时被修改，但大多数葡萄牙的新官僚仍旧保留了他们的职位。玛丽亚对葡萄牙的统治大部分是继承性的，而不是复辟式改革。农民仍然以最低的标准生活，并向地主缴纳过多的封建式捐税。修道院和乡绅们拥有大量的风车房和锻造间，他们小心翼翼地维持着对乡村基础设施的垄断，例如玉米

图 20　屋顶能旋转的风车房配有带风孔的罐子，当风太大时，罐子发出鸣叫，警告磨粉工需调整风帆

磨坊与锻造作坊。即将变化的微光主要被能接触新思路和新机遇的人所察觉。这个群体仍然很小，且以城市中产阶级为主。

在玛丽亚统治时期进入葡萄牙的最具颠覆性的思想来自北美的运粮船队，美国独立战争带来了将民主思想传播到世界各地的威胁。来自宗教裁判所的政治警察采取严厉措施遏制学术辩论，并逮捕潜在的持不同政见者。更容易接受的外国思想来自法国的旧制度，并把一种新古典文化带进了宫廷。古老的西班牙巴洛克风格已让位于一种新的艺术，这种艺术见于女王建造的模仿凡尔赛宫的宏伟的克卢什宫中，它的风格与若昂五世建立的马弗拉宫形成鲜明的对比。蓬巴尔侯爵经过长期奋斗才培养起来的中产阶级在女王玛丽亚的统治下取得了适度的繁荣，成功的交易商获得了乡村庄园，有了贵族的派头。玛丽亚在位期间，至少34位上层资产阶级成员被提升为贵族。新贵族和旧贵族一样，他们的地位仍然高度依赖于王室，甚至伯爵的身份也不被永久授予，而仅仅是一代到两代，这是为了保证王室的优势。通过把最有影响力的中产阶级封为贵族，女王在整个统治期间成功抑制了民众要求召集议会的呼声。直到她去世后，当巴黎的变革之风吹到葡萄牙并引发葡萄牙革命时，议会才重新进行选举。与此同时，会计制的现代化、财政部的创建，以及传统已有的三名分别负责内政、战争和外交、海军与殖民地的国务卿的齐心协力，使里斯本政府得到强化。重建的城市在皇家警察的管理下实现了早就该实现的治安；街灯终于走上街头，安全状况得以改善。

18世纪的最后几年，见证了自城市蔓延至里斯本北部和南部农村地区的根本性转变的开始。本土商人阶层的人数猛增到8万，并开始向曾被忽略的埃斯特雷马杜拉和阿连特茹省的土地投资。他们比旧贵族地主更有活力，不仅通过出售葡萄酒增加财富，而且还出售小麦、羊毛和橄榄油。工匠也开始发展，13万名工匠主要以供应市场为生，而不是依附于贵族和宗教资助。另一个具有长远意义的变化是军队职业化。衣衫褴褛的民兵和贵族的私兵被正规常备军所代替，这种正式军人既有能力，也有社会地位。职业军人得到提拔，取得了原先属于贵族的职务，创造出一个军事阶级，有时人们把他们等同于日趋壮大的商人和官僚精英。政府官员也接受了技术训练以适用于军事防御，但偶尔也适用于工业项目。新的政府官员随后在革命政治中发挥了重要的作用，其中一部分人回想起这位一时蒙羞的蓬巴尔侯爵，并把他称为他们的英雄。然而在新的政治时代发端之前，拿破仑攻占了葡萄牙，企图征服大陆，并从英国的经济掌控中夺取了仍有利可图的巴西帝国。

第四章

巴西独立和葡萄牙革命

1807年,法国军队在拿破仑最青睐的高级军官之一、前驻布拉干萨宫廷大使朱诺将军的率领下入侵了葡萄牙。在侵略者到达里斯本之前,为了安全起见,葡萄牙王室成员和大量廷臣、随从被英国海军接往巴西避难。里斯本的资产阶级和留下的贵族热烈欢迎法国人入城,法国人统治了这座城市好几个月,直到最终被一支英国远征军驱逐出里斯本。法国和英国的进一步侵略使葡萄牙变得满目疮痍、贫穷困苦,并在贝雷斯福德子爵领导的英国军事政权的建立中达到了顶峰。葡萄牙王室则继续留在巴西,并于1810年与英国签订了英葡条约。这份条约取代了1703年签订的《梅休因条约》,承认了英国商人有直接进入巴西的权利,从而加快了巴西政治独立的进程。10年后,对英国在葡萄牙的军事统治的反抗最终导致了1820年葡萄牙革命的爆发。这场法国式的革命断断续续持续了31年之久。只有在经历了内战、恐怖、反对教权主义和独裁统治的动乱之后,葡萄牙才确立起一种和维多利亚英国相近的君主立宪制。与此同时,1822年,巴西也在政治上脱离了葡萄牙,成为一个由布拉干萨王室拉美分支统治的自治"帝国"。然而这块前殖民地仍然继续从葡属非洲进口奴隶,直到1850年政策发生改变,巴西才转而以来自欧洲的自由白人移民来满足本国的劳动力需求。这些移民者中很多来自葡萄牙北部,由此维持着两国紧密的文化和经济联系。

第四章　巴西独立和葡萄牙革命

在决定 1807 年入侵葡萄牙之前，拿破仑就与西班牙订立了一份秘密条约，展示了他对于未来的计划。首先，作为英国曾经对法兰西帝国进行经济封锁的报复，拿破仑打算剥夺英国与欧洲大陆联系的最后通道。其次，他提议全面肢解葡萄牙。其中，北部地区要变成一个受西班牙保护的自治国家，并赠给一位意大利国王——拿破仑一直觊觎其领土，想把它吞并进自己的控制范围中；葡萄牙南部和阿尔加维王国被奖励给一位西班牙王子，他将被要求继续维持与西班牙的同盟。包括里斯本在内的葡萄牙中部地区将作为保留地归还给布拉干萨王室，但前提是他们必须在法国监护下表现良好，并且英国要同意将以前从西班牙手中占领的直布罗陀要塞交给拿破仑。这个重新整合伊比利亚半岛的空想计划也包括了对葡萄牙殖民地进行重新瓜分，这样一来，西班牙国王就会被称为"两个美洲的皇帝"。这个计划并没有产生期待的结果，在承认法国对葡萄牙的"保护"后，这个计划就被放弃了。虽然在最初进驻里斯本时，拿破仑的军队受到了当地统治阶级的礼遇，但是当朱诺将军很不理智地炫耀法国国旗，并且耀武扬威地出现在宗教裁判所旧宫殿里召开的摄政会议的会场上时，这种礼遇便不复存在了。在农村，对于入侵者掠夺行为的不满导致了游击反抗的快速发展。1808 年 6 月，波尔图爆发了反抗外国占领的全民起义。两个月后，未来的威灵顿公爵从爱尔兰带来了一支远征军，他们在科英布拉附近的海岸登陆，并迅速在里斯本城外击败了法军。朱诺则因为未被任命为葡萄牙国王而懊悔不已，他与英军签订了《辛特拉和平条约》，英国皇家海军将法军连同全部武器和装备运回了法国。威灵顿公爵因为这份慷慨的投降协定受到了略有不公的舆论的指责，那时他还是亚瑟·卫斯理爵士，正如一部同时代的作品所讽刺的那样：

这就是里斯本城。

这就是黄金遍地的里斯本城。

这就是掠走里斯本城黄金的法军。

这就是打败掠走里斯本城黄金的法军的亚瑟爵士,一开始有勇有谋结局却不尽如人意的爵士。

这就是无人承认却最终保全老朱诺的协定,尽管此时,一开始有勇有谋结局却不尽如人意的亚瑟爵士已经打败了掠走里斯本城黄金的法军。

这就是签订了无人承认却最终保全了老朱诺的协定后装载着法军辛苦掠夺来的赃物的舰队,尽管此时,一开始有勇有谋结局却不尽如人意的亚瑟爵士已经打败了掠走里斯本城黄金的法军。

这就是约翰·布尔,他非常沮丧地看着签订了无人承认却最终保全了老朱诺的协定后装载着法军辛苦掠夺来的赃物的舰队,尽管此时,一开始有勇有谋结局却不尽如人意的亚瑟爵士已经打败了掠走里斯本城黄金的法军。

引用并说明于何塞·埃尔马诺·萨赖瓦:《葡萄牙的历史》

(里斯本,1983—1984 年)第 5 卷第 133 页

攫取葡萄牙的金银财物并没有让拿破仑感到满足,于是他开始进一步尝试征服英国在欧洲大陆上尚存的领土。为了应对新的入侵,已从 1808 年"胜利条约"的耻辱中恢复过来的威灵顿公爵被派往葡萄牙,与他同行的还有新召集的英国军队和一批骨干军官,他们旨在帮助训练出一支更为有力的葡萄牙军队——当 1807 年朱诺向里斯本进军时,葡萄牙军队曾被晾在一边。1808 年,英国军队粉碎了法军对波尔图的第二次进攻。新式葡军由贝雷斯福德子爵训

图21　在1810年的布萨科战役中，葡萄牙军队在英国帮助下阻滞了法军对里斯本的第二次进攻，并且导致了他们在"托里什韦德拉什防线"[1]前的最终失败

练和率领——他本人亦被委任为指挥官并按当地军衔授予陆军元帅衔。这支军队在1810年9月的布萨科战役中和威灵顿公爵的军队一起接受了战火的洗礼。在法军的第三次入侵中，由马塞纳将军统领、包含6万名法国士兵的部队被暂时堵在了去往里斯本的路上。不过士兵们很快就完全恢复了过来，并在劫掠了科英布拉城之后继续向南行进。不过在行进了几英里后，法军遇到了迷宫般的战壕和托里什韦德拉什峭壁，这完全堵塞了通往里斯本的道路。为了构建这些防线，葡萄牙工人在口粮不足的情况下已经进行了几个月的强制劳动，此时因为半岛战争，他们已经陷入了严重的疾病和营养不良。为了防止法军通过搜查农村来寻找食物，英军强制推行了焦土政策——毁掉储存的食物、烧掉风车翼板以阻止法军磨面。最终，被绝壁封锁、冬雨淋透并夺去口粮的法军被迫退回西班牙。撤退中他们掳走了许多不幸的葡萄牙士兵，强迫他们为行将灭亡的拿破仑

帝国又苦苦奋战了5年多。他们还一起掳走了大量葡萄牙稀缺的马匹，从而进一步破坏了葡萄牙的运输系统，同时也摧毁了骑兵。因此半岛战争对于大部分葡萄牙人来说是一段不光彩的苦难时光。

半岛战争最深远的影响之一就是1807年到1808年的冬天，葡萄牙的玛丽亚一世和摄政王子流亡巴西。这次流亡促使巴西形成了发动北美式独立运动的想法。巴西向独立转变这一漫长而缓慢的过程，是女王玛丽亚一世当政时期的显著特征之一。她于1777年，也就是北美13块英属殖民地宣布起义后的次年登上王位。托马斯·杰斐逊和他的美国同僚对人权明晰入理的宣讲，尤其是对殖民地居民享有自由的阐述，对巴西有文化的白人产生了巨大的影响。到葡萄牙女王去世的时候，也就是滑铁卢战役后一年，美国已经确立了民主制度，欧洲也经历了法国大革命，海地的加勒比黑人也在积极争取自由，此时距巴西独立只剩下6年了。

巴西独立运动最初的标志早在富含黄金的米纳斯吉拉斯州就出现了。在英属和西属美洲殖民地，那些富有的白人移民想消除殖民社会中的外国统治，同时保留等级的其余部分秩序与特权。巴西未来的领袖们对美利坚合众国及其共和制政府的出现十分赞同，于是在1786年，他们和当时身为美国驻法大使的杰斐逊进行了慎重的接触。美国默许的支持在巴西最富有的人群中激起了解放的图谋，并得到军方的一定支持。这个想法受到了巴西学者和法学家的认可，也得到了哲学家和诗人的称赞。这种独立思潮在流亡者中也非常强烈，尤其是在就读于科英布拉大学的300名巴西学生中。他们去法国游历，读到了伏尔泰和卢梭的作品；在英国，他们又邂逅了约翰·洛克所阐发的宪政自由的理论，而这些观念和理论在葡萄牙及其殖民地是被明令禁止的。这种颠覆性的想法被带回了巴西，不久，警察的告密网络表明即使是在最遥远的内陆边界地区，人们也在谈论着这些颠覆性的想法。然而,革命的首次尝试是在米纳斯吉拉斯州发生的,尽管没有取得像北美人在费城那样的成功。

当这场未遂的革命发生时,米纳斯吉拉斯州约有30万殖民人口和数量不明的巴西土著"印第安人"。其中半数的殖民人口是输入的黑人奴隶,以男性居多;四分之一的殖民人口为白人移民,也多为男性;剩下的居民则为本地出生的多种族混合后的克里奥尔人[2]。自从18世纪60年代以来,随着黄金产量不断下降,地方经济也逐渐变得多样化起来。一些金矿老板买下了养牛场、养猪场、甘蔗种植园、酿酒厂和菜园来满足城市人口的需要。对黄金的寻找仍在继续,只是浅层的矿藏已经被开采殆尽,仅剩下一些开采费用很高的深层矿藏。矿场主们力图通过做到不仅在食物上自给自足也在采矿器械上自给自足来降低成本。但葡萄牙政府依然坚决地反对这种"自由的"想法,不让淘金者自主炼铁锻造工具。虽然如此,内陆地区还是脱离了葡萄牙帝国的贸易束缚——此时葡萄牙还继续控制着沿海的种植园。与其他葡属南美洲的省份不同,米纳斯吉拉斯州拥有本地商业领袖,他们有本事同里斯本的大企业家竞标以争取当地的收税承包契约。这种自治和区域经济一体化的尝试促使工业家们渴望获得独立。

米纳斯吉拉斯州的领袖多来自葡萄牙北部地区而不是里斯本或者南方。他们从属于一种支配着其他种族链的综合社会文化。受教育的移民拥有大量的图书馆,他们会聚于哲学辩论俱乐部,翻译着亚当·斯密的作品,甚至想要通过购买贵族头衔的方式抹去他们原有的波尔图乡下出身。下层社会的白人多来自大西洋中部的亚速尔群岛,他们则十分珍惜自己特有的身份。至于奴隶,即便是他们的第二代和第三代子孙,依然与非洲的宗教、音乐和舞蹈保持着一种很强的文化联系。他们也经常会给巴西带来一种敏锐的商业触觉,这对他们的主人来说是非常有用的。尽管法规通常会为白人保留低级管理工作，但其中大多数职位还是被麦士蒂索人占据了。这是因为相对而言白人妻子非常稀少，所以即便是上层社会的孩子也多为棕色皮肤而非白色，不过他们会得到很好的教育以及职业晋升。在米纳斯吉拉斯州，宗教组织在对有麦士蒂索血统、犹太血统以及异教血统的人进行种族排斥方面比国家更严格；但尽管如此，洛可可式的教堂还是如雨后春笋般出现。武装力量更是一丝不苟地维持着种族隔离。但是这三个阶层都以米纳斯吉拉斯州的财富、文化和独特的身份而自豪。

尽管他们表达了崇高的宪政哲学理念，但1789年想要从葡萄牙王室中分离出去的巴西上层阶级的目的主要还是经济上的，充满了利己主义。这些上等阶层希望取消对于钻石勘测的限制，获得发展本地工业的自由，比如说能允许他们开设一家火药厂以满足战略上的需求。他们还想建立自己的大学——这是任何新民族取得文化胜利的标志。他们想要建立一支国民武装以取代殖民地军队。他们甚至想为白人妇女争取子女津贴以加快本国忠实国民的人口增长。巴西的分离主义者走得更远，他们甚至提议通过禁奢法，此法律甚至要求限定上流社会的人们的衣柜中仅可以有本地生产的服装。这种经济民族主义、有关建立地方民主议会和一个议会化的殖民政府的言论让葡萄牙深感不安，以致当局开始镇压这次叛乱并在1792年绞死了运动的领袖席尔瓦·哈维尔中尉（"拔牙医生"，*Triadentes*），他后来成为民间爱国者的强有力的象征。此后不久，随着海地黑人叛乱的爆发，拉美白人独立的念头受到了重挫。在一个半数人口被奴役、更多人口遭受种族限制的社会里，巴西白人要求独立的想法被推迟了，以免打开社会革命的大闸门。但是与矿场主们的叛乱形成鲜明对比的是，黑人解放的想法确实传到了巴西，第二次独立运动在以黑人为主的巴西北部城市巴伊亚爆发了。

1798年的巴伊亚起义是由麦士蒂索工匠和手艺人领导的,与此同时,由那些希望在革命中获得收益、具有一半白人血统、享有一半特权的殖民地居民发起的海地叛乱也正在如火如荼地进行中。此时,葡萄牙政府正在迫害里约热内卢城内被怀疑具有雅各宾派倾向的文学精英们,因为他们读了英国出版的书。来自法国的真正的雅各宾派思想已经被传播到巴伊亚城内备受种族歧视的下层中产阶级中,促进了平等、友爱观念的发展。巴伊亚起义的参与者不同于那些来自米纳斯吉拉斯州、从一开始就寻求从葡萄牙中分离出来的中年白人行政官。他们多是些年轻士兵、学徒、佃农、工人、教师和工匠。他们也反对巴西的有产阶级和由教会维持的不公平的社会秩序,因为这些人都服务于外国的政治势力。他们接受一位"有色"裁缝的领导,他主张不分种族、机会均等,渴望建立一个法国式的民主政府。更加夸张的是,他们还在巴伊亚城内四处散发要求解放奴隶的传单。这种激进主义思想受到的政府镇压较10年前上层阶级叛乱所受到的更为强硬。

1789年的矿场叛乱和1798年的种族叛乱对巴西殖民社会产生了如此强烈的震撼感,以致形成了一个巴西有产阶级和葡萄牙统治阶级互相妥协的联盟,这个联盟的形成使巴西独立推迟了近一代人的时间。一些经济自由措施被允许,比如说盐业;而那些放弃法国式共和主义理想的巴西人也在政府中得到了职位。葡萄牙王室于1808年抵达里约热内卢,再一次确认了巴西在卢西塔尼亚帝国内首屈一指的经济地位。紧随的政治改革并没有威胁到旧社会的稳定,巴西最终经历了一个多世纪的君主制政府和奴隶制繁荣。在外交和商业方面,巴西依旧保持了与英国的紧密联系。1810年,里约热内卢的葡萄牙王室被迫与英国签订了英葡条约,正式开放巴西的港口，使英国商船能直航巴西。这一条约可能有助于英国避开法国海军在贸易上的干涉。但更为显著的一点是，这一条约使英国人免于向里斯本的传统葡萄牙中间商缴纳贸易税。12年后，随着1822年巴西在政治上获得独立，巴西也在商业上获得了独立。

葡萄牙旧制度的终结经历了三个步骤，这与欧洲历史发展的主流相同步。1820年葡萄牙革命效仿1812年西班牙民主革命，终结了英国的占领，产生了一部民主宪法草案并使葡萄牙极不情愿地承认巴西独立。10年后，随着1830年欧洲自由革命的开展，葡萄牙开始了对政治制度根本改革的第二次尝试，这一次放逐了有着强烈专制主义野心的王位觊觎者米格尔一世，没收了国王的土地并解散了修道院。最后在1851年的时候，尾随1848年欧洲革命，在历经了一段技术官僚独裁和相当暴力的农民起义时期后，一种议会制度终于在葡萄牙被确立了起来。从那以后，葡萄牙再一次启动了一个温和的工业化计划，并因为铁路时代的来临而与欧洲联系得更加密切了。

1820年爆发的葡萄牙革命不仅仅是一场在遭受外国占领后爱国主义者恢复独立的运动，也是玛丽亚一世统治时期伴随着社会和经济巨变而发生的自由主义思想壮大的表现。在18世纪后期，葡萄牙在某些方面上确实要比其他一些拉丁欧洲国家更能适应变化。虽然葡萄牙女王在个人的宗教幻想中逃避现实，但是她的大臣们已经要比革命势力领先一步了。读过亚当·斯密和孟德斯鸠作品的官员们要比他们那些西班牙同僚更为开明，他们提议要向贵族和神职人员收税。在法国入侵之前，人们就已经在讨论将国王和教会的土地卖给日益壮大的资产阶级以筹集资金这种近似革命的提议。虽然因为害怕这些措施会疏远贵族阶级——王室现在对这些贵族阶级的依赖程度比蓬巴尔那时更高——葡萄牙王室没有采用如此激进的意见，但在逃往巴西之前，王室有关部门甚至就已经准备好了关于农业改革和工业扩张的法律草案。更有热情的改革者暂时还比较乐观，因为他们觉得与在英国帮助下流亡巴西的葡萄牙贵族相比，朱诺和他的法国入侵者可能会更赞成创造财富的新方式和社会关系的自由化。

葡萄牙革命的自由先驱者们在1807年热烈欢迎法军进入葡萄牙，因为他们热切期待着这可以带来新的土地所有制、新的法律体系，可以废除封建特权，实现政教分离、纳税义务平等，用宪法限制王权，当然最为重要的是要收回大部分丢失的殖民地。一些工业家认为法国的入侵是他们摆脱与英国进口货物竞争的黄金时机。然而，法国侵略者对支持一个由工业家和知识分子推进的社会经济改革计划毫无兴趣，他们更为关心的是战略稳定；他们不是在自由主义者中寻找同伙，而是在葡萄牙王室流亡巴西后留下的贵族和神职人员中寻找同伙。法国人并没意识到可以从葡萄牙人强烈的反英情绪中获得收益，所以他们非但不鼓励自由合作者，还对改革者进行迫害。法国人到来时解放的快感很快就被理想的破灭所代替。所以理所当然的，当1808年6月群众起义爆发时，抗议者表达的是民族主义，而不再提革命的字眼了。葡萄牙革命的先驱者并没有提出什么革命口号，也没有在城市和农村间建立一个长期联盟去充实法国大革命，相反却成天吵嚷着要国王回来，不顾其他意识形态上的考虑，要从法国占领下获得自由。

因为贵族恢复了权力，旧制度只经历了很短的间断就又继续开始运作，所以1808年革命失败后，中产阶级迅速被压制。而教会，在经历了法国自由思想家到来所引发的短暂恐慌后，又依凭它旧有的盲目偏见开始随意迫害持不同政见者。旧制度成员在与法军合作的过程中所感受到的羞辱都在针对群众起义威胁而实行的镇压中被消除了。英军返回，使重新革命的重要尝试又推迟了10年，因此旧制度中的保守力量得到了进一步加强。然而，在这10年中，中产阶级又获得了新的活力，因为商人们从巴西贸易的部分损失中恢复过来了，并从供应英国占领军的合约中获益颇多。

对于19世纪的葡萄牙来说，十分重要的新兴工业企业主要集中在波尔图，那儿也是后来葡萄牙革命的发源地。这里有一种特别成功的工业就是亚麻纺织业。工厂从汉堡进口亚麻，然后将工作转包给城市北部成千上万的农村工匠，那里人口已经趋于饱和，而工作却十分稀少。波尔图企业家们的成功是建立在无须厂房建设费和按件支付的廉价农村劳动力基础上的。当生意不景气时，男工和女工都得依靠农民而生，这就能预料到这里不会有无产阶级工人们所渴求的最低劳动保障。当商业繁荣起来，农村的编织者就变得特别有技巧，以至于他们的编织品可以和法国、荷兰的亚麻制品相媲美，也可以和巴西的英国毛纺织品相竞争。纺织业成为其他小工业的基础，因为亚麻业的利润又被继续用来投资，而这些方式对葡萄牙来说本质上都是新的。波尔图周边的工业区逐渐发展出制作铁器、陶器、餐具、纽扣、桶、丝带、台面呢和帽子等的工业，不过亚麻业仍然是其中的核心产业，直至受到棉纺织业发展和机械化的挑战。

在18世纪晚期，葡萄牙初生的棉纺织业已经享受到了一些优势。原棉仍然能够从巴西购买，棉纺织品如同毛纺织品一样不受制于保护英国竞争的需要——因为棉制品在梅休因的时代还不存在，所以在1703年的《梅休因条约》中没有被提及。棉花产业的中心是里斯本而非波尔图，并且与亚麻业不同的是，它的生产是以使用英国进口机器的工厂为基础的。葡萄牙所有的纺织业都渴望拓宽通往巴西市场的门路。对于工业资产阶级来说，经济改革的关键在于恢复帝国特惠，废除 1810 年贸易条约——这份条约终止了《梅休因条约》，并且允许所有的英国商人直接进入巴西。这些工业愿望得到了商人阶级的支持，他们在这份与英国签订的新条约下也遭受了损失。虽然葡萄酒商不像纺织商那样和殖民市场联系紧密，但是南部的葡萄酒在巴西要比在欧洲或者里斯本好卖多了，因此，葡萄酒商也支持革命要求——把英国人赶出去，而巴西作为一个特惠市场必须归还给葡萄牙。

　　19 世纪葡萄牙的城市，尤其是里斯本和波尔图继续统治着政局。里斯本同时也是欧洲的大城市之一，葡萄牙大部分的金匠和书商汇集于此，以满足城市专业阶层的需求。城市化的整体水平与 16 世纪帝国时期相比变化很小。不过长期以来一直是小集市、猪在街上乱跑的波尔图，始终在不断发展，其面积在 1801 年至 1864 年间扩大了一倍。城镇的商店、事务所、工厂仍然被留在破旧而曲折的城市中心，然而那些富裕的巴西归国者在东部郊区建起有装饰性的铁质阳台的微型宫殿。英国的葡萄酒商和股票经纪人则在城镇的西部拥有优雅的住宅。市政议员推广煤气灯，以此来强调他们商业城市的地位；波尔图的资产阶级则模仿外国人吃吐司和喝奶茶。不过波尔图的城市化发展指数仍然维持在低位——11%。此外，与葡萄牙社会结构相似的西班牙，其工业化和城市化水平均高于葡萄牙，在革命后的 100 年中，84% 的葡萄牙人仍然生活在农村。这种缺乏发展的情况既是不断海外移民的原因，也是其结果。小城镇无法提供多少教育、工作以及从农村杂役中解放出来的机会，因此在 19 世纪，移民的旧传统呈现出新势头。很多成功的移民者不选择回来，是因为回国后会被嘲笑为没有教养的暴发户。只有很成功的移民者才能够支付得起回家的路费或者达到家人的期望。既然葡萄牙的双子城不能吸引大量有活力、有雄心的年轻人（他们从农村中逃走，把目标锁定在巴西和美国），那么寻找社会与政治变革的任务就得交给相当谨慎的资产阶级和少数具有想象力的贵族军人负责。

葡萄牙革命的第一位战争英雄是1820年起义中的烈士。戈梅斯·弗雷尔是一位见多识广的军官，他出生在维也纳，曾在拿破仑的葡萄牙军团中服役。在法军占领德国期间他晋升为德累斯顿的总督，并在德国耶拿大学获得荣誉学位。旧制度复辟后，戈梅斯·弗雷尔回到葡萄牙并恢复了政治地位。在里斯本，他成为葡萄牙共济会的总会长，当时共济会运动在军官中传播很广，因为他们曾在外国占领期间与英法的共济会会员称兄道弟。在革命时期及革命之后，葡萄牙共济会扮演着特殊的政治角色，这使教会的权威人士大为惊愕。在1810年至1820年间，这位共济会总会长成为一位英勇的爱国者，以其自由观点、反对君主专制复辟、批判摄政委员会而著称，但最重要的是他与葡萄牙军队的英国司令官贝雷斯福德进行的斗争。1817年，当关于密谋推翻政府和驱逐英军的谣言在里斯本传播时，戈梅斯·弗雷尔被逮捕，并以卖国罪处刑。但是他作为葡萄牙民族英雄的名望进一步提高，人们指责对他的判刑，并将卖国罪转移到贝雷斯福德的身上。对戈梅斯·弗雷尔的处决不但没有镇压高涨的国家动乱，而且还被里斯本的民众视为牺牲，这也促进了反对英国占领运动的发展。

葡萄牙革命正式爆发于1820年8月24日的波尔图。80名城市商人和几名贵族"宣布"反对英国的占领，然而与此同时，贝雷斯福德却安全地离开了葡萄牙去造访在巴西的国王，并寻找延长他总督权威的方法。9月15日，革命蔓延至里斯本，但表现方式更为激进——由沮丧的士兵带头，商人们也意识到他们不能压制民众的呼声。两个城市的领袖在科英布拉聚首，共同规划温和的议程，议程包括要求驱逐英军、复辟君主制、重建与巴西的贸易。这些目标没有完全实现,但是在 10 年的停滞过后,政治上又出现了新的生气。反抗者组织了制宪会议选举,为新生的葡萄牙规划宪法的结构体系。有点出乎意料的是,选出的代表多为专业人士而非商业中产阶级。其中有 20 位大学讲师但只有 3 位商人,有 40 位律师但只有 2 位业主,有 14 位教士但却没有修道院院长。格外引人注目的是,这次选举没有殖民利益、酒类贸易和工业的代表;不那么令人惊讶的是,这次选举没有人们预想中的革命英雄——平民代表。此次选举产生的新的政治家主要是从蓬巴尔改革后的大学毕业的自由人士。

1820 年宪法的制定者们十分谦虚谨慎,但是在讨论时也没有回避当前面对的冲突和困难。宪法的制定者们希望葡萄牙王室从巴西返回,不过他们仍认为国家应该独立,布拉干萨家族应该被推选为国王,而他们的否决权也只能用来推迟立法而不能抑制立法。宪法的制定者们也希望天主教成为葡萄牙的正统宗教,但是他们不能接受天主教成为独一的宗教。大主教抗议宗教信仰宽容政策,随即被流放到法国。他们反对神职人员的法定特权,但是不触及世俗社会的不平等。他们希望扩大公民的权利,但是也想保护财产的所有权,这在他们所属的阶级和服务他们的穷人之间造成巨大的差距。他们很高兴能够取消封建制度对橄榄油、草药房、公共烤房的控制,却不愿改革城镇的社会关系。他们希望能够有一个议会,但为此投入了一场激烈的争论:激进分子、民主主义者和共和主义者支持一院制;反对派为君主主义者、保守党和天主教徒,他们主张建立两院制。宪法的制定者们认为自己是民主主义者,但他们中的部分人已经在波尔图参加了颠覆旧制度的秘密组织。他们是政治理论家而非政治实践家,当然也不是蛊惑民心、希望在没有文化的大众中捞取选票的政治家。

对于早期革命的政治辩论最终达到顶点，表现为激进程度令人吃惊的1822年宪法。这部宪法的基础是驱逐半岛战争的侵略者后在加的斯起草并被西班牙采用的1812年宪法。10年后，此文件的民主要旨已经不是恢复后的欧洲的保守党势力所喜欢的了。然而即使议会没有世袭的上议院议员来压制选举产生的潜在的激进主义的议员，它对于英国来说还是可以容忍的。公民权十分自由，可以容许议会进行选举，考虑变革立法以适应葡萄牙正在经历的社会变化。这些自由之父未能在军队问题上做出明确的决断。他们不赞成军事政治专政，而这已经在英国的控制下持续了10年的时间，但他们也不反对为自己中意的事业寻求军事支持，或是叫军队来压制一切按他们谨慎的定义属于激进主义范畴的行动。军队成为政治革命的一个主要因素。1823年军人成为第一批议会议员，他们尝试给国家政治一个新的面貌。

在1823年军事政变之前，葡萄牙与巴西的关系发生了根本性的变化，进而影响了整个革命。前摄政王储，现在的国王若昂六世于1821年从里约热内卢返回里斯本，重新开始承担他于1807年放弃的王室责任。他把巴西的事宜留给他的儿子佩德罗处理，据一些不可信的当地传说，他说，如果巴西独立的话，他宁愿是他的儿子领导，而非一些不认识的政治投机者。这份预想中的独立宣言很快形成，葡萄牙的佩德罗王子也成为巴西的国王——佩德罗一世。这份宣言有损于葡萄牙革命的若干关键目标，严重破坏了议会议员们的信用，而议会议员们正在帝国复兴的基础上努力创造新的秩序。尽管巴西独立破坏了民主进程的第一步，但是推翻议会政府的直接原因来自欧洲，而不是巴西。

1823年，法国在复辟的、极端保守的波旁王朝的统治下入侵西班牙，压制西班牙国内加的斯民主宪法的支持者。加的斯宪法是葡

Le maréchal-duc de Sal-tanah, nouvel ambassadeur de Portugal à Paris.

图 22 陆军元帅桑塔哈是 1820 年至 1851 年的葡萄牙革命中的军事领袖人物,并且作为公爵一直主导着君主立宪制下的议会选举和议会外政治,直到 1876 年去世

萄牙1822年宪法的模板，也成为革命年代的信条。另一方面，葡萄牙的稳健派担心宪法会挑衅欧洲保守势力，同时也担心神圣同盟可能会在进攻西班牙之后入侵葡萄牙，以迫使里斯本复辟王权专制主义统治。为了避免侵略，甚至是内战，一位叫作桑塔哈的年轻勇猛的将军招募了一小支军队，进入里斯本城取缔了议会，驱逐了宪法的"极端分子"。这位将军是18世纪的独裁者——蓬巴尔侯爵的孙子，此次政变是未来的50年中他引导的若干事件之一。为了阻止专制主义的复辟，避免自由主义的挑战，桑塔哈将军计划了一个宪法折中方案，即恢复部分的王权来安抚国王若昂六世。温和保皇派的政变使保守派人士感到失望，他们视桑塔哈为一个颠覆性的共济会会员；激进分子对此也十分愤慨，尤其是当他们发现国王已经从英国召回贝雷斯福德并让他作为自己的私人顾问时，他们认为国王只能当傀儡。桑塔哈将军的军事政变结束了葡萄牙革命的第一阶段，标志着革命未能实现两个核心目标，消除了英国对葡萄牙政治的影响，并且恢复了对巴西的殖民权力。更糟糕的是，他对于温和的王室家长制统治的承诺很快因1826年国王去世而破灭。葡萄牙驶往革命的第二阶段。

建立在受教育的男性选民基础上的自由民主，在面对反革命保守势力的挑战时不可能长期地存续下去。但直接导致其失败的是1822年巴西独立宣言。如果恢复对巴西的经济控制，商业资产阶级可能会支持议会议员，但是当他们彻底丧失了对殖民地的控制权时，商业资产阶级则转而反对议员。1826年国王若昂六世去世后，葡萄牙被激进分子和独裁势力所分割，甚至连葡萄牙王室都被分裂了。佩德罗，现在的巴西国王，支持他的小女儿玛丽亚继位，并加入激进分子的阵营。而葡萄牙孀居的王后和她的小儿子米格尔则支持恢复专制。于是佩德罗提议仿照法国宪法推行一份折中的"宪章"。这份宪章打算给予国王权力，以平衡立法、行政和司法权，并建立包括72位贵族和19位主教的上议院。而两边的极端分子都抨击这项提议，葡萄牙滑至内战的边缘。由威灵顿和贝雷斯福德领导的英国保守党设法让葡萄牙双方和解并恢复英国对葡萄牙的部分影响，却只是徒劳。威灵顿公爵派遣流亡5年的米格尔王子返回葡萄牙，希望米格尔王子能够代表他7岁的侄女——女王玛丽亚二世，成为立宪摄政者。而米格尔王子却自夺王位，并将数以千计的自由主义者流放海外，而他的专制主义作风还得到了爱国者的支持。于是佩德罗放弃了巴西王位，航行到欧洲去为他的女儿争夺作为葡萄牙女王应继承的遗产。他得到了法国的支持，法国已经在1830年革命中转向自由主义；同时得到了英国的支持，英国已经将威灵顿公爵赶下台并选举了由帕默斯顿爵士主导外交政策的自由政府。法国和英国都给佩德罗以军事支援，被米格尔流放的人们也对佩德罗予以支持，就这样，1832年葡萄牙内战爆发。

在葡萄牙从王权专制主义走向宪政民主的缓慢革命进程中，1832年至1834年的内战是一个残酷的中间点。这场战争使佩德罗和米格尔两兄弟进行了残酷的斗争。米格尔占据着里斯本，并在奥地利的支持下进行战争以维护国王特权的纯正性。于是他开始在国内实行恐怖统治：将自由主义的同情者投入监狱，导致很多人死于迫害和剥削。而佩德罗的一小支自由军则以亚速尔群岛为基地，并在英法雇佣军的支持下登陆波尔图。佩德罗不仅受到了葡萄牙知识精英的支持，同时也得到了两位十分有政治野心的年轻的军事首领的支持。他们分别是桑塔哈和萨·达·班代拉，两人在内战中成为英雄，将来都担任了不少于五届的葡萄牙首相。

自由主义阵营进军缓慢，佩德罗的军队在内战的第一年中一直在围攻波尔图。虽然军官们能够和英国酒商优雅地进餐，但是士兵们正在挨饿，甚至有大批的士兵死于霍乱。这种情况在纳比尔将军出现后才有所转变。纳比尔将军是英国自由主义舰队的指挥官，他在南部海岸打败了保皇派的舰队，并派遣一部分军队从南部海岸进入里斯本城。里斯本城的民众也起身反抗统治他们5年之久的保皇派，驱逐了米格尔的守备军，缴获了皇家兵工厂，并将兵器分给了被释放的政治犯。佩德罗将其指挥部迁到了里斯本，而米格尔再一次被流放。在进行了两年痛苦的和毁灭性的战争后，葡萄牙又一次破产，并且对外国债权人有所亏欠。政治家们较为焦虑，因为他们担心米格尔在奥地利的支持下再一次返回葡萄牙，同时也怀疑佩德罗对自由主义的承诺有多可靠，于是着手推行意义深远、不可逆转的激进社会重组计划。

  1834年激进主义之所以产生，主要是因为封建制度在葡萄牙继续存在。封建制度粗暴地镇压穷人，并且在革命的第一阶段中几乎没有进行过改革。税赋之沉重可以从里斯本城附近一个隶属于王室的农场中看出端倪。该农场每年产出60歌珥的谷物，其中农民保留12歌珥，地主留有30歌珥，贡品搬运费为6歌珥，什一税为5歌珥，所剩的部分则要缴纳名目繁多的国税。其他的农民还需要缴纳打谷税、耕牛税、磨粉税、运输附加费等，除非他们把所有的农产品拖运到可以通航的河岸边，才可以免除运输附加费。更可悲的是，农民没有衡器，只能接受执行官的度量衡，不管有多缺斤少两。寡妇只能获得特别少的收入，然而其教会会费仍没有得到有同情心的减免。一个大的修道院控制着29个教区，即6000片田产的总收入，并垄断着其中所有的磨坊、压榨机、河船、粮仓。教会则掠夺了国家十分之一的橄榄油、八分之一的亚麻和头胎的家畜，以及面包、葡萄酒和水果的税金。而教会的支出主要有拨款给修道院、教区长的管区以及发给主教们薪金。这样，在1834年，有着强烈反教权寓意的革命热情重新被点燃也就不是不可思议的了。

1834 年的激进主义部分是出于对曾经支持米格尔废除宪政的财产所有者和基督教会机构的恶意报复。占国家领土四分之一的王室领地由政府接管，政府则通过拨用财政收入或直接将土地出售给私人的方式来帮助偿还国家债务。其中 300 多所男修道院——大部分很小，但其中一些拥有丰厚的地产——被废除，它们的土地则被卖给了自由主义运动的支持者。像 16 世纪的英格兰一样，修道院的瓦解使一个新兴的阶级——地主日渐富裕，这些地主坚定地致力于资产的转移，并不打算返回旧制度。中产阶级在革命之前玛丽亚一世的统治影响下已经成长，而现在在小女王玛丽亚二世的统治下获得了更多的土地、影响力以及贵族头衔。民众对米格尔支持者过分教会至上主义的反感，使得没收教会土地的做法被接受。被重新分配的教会财产规模可以和王室的财产相较，它们被用来偿还在内战中欠下的自由主义债务。

教会和王室的土地没有使葡萄牙按照预期的方式复兴。土地的价格逐渐降低，这是因为供应超出了需求。新兴的拥有大量廉价土地的所有者们非常理智地决定继续采用过去大范围、剥削式的农业手段敛财，而不像土地稀少且昂贵的欧洲其他地区，将宝贵的资本投入新出现的精耕细作法。用锄耕作或者用木犁耕种的方式没有被用牛深耕所取代，并且土地也没被耙松和施肥。然而市场的力量并没有导致南部大规模的、无效率的大庄园地产衰败，但这些正在地中海世界的其他国家中发生着。劳动者们工资低得可怜，以至于他们不断地想方设法逃到巴西。而葡萄牙三分之二的土地仍然未被完全开发，包括未被开发的森林、荒野、沼泽和贫瘠的山地。大部分被耕种的土地仍然是为了满足农民的基本生活。在城镇里，充公的基督教会建筑物没有按照英国国王亨利八世所建议的那样成为新学校或者是有其他生产性的用途，反而被交给了军队，成为拿破仑粗鲁的革命军的豪华住营。这样，在两年之间，内战"胜利者"的理想也陷入了困境。

　　1836年9月，革命复苏的势头出现，始于一场城市起义和军事政变。起义发生的根本原因为长期的失业。在内战中有近10万人服兵役，革命结束后他们被迫退伍，进入不景气的经济环境。移民的办法对很多人不适用，国内对就业的期望很高。大量衣不蔽体的农民流向城市，里斯本城的民众也对王室赞成的政府的冷漠表示抗议。葡萄牙的国民军不仅不镇压起义，反而支持抗议者，赞成让萨·达·班代拉回来领导的呼声，并恢复了1822年宪法。市政府从城郊的宫殿召回了玛丽亚女王，并让她宣誓效忠于宪法。据说，女王当时看起来像是被冒犯了，正如玛丽·安托瓦内特面对断头台时的表现一样。一些新兴的有产阶级对于里斯本的暴民政治或波尔图围城战中的英雄所施行的激进统治十分恐慌。1826年宪章赋予的公民权给予地主所追求的全部权力，他们也很高兴可以与王室成员联合起来。然而实际上的领袖是另一位伟大的自由主义运动的军事英雄——桑塔哈，他不愿意为推翻"九月"政府再一次发生流血事件或重燃内战的战火。因此他和自己的老战友萨·达·班代拉商议推行非革命式的改革方案，同时开始实行适度的现代化计划。

　　重建的压力来自市民和商人阶层，尤其是曾把九月思想付诸实践、进行一系列社会改革的商人阶层。他们不仅对初等教育进行改革，而且建立了文法学校以替代被禁止的教会学校。工商业训练不断发展，艺术和戏剧学院也建立了起来。同时里斯本和波尔图分别创立了工艺学校，科英布拉大学也再次进行适度的现代化改革。人们建立了图书馆，并收藏了被解散的修道院的图书，而博物馆也收藏了修道院的艺术品。此外关于出生、结婚以及死亡的公民登记制已经建立并取代了基督教会所制定的登记制。年轻的女王与萨克斯-科堡王室联姻，此王室已经统治了比利时，并即将统治英国。而德国女王的丈夫——将来的斐迪南二世来到里斯本，十分谨慎地指导着她，遏制她的保守本性，引导她穿过宪政雷区。在这片雷区中，希望把权力归还给人们的1822年宪法拥护者和认为权力只能在国王的恩惠下被让予的1826年宪章派彼此对立。虽然战后解决旧怨的残暴性已经缓解，但之前已发生了上千起政治暗杀。最终激进主义者和保守主义者之间达成了一个折中方案，而这一方案使得1846年革命最后阶段之前的葡萄牙持续了近10年的稳定。

1836年葡萄牙九月改革中伟大的稳健派英雄仍然是萨·达·班代拉。他出生于1795年里斯本城附近的一个拥有土地的家庭，年轻时就参军。半岛战争中他受过伤，成为俘虏，被截肢后遭遗弃，任其自生自灭。尽管身体伤残，他仍然是位杰出的骑兵、战士和军事工程师。他曾在科英布拉、巴黎、伦敦就学，并成为葡萄牙新贵族中最国际化的成员之一。米格尔篡权时他在西班牙、英国、巴西流亡，直到1832年内战包围战中指挥驻军登陆波尔图。在内战期间他坚持写日记，所以后来他写了大量的关于政治、经济、军事以及殖民关系的作品。他始终是坚定的自由左派，因此他是反对暗中不断壮大的保守派的理想领袖；之所以反对保守派是因为他们在1836年的选举中限制了公民权，并重新发起了对政治的军事干预。但萨·达·班代拉最大的野心是通过复兴帝国的方式来恢复葡萄牙的气运。因此他把视线转向了非洲。他制定法律以取缔从非洲到巴西的黑奴贸易。这样做的目的是要用非洲的劳动力在非洲创立一个新帝国，而非将他们迁移到一块新的独立领土——巴西。建立第三个帝国的梦想在每一代葡萄牙政府中都出现过，但是真正实现这一梦想是在100年之后。直至20世纪30年代，萨·达·班代拉在19

世纪 30 年代所设想的美景，即对安哥拉、莫桑比克的殖民才有效地付诸实践。与此同时，一个不同的经济改革和现代化的计划被九月政府所采用。然而该政策依靠的是欧洲而不是非洲，并由新一代的技术官僚领导，这些技术官僚后来则在葡萄牙的公共生活中崭露头角。

1836 年后，一位新技术官僚领袖逐渐脱颖而出，他就是里斯本市市长、葡萄牙女王的心腹，哥斯达·卡夫拉尔。他曾任司法部部长，并致力于删除政府政策中的民粹主义元素，恢复与梵蒂冈的外交关系，以及恢复 1826 年的保守宪章，而这一做法尤其让女王感到高兴，因为此宪章是女王的父亲所起草的。卡夫拉尔政府的活跃的领袖使人们记起了蓬巴尔式政府，并将新政府建立在城市和商业利益的基础上。而这与旧的九月政府的领袖不同，因为九月政府的领袖与地主的联系更加紧密，他们希望对从王室和教会所得到的土地上种植所得的小麦与葡萄酒征收保护性的关税。这些关税是由旧自由主义的守卫者们设立的，使农产品的价格居高不下，但鼓励了来自西班牙的小麦走私，使城市的粮食变得昂贵。卡夫拉尔政府赞成为为新工业家工作的"无产者"进口廉价的食品，并减少对支持他们的商人活动的贸易限制。授予私营公司股东在传统业务——如烟草加工、肥皂生产和火药研磨——中的垄断权这一蓬巴尔时代的旧制度得到恢复。反对派则抱怨这些倾斜性地甚至欺骗性地给予投机分子的许可，并且抨击议会已经变成了拍卖行或证券交易所。在投机的泡沫爆发为世界贸易的衰退之前，现代化已经受到了来自葡萄牙农村的挑战。

不断倒向右翼的技术官僚自称为自由主义的继承者，一直在鼓励新兴地主们更好地利用其土地，并把旧的修道院地产转化为可进行生产的农场。哥斯达·卡夫拉尔本人在托马尔建了一栋乡间别墅,而此别墅已成为葡萄牙最著名的城堡之一,给当地带来了极为宜人的景色。农村发展的关键仍然是提高运输力,因此技术官僚通过一家私营化的公共工程公司来寻找筑路的金融资本。为了吸引国外的投资,他们要保证的是国家的安定而非自由。权威主义的公共机构已经成为葡萄牙社会的持续特征,而非民主的进程。行政的官僚化和专业化深深影响了人们对政府的态度,公务员和工程师取代修道院院长与贵族,成为人们巴结的对象。为了给新秩序提供资金,国内财政进行了重新调整,还建立了中央控制下的地方政府。而卡夫拉尔受到了左右翼政治家们的指责,称他同时背叛了革命和反革命。1846年葡萄牙革命中第三次大规模的内部冲突爆发了。这一次冲突的爆发者既不是波尔图的中产阶级激进分子,也不是里斯本城的暴民,而是北部省份——米尼奥的农民。

葡萄牙北部是一个远离都城政治的世界。传统上讲,米尼奥的山地农民在冲积河谷种植小麦,在崎岖不平的地区种植小米或黑麦。在休耕年,当土壤恢复肥力时,农民们会在轮耕田上放牧或割干草。山顶被用来放牧和储存从罗马时代生存至今的栗子树上采集到的野生坚果。他们聚居的模式为日耳曼式——耕种者散居在交错轮耕的土地上而非集中居住。房屋也是谷仓、马厩、牛棚、厨房和居所的组合体。社区中6个家庭耕种三四公顷的土地,平均产出50蒲式耳的小麦、30蒲式耳的黑麦、10蒲式耳的小米,养4头奶牛。家庭劳动者们秋天种植谷物,春天则种植亚麻。卖往波尔图屠宰场的牛犊给当地带来现金补贴,以维持自给自足的经济。在当地,牛奶是主要饮料,而葡萄酒只在节日时才被饮用。人们用橡子饲养猪,并将猪肉腌制起来过冬。人们在森林中打猎、收集栗子,以此来饲养动物和满足歉收年份的生活需要。卷心菜汤是日常的食物,但没有橄榄油来调味。同样,水果也十分稀少,因为所有输入的商品都需要从赶骡人那里购买。女人要自己编织裙子，而男人则要穿上像茅草并且可以防雨的稻草大衣。购自平原的最气派的物品是黄金，它可以被制成节日时佩戴的个人装饰物。山地妇女们佩戴耳环、项链、戒指和金银透雕的心形物，以显示她们在乡民社会中的地位。

到了18世纪，一场缓慢的农业革命渗透到米尼奥，带来了一种新的农作物——巴西玉米。它首先代替了坚硬的谷物，后来人们发现它的产量是小麦的两倍，因此在肥沃的山谷也种植了玉米。种植玉米比传统的种植方式需要更多的劳作，但施肥后能有很好的收成，因此更多的土地被投入生产。年景越来越好，人们为晾干和储存粮食而不断建立新的粮仓。农民逐渐富裕起来，也更操心于保护自己的家庭和粮食，尤其是当1807年法军与英军入侵葡萄牙时。此时偏远的山区已经成为高产的农田，开始吸引曾忽略这片自给自足的农区的城镇市民。土地使用者成为地主，土地的买卖和租赁成为一项诱人的行当。由玉米革命所带来的新农业生产力在引进美国马铃薯后进一步提高。然而正如世界其他地方一样，1845年的马铃薯种植在葡萄牙也失败了，带来了不幸和贫困。而营养条件的改善已经带来了更高的出生率和更大的家庭规模，这一事实使饥荒更加严重。就在这样的背景下，1846年北部社区的暴动导致了第三个也是最后一个阶段的葡萄牙革命爆发。

1846年北部起义的最显著特征是由妇女领导。葡萄牙北部的妇女在经济上占有重要的地位，在法律上享有充分的自主权。随着土地变得愈加稀缺，小块的土地逐渐被分割，直到不能充分维持一个家庭的生活。集约耕作越来越多地依赖妇女，因为男人们都被迫暂时或永久地移民。尽管在美洲的男人也给他们的母亲或妻子汇款，但妇女们仍然要扛起家庭和农务的主要压力。因此妇女成为一家之主和土地的所有者。于是她们在 19 世纪 40 年代的早期，即卡夫拉尔统治时期，在政府官僚主义的入侵下感受到了威胁。一群女性先驱领导了这次北部起义，而此次起义也被称为"玛丽亚·达·方迪"（Maria da Fonte），即"喷泉边的玛丽亚"，这一形象成了"斯温船长"的同类，那是英国农民起义民间传说中的神秘人。

1846 年起义的主要导火索是尝试进行圈地和登记土地所有权。土地登记处建了起来，这就使富裕的学者和中产阶级的土地购买者能登记自己的名字而不顾地方的习俗。传统的土地使用者没有接受过教育，也没有律师朋友，因此也没有反对新权贵的办法。那些被用来临时供应粮草、放牧、烧炭、诱捕生物的土地已经转变成私有财产，并由新主人手下的看守和农场管理人巡逻。曾经带来生存以外的、移民所需的额外收入的农村非正式经济也被打压。农民们明确反对拾落穗或烧炭的传统权利的丧失。"喷泉边的玛丽亚"的起义者并非狂热的宗教信仰者，而是十分理性、一心想烧毁新落成的土地登记处的地方领袖。

1846 年起义巧妙利用了当地人的焦虑。他们精准认识到哥斯达·卡夫拉尔的现代化政权希望可以完善土地税制度，并以此来为他们宏伟的公共工程项目投资。每一位地主都被要求找一位能读会写的人，帮他填写公文表格，保护他的利益。于是，保守农民的隐私被靠不住的城市律师侵犯了，这激怒了北部人民。起义领袖宣称，政府开展土地登记是为了圈地卖给葡萄牙北部那些可恨的英国人——虽然这种说法基本上是假的，但为起义赢得了更多支持。英国人是异族，他们狠狠地剥削物质商品和农民渴望但很少有人能负担得起的奢侈品的供应商。同时英国人还是傲慢自大的放债人，他们常常取消逾期不还的客户们的赎买权并收走土地。他们象征着一切恶行和剥削，这样自然激起了农村客户们强烈的民族主义情绪。

图 23　1846 年农民起义的部分领袖是害怕失去土地权利的妇女，这场起义将葡萄牙革命内战推向最后阶段

这股民族主义情绪使"喷泉边的玛丽亚"的起义妇女们想到了被流放的米格尔王子，于是她们把米格尔称为国家的拯救者。米格尔在里斯本的恐怖统治被忽视或者被遗忘，纯粹的保皇主义的爱国理想获得了巨大的吸引力，在起义中广泛流传并使政府恐惧。更糟的是，起义者们和希望恢复1834年修道院解散中丧失的权势的教会势力联合起来。

哥斯达·卡夫拉尔政权中激进的右翼改革者们最具倾向性的创新就是公共卫生立法。此立法宣布以后的葬礼应该在城市郊区的公墓中举行，这就与葡萄牙的丧葬哀悼风俗相冲突。传统上讲，对于死亡者恰当的处理方式是将尸体停放在教会的藏尸所中直到尸骨可以入土，并被埋入体面的家族墓室。妇女们对取缔如此神圣的风俗愤怒不已，并和神父联合起来共同抗议。当政府官员试图干涉葬礼时，他们遭到了攻击，棺木被抬回教堂，还有武装人员守卫。而抗议者们则受到了来自西班牙边境一带的类似抗议的鼓舞，那里的政府同样干涉了丧葬风俗并引发了一场农民革命。在早期的反教权主义革命之后，宗教重回政治进程中。而当抗议从乡村逐步发展到城市时，哥斯达·卡夫拉尔政府的挫败感也在不断增加。同样，政府也受到了受教育阶层的抨击，因为政府废除了来之不易的新闻自由。在这场危机中，公民自由权遭到限制，并且政府宣布了戒严。士兵们拒绝向他们的亲戚朋友开火，反而加入了北部意见不同者的行列，逐渐在波尔图形成了一个革命政府。于是哥斯达·卡夫拉尔下台，其改革运动也暂时停止，同时在里斯本成立了民族和解政府以应对国家债主。

希望接管哥斯达·卡夫拉尔政府的国内政治家无意满足抗议者激进的要求。因为他们属于中产阶级，惧怕平均主义和对千禧年的狂热。他们反对农民们提出的要求——废除收费公路，农民可以免费使用乡村土路。他们也不希望国家由一群自愿站出来保家卫国的人管辖，因为这些人仅仅从同志中选出官员。他们支持资本主义的发展和土地市场价值的扩散。中产阶级的商人在使北部起义恶化的粮食危机和马铃薯种植失败后的利润增长中谋利。但饥饿和国家财政危机给里斯本带来了恐慌，因此纷争解决者和自命为葡萄牙救世主的桑塔哈再一次接管了政府。然而桑塔哈的政变并不被波尔图市民所接受，并在此革命框架内引发了一场小型战役。

1836年第一次内战结束之后，随着波尔图的衰落和里斯本经济重要性的进一步上升，葡萄牙的重心转移了。工业发展在里斯本，货币市场在里斯本，同样里斯本的政治家们也给予商业伙伴们一定的保护。1846年秋的波尔图叛乱不同于米尼奥城春天的叛乱，是由挫败的现代化推进者所领导的，他们赞同哥斯达·卡夫拉尔的思想体系，却因自己的贸易和工业份额日益减少而感到沮丧。反叛者们选择了九月政府中的理论家、桑塔哈的主要竞争对手——萨·达·班代拉作为他们的领袖。然而萨·达·班代拉一直是审慎的妥协派，他担心在饥荒时期领导一支波尔图军队袭击首都里斯本可能会引爆他10年前费尽心思控制的激进主义思想。萨·达·班代拉没有煽动战火；相反，他开始与哥斯达·卡夫拉尔的流放地英国进行谈判，并为他返回葡萄牙承担国债重任达成了条件。于是这位短暂失势的领袖在1848年恢复了权力，又统治了3年。然而1851年萨·达·班代拉再一次被桑塔哈驱逐出政府。此时前陆军准将、现任公爵桑塔哈自封首相，通过上议院推行了进步而理智的统治，直至5年任期期满。他的寡头民主政治以"重建"为口号，给葡萄牙带来了20年的稳定。

1851年桑塔哈的军事政变结束了葡萄牙革命。就许多方面而言，革命时期是动摇不定的。在31年的时间中，葡萄牙共有40届政府，其中少数的军官、知识分子和贵族坐上了首相这把带魔力的转椅。尽管如此，革命年代仍然带来了效力持久的变化。新兴的中产阶级通过出售国家土地获利，并快速地积累了贵族头衔，成为一个政治上更加保守的阶级。商业贸易继续受英国风俗习惯的影响，甚至受其度量单位的影响。政治家们逐渐采用英国的政治范式——两个区别不大的政党和一个两院制议会。受教育阶层通常会更深入地了解法国思想；官僚主义带来了中央和地方政府的大规模扩张，创造了大量法式就业机会。更加令人惊奇的是，精英分子也从西班牙获得了外国的意识形态和习俗。由于两国间一直以来的敌意，葡萄牙史学往往低估了西班牙对葡萄牙政治思想的影响。然而革命的每一阶段都可以在西班牙看到类似的发展。王室中有影响力的派系一直是西班牙的贵族，不过他们的忠诚常常被怀疑。另一方面，葡萄牙的激进分子能够轻松阅读与他们同时代的西班牙人的作品，并受其影响。然而到革命结束时，对整整一代政治家影响最大的是"宪章派"。他们是温和的保皇派，从巴西回国以对抗赞赏西班牙激进主义并拥护半共和的1822年立宪派和西班牙女王支持的对立极端主义指导下的坚定不移的1828年专制主义者。

  1851年，桑塔哈夺取政权集中体现了贵族军事政治家这种充满活力的传统。他倾向于自由右派，但是在寻找一种折中方案的过程中，他的忠诚心却摇摆不定。他明白作为革命基础的国民经济可能已经变得十分衰弱。如果只考虑公开辩论而不考虑私人争论的话，基本的辩论是在自由贸易者和保护主义者之间展开的。1820年自由党中的自由贸易者大多与英国的贸易利益一致，他们不想阻碍与英国的贸易。农业和制造业的利益群体更积极地捍卫法国式的经济民族主义，希望对进口施加关税保护。贸易保护主义仍然是九月自由主义者的政策，但是因为他们向卡夫拉尔政府中的现代化改革者让

图 24 "维多利亚时代"里斯本的中产阶级穿着优雅的法国时装漫步在法式建筑林立的大街上

步,所以自由贸易再次被采纳,甚至授予葡萄牙航运的优惠也被废除,以提高整体的贸易额和交易者的利润。重新产生限制英国经济统治、用关税壁垒保护生产的抱负后,1851年政府恢复了有选择性的保护主义方针。虽然由一位老派的骑兵军官指挥着葡萄牙,但是一个新的民主的葡萄牙进入了新生时代。

第五章
资产阶级君主立宪制和共和党

葡萄牙民主时代的新生开始于 1851 年，这一年葡萄牙创建了一个两党制的政府，以实现与欧洲"维多利亚时代"的其他小型王国的经济发展齐头并进的国家现代化。这一进程在几个转折点处中断。1870 年，欧洲经济出现衰退，破坏了葡萄牙繁荣的基础——葡萄酒的价格降低，限制了出口的机会。这次短暂的衰退轻度刺激了葡萄牙进口替代品的生产，并再次发起了工业化政策的辩论。它还鼓励政治家们重新考虑殖民机会。一个宏伟的计划诞生了，即建立一个连接东西海岸旧的奴隶贸易港口的非洲新帝国——横跨非洲大陆的"玫瑰色地图"。这个帝国野心首先被比利时所侵蚀，接着是英国发出的关于命令葡萄牙从赞比西河腹地撤出的最后通牒。葡萄牙只好勉强地将殖民地定为安哥拉和莫桑比克。殖民地的问题引起了葡萄牙王权信任危机，导致了共和党的骚乱。19 世纪 90 年代，当崛起的城市无产阶级忍受着长期的经济衰退造成的贫困时，共和主义也获得了发展。与此同时，武装部队的士兵们的政治意识不断增强，下级军官秘密组织了"烧炭党"来和高级军官中的共济会组织相抗衡。1908 年共和党的极端分子刺杀国王卡洛斯，两年后驱逐了卡洛斯年幼的儿子，并宣布成立葡萄牙共和国。知识分子接管了国家政权，但新的举措很快随着第一次世界大战的爆发而被破坏。1917 年，英国强迫它"最古老的盟友"——葡萄牙向德国宣战。很快，葡萄牙陷入破产，士气低落。在共和国平民开始漫长的战后重建之前，该国曾短暂而徒劳地试图通过有力的军事独裁统治来解决其问题。然而，民主党人的努力不断地被颠覆性的反对派破坏，最终导致了1926年天主教军官政变。到了1930年，士兵都屈服于技术官僚的独裁统治，而这个独裁政权不得不面对世界大萧条和巴西结束与葡萄牙一切贸易、金融及移民的决定。控制政府的货币主义独裁者——安东尼奥·萨拉查，仿照意大利法西斯主义的一些想法，继续执政了40个严峻的年头。

19世纪中期的民主保皇派试图建立现代国家的交通运输和教育系统，但这不应掩盖葡萄牙的社会现实——大部分农民仍在为生计而斗争。北方农民已经在1846年起义中发出了自己的悲鸣，这暂时削弱了从城市流散出来的现代化改革者进行掠夺的势头。在南部，农民的生活方式受政府直接影响较少，这有好处也有坏处。在19世纪，南方社会主要应用来自穆斯林时期的技术种植小麦、大麦、燕麦、黑麦、橄榄和葡萄酒，并饲养绵羊、山羊、牛、马、猪等牲畜。富有的地主更喜欢吃小麦面包，而他们给工人的仅仅是黑麦面包。在这个世纪后期，关税保护使蒸汽脱粒机的引入成为经济上的合理选择，以取代以往的连枷和扬场。为强调机器操作员的地位，其报酬已经变成了小麦面包，但地主仍顶住压力，不将小麦口粮扩展到普通工人。

自由主义统治下的南部土地所有权被慢慢地修改，体现在修道院和王室的土地被拍卖以及关于土地收购、合并或继承的"封建"限制被废除，给资产阶级君主立宪制下靠自己努力的人带来了好处。拥有数百英亩土地的成功地主开始侵占王室授予市政理事会并让平民百姓放牧和种植农作物的"公共"土地。一些带状土地被圈起来，甚至出售，但当农民被能买得起肥料甚至机器的农场主所排

图 25　1884 年里斯本农业展览会纪念章

挤时，他们感觉利益被侵占了。起先，农民在粮食短缺时总能到附近的野林去养蜂或打狼，回报颇丰。但更强大的铁器投入使用后，生意人会把崎岖的野地犁平，从而减少了农民采集食物的机会。富裕的农民建造大车将小麦运送到面粉加工厂和面包店，这些机构得到了一定补贴以促进进口小麦向国内生产小麦的转型。虽然侵占新地的行为在牺牲贫农的基础上使富农得益，但葡萄牙的粮食生产仍然没有自给自足。在 1930 年世界大萧条之后，政府才干预并制订了与墨索里尼在意大利所尝试的政策相类似的粮食生产计划。

19 世纪葡萄牙南部人口高度分化，即使在废除封建特权后也是如此。大地主形成独特的社会阶层，比他们仍需自己工作的邻居更优越，更不用说他们的雇员了。这些精英慎重地选择婚姻伴侣，努力使子女接受高等教育，聘请管家向其工人发号施令并力图避免任何形式的体力劳动。这批乡下贵族与拥有、管理和耕种自己土地的农民保持距离，并在必要时学习知识和贸易技能。他们不穿工人的皮革短上衣，并且考虑婚姻的门当户对，即使他们与同家人一起劳作的分成佃农有着社会性的往来。分成佃农在开荒中扮演着重要角色，他们有时会保有自己种植的四分之三的作物或者甚至获得新的小块土地的所有权。这些分成佃农被认为优于农民社会的最底层，虽然不愿以日工的女儿为新娘，但他们雇用日工。一个农场工人不安而艰难的生活在他7岁时就开始了，此时这个小男孩被派去充当流动牧人的学徒。14岁的时候，完全没有受过教育的农场工人开始从早到晚地计件工作，在收获的季节他就得工作到深夜。但当天气不好的时候他就什么也挣不来。一直到20世纪农场工人的工作条件才得到一些改善。

农村社会保障靠的是慈善事业。农场主在其遗嘱中把衣服留给农场工人，农场主的妻子在节日上也会发放充足的面包和香肠。接济穷人的理念深深扎根于天主教社会，正如在穆斯林社会中一样。"慈爱之心"（Misericordia）教堂是一种重要的宗教组织，它将收到的会费用来为穷人提供福利，为病人提供医院病床。当就业情况不佳时，身体健全的男人、女人和儿童在南部流荡，对社会治安构成威胁，这份恐惧也成了施舍的动力。而替代乞讨的是在社会上同样历史悠久的方式——盗窃。对于工人阶级来说，偷富人的东西比偷穷人的更能让人接受，后者被认为是流浪者和"吉卜赛人"的罪行。19世纪末，自由派政府找到了更能让人接受的方法来消减因失业而引起的暴力，并在公共建筑工程中聘用一些失业者，尽管报酬是很低的。

1851年后葡萄牙采用的公共建筑工程项目是非常引人注目的。它始于现代邮局的建立，此邮局以玛丽亚二世的名义发行了首枚邮票，之后不久玛丽亚二世就于1853年英年早逝了。两年后电报局成立，并在半个世纪中传送了近100万份内陆电报和50万份海外电报。建立一直被蓬巴尔政府所忽视的道路系统需要更多的能源，而此时欧洲其他国家已经采用了碎石路面。当1851年的政府上台时，全国仅有200公里全天通行的公路。有关连接里斯本和波尔图主干线的一份交通月流量统计显示，当月有42顶轿子、50辆公共马车、256头毛驴、3569位骑马者、4313辆两轮牛车和63406位行人通过该要道。此后政府利用税收每年在道路网中建设200公里的公路，这个道路网一直存留到20世纪20年代卡车出现。比道路建设项目更引人注目的是铁路系统的启动。铁路系统的建立依赖大量国外资本，其中主要来自法国。根据设计，这些铁路不仅能经由西班牙连接葡萄牙和欧洲大陆，也能加快葡萄牙内部的沟通。跨河大桥非常壮观，列车通过隧道驶入了城市中心。在里斯本，液压电梯将乘客从街道运送到一个由仿曼努埃尔式风格的宫殿包围的悬崖边的平台，而波尔图火车站则由精美的细瓷砖壁画装饰着。

现代化的政治动力是"复兴党"。它由一位名叫方特斯·佩雷拉·德·梅洛的工程师主导，他叱咤政坛35年。他不仅设计了公共工程项目，而且出访欧洲以获得必要的国际贷款。他的政党和"历史党"交替执政，"历史党"一样渴望现代化并希望能比19世纪20年代的政治更为民主些，但是复兴党却继承了19世纪40年代技术官僚的原则。国王的寡孀和儿子佩德罗五世、路易一世，认识到政党交替执政能够扩大政府的收益、减少对抗情绪。选举通常发生在政府更迭之后而非之前。即将上台的领导班子设法获得省级选民中党派首脑的支持，从而胜出。"历史党"仍然受年迈的萨·达·班代拉侯爵的影响,在他的带领下"历史党"逐渐向左,成为"改革者"和"进步人士"(在社会主义与共和主义兴起之前)。1869年,正是萨·达·班代拉领导的政府最终实现了自由主义者的夙愿——至少在名义上规定葡萄牙殖民地的奴隶制是非法的。然而,他的继任者在接下来的一年中无法解决由欧洲经济衰退导致的日益严重的金融危机,而由已经脱离于时代的桑塔哈公爵领导的旧式政变又带来了意想不到的攻击。

1870年是现代葡萄牙成型的一个重要转折点。土地贵族和商业中产阶级享受的维多利亚早期的品位优雅、和平繁荣的安逸岁月被破坏了,甚至连资产阶级君主立宪制的精英两党民主制也暂时被动摇了。这一动荡与欧洲政治变革有一定的关系。德国和意大利的统一促使人们渴望伊比利亚的统一。在一片争议声中,西班牙王室将权力让给葡萄牙女王的丈夫,其条件是逮捕西班牙共和主义者,统一整个半岛。桑塔哈是当时葡萄牙驻马德里大使,他看到了西班牙共和主义或西班牙的统一对祖国潜在的颠覆性威胁。即将发生的更引人注目的危机征兆来自法国,此时法兰西第二帝国即将倒台,随后"共产主义的"临时政府在巴黎成立。而不久之前,美国南北战争期间"自由的"北方击败了"保守的"南方。这些不祥之兆足以说服一位保守的老战士重返里斯本,骑马赶到王宫,要求获得独裁权力以抵御社会主义和共和主义蔓延的威胁。然而真正威胁到葡萄牙人民幸福的是世界经济衰退。

19世纪50年代,葡萄酒的价格一直很高,而葡萄牙也享受着繁荣和稳定。19世纪60年代,世界对地中海产品的需求量回落,然而进口小麦的价格却持续上涨,这样自然使葡萄牙捉襟见肘。经济衰退也影响到纺织工业,1868年城市民众的抗议迫使政府减少税收、削减王室成员的年俸。政治家们再次审议经济发展战略,希望可以减少对外部的依赖，尤其是减少对收购了葡萄牙80%出口产品的英国的依赖。改革者们认识到，如果要提高生产力，就必须解决教育严重缺失的问题。改革者们还允诺将听取工人代表的意见，甚至将他们吸纳到政府中，前提是他们要放弃最激进的关于扩大政治权利的要求。然而在无产阶级领袖中，有的要求改善产业精英的工作条件，有的希望为工人阶级建立一个大的政治舞台，两者之间产生了分歧。这样，随着经济的回升，资产阶级得以重组，激进派的挑战被延迟了一代人的时间。

1871年后，老议会议员的回归以制造业的增长为标志，因为机器生产已经可以与手工生产相媲美。在接下来的6年中机械进口增长了十倍，直到机械投资达到注册公司资本的三分之一。方特斯·佩雷拉·德·梅洛恢复权力后又开始了狂热的股票投机行为，然而他的对手则担心有影响力的外国资本大肆涌入葡萄牙。外国投资者都投资政府担保的铁路，但葡萄牙投资者却不得不从事真正的风险投资，他们不断地盯着葡萄酒的价格以估算人们的需求度。有一段时期葡萄酒的价格较高，这是由于法国的葡萄园受到了病害的侵袭，葡萄牙的葡萄酒因此占领了新的市场。随着使用廉价和可靠的铁路运输的机会增多，农业收入也有所增长。与此同时，工业生产量在"再生资本主义"的影响下增加了两倍。在1851年，全葡萄牙的电动机容量单位仅有1000马力。30年后，装机容量单位已经有9000马力，棉花产业已扩大到可以使用1000台织布机，那些制造玻璃、瓷砖和软木家具的小型工厂繁荣了起来。葡萄牙工业的规模仍十分有限，但它正在发展，并越来越具有政治重要性。

1890年再度爆发危机之前，葡萄牙经历了一段繁荣期，管理阶层和劳工已经在数次的互相对抗中学到了新的策略。当波尔图烟草业发生罢工时，管理者解雇了技术工人，并安装了可以由童工操作

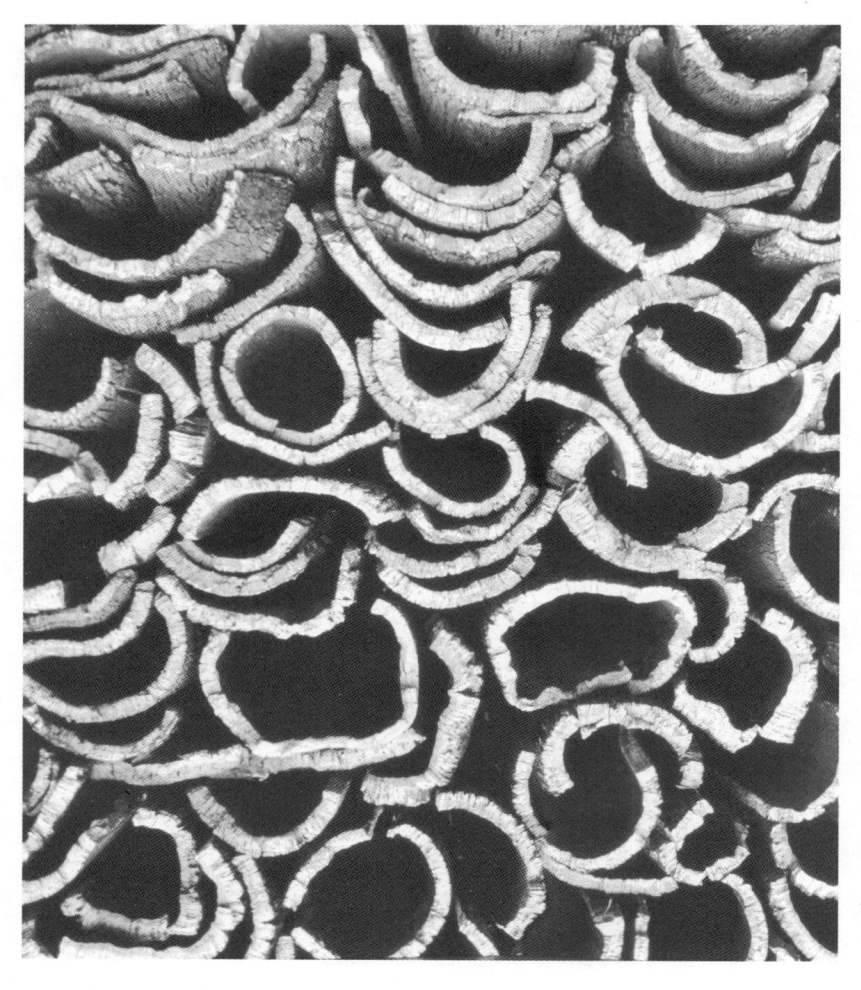

图 26　现代葡萄牙的软木生产是世界供应量的一半,其原料是栓皮栎树干上剥下的树皮,以前是切成一片片或手工制成软木瓶塞和家庭日用品出口的

的简易机器。此产业中四分之一的劳动力是 15 岁以下儿童,这自然对成年工人改善待遇的要求构成了持续性的威胁。在软木行业中劳动力的议价权利也同样遭到破坏,英国公司甚至雇用儿童从事某些危险的任务,比如切割软木瓶塞,孩子们不得不用锋利的刀具每小时切割数百个软木瓶塞。女性劳工也被雇用以压低男性工资。在里斯本,烟草工会拒绝妇女入会,因为她们经常接受短班工作,而工会正试图建立保证每天至少 10 小时的工作日制度,以保障可以使工人过活的工资。于是罢工和街头示威成为 1890 年危机的核心。此外,这场危机还与葡萄酒出口的下降、巴西奴隶制的废除、非洲刚果和赞比西河流域交易区的丧失以及布拉干萨王室在南美的分支被革命推翻有关。

1890 年大危机在政治家中引起了争论,他们认为葡萄牙最好的战略应该是摆脱不发达和经济依赖的束缚,此后这一争论继续在历史学家之间进行。而人们普遍的看法是:葡萄牙在英国的统治下损失惨重。这个论点由葡萄牙维多利亚时代杰出知识分子中的卓越小说家——埃萨·德·盖罗斯最简洁有力地表达出来。他说:"所有的一切:法律、思想、哲学、辩论的主题、审美价值、科学、风格、工业、时尚、礼仪、笑话都是引进的,一切都是通过邮船上的小箱子到达我们这儿的。"显然,他的表述有些夸大,与英国甚至与前工业化的法国和德国相比,19 世纪的葡萄牙仍缺乏投资和基础设施,但与其他欧洲国家没有本质上的不同,而且复兴时代的政治家们已经实施了一套有力的现代化方案。然而到了 1890 年,葡萄牙已经开始落后;到了 1913 年,以欧洲经济标准来看,葡萄牙的发展显著滞后,但以世界标准来看则不然。

关于葡萄牙的落后,广为接受的解释是葡萄牙未能建立足够的关税壁垒以保护本国工业的雏形,相反却屈服于英国的压力,继续

图 27　1886 年,为纪念葡萄牙 1640 年恢复独立,里斯本公共花园修建了一座方尖碑,同时建造了一条宽阔的"自由大道",最终发展成以国王爱德华七世命名的公园,并在周边形成高雅的郊区(摄于 20 世纪 50 年代)

为其提供原材料、购买其制成品。葡萄牙经济的第二个结构性缺陷被认为是南方的大地产和北方的小块土地模式都无法为农业现代化做贡献。但现代化进程缓慢的更大原因是教育的停滞不前，即使扫除了旧制度也不足以改正这一弊端。在财政方面，上层资产阶级仍然不合时宜地与贵族绑在一起，他们更愿意投资土地、建筑物以及追求贵族头衔。就如同在第三世界一样，大部分的下层中产阶级通过公职薪水而不是小规模生产企业来保障生计。另一个限制因素是个老问题——政府的收入与海关进出口税相联系。因此，财政上的惰性容忍了贸易资产阶级施加的影响，也没有致力于发展需要新税收制度的自力更生的经济民族主义。还有一个事实使葡萄牙的经济问题更加严重：在主导性的农业中，贫瘠的土地和不利的气候使农民难以在"氮革命"中得到足够的收益。这场革命正在改变北欧的农业生产，即便那里都是小块土地，且缺乏地主。

关于葡萄牙的不发达，更深思熟虑的观点指出，政府确实采取了保护性关税政策，其关税和欧洲、美国的一样高；这种观点还指出，葡萄牙与许多同类国家相比，国际贸易的水平较低，仅占国民生产总值的7%，而其他国家的比例却是其两倍。虽然葡萄牙市场太小，在很多生产领域中无法形成规模经济，但认为进口替代将是一个小国理想的工业形式的想法却被顽强地保留下来。例如，整个葡萄牙的机器及零件市场的业务量比英国伊普斯威奇单单一家工程公司的业务量还要少，而葡萄牙每年4万吨的钢消耗量还不及英国一家钢厂的产量。更令人惊奇的是，葡萄牙人均棉纺织品的消费量仅为欧洲人均的一半，他们仅花费1%的国民收入来购买棉纺织品，因此纺织业不是工业增长的基础，也不会造成外汇的严重流失。财富可能更多地产生于专业化地方产业，这些行业忽略了很多机会，如软木，有90%以上的出口依旧是未加工产品；还有沙丁鱼，本可

图28　19世纪中叶至20世纪30年代初的世界经济衰退期间，移民是葡萄牙工人阶级生活的一大主题。这些妇女和儿童正在前往巴西的途中

制成罐头，这样就可以与北欧非常有利可图的高蛋白乳制品和肉类行业竞争。然而，占主导地位并导致政府起伏的经济部门仍然是葡萄酒行业。

从理论上讲，葡萄酒产量本该能刺激一系列本地产业的发展。现代化的葡萄园，造就了一系列的本地市场——犁、喷雾器、桶、修剪剪刀，同时也提高了铁路的业务量。葡萄的收入是小麦的三倍，因此可以作为自给自足经济的补充或者作为庄园作物进行种植。从理论上讲，将全国产量翻倍可提高政府的出口收入，满足占主导地位的商人阶层的利润要求。但在19世纪末，国际酒类贸易趋于停滞，每年只有3%的增长；与此同时，在其他国家，农业商品的增长速度是它的两到三倍。葡萄牙佐餐酒的质量一直不稳定，也不受强化酒所被要求执行的质量控制。里斯本葡萄酒的酒精含量高于习惯了法国和意大利葡萄酒的市场所偏好的水平。对19世纪所有的葡萄牙农民来说,最糟糕的是他们没有受到应有的技能培训以便合作引进新技术来改善生产,也无法培养出有才干的合作管理者来改善营销,从而改变农村经济的落后面貌。1890年,在葡萄酒产业开始陷入停滞的同时,葡萄牙遭遇了更直接的危机。

农业发展失败的主要后果是人们逃离了土地。受过一定教育的经济难民在里斯本和波尔图获得了白领的工作,这两个城市在资产阶级君主立宪制下扩大了两倍。然而,以合法或偷渡的方式,多达十倍的人被迫离开这个国家,乘船前往巴西。葡萄牙组织起"白奴贸易",其代理人贿赂移民官员、船长以及领事签证办事员。一条200吨位的小帆船被截获时,密密麻麻地塞了428名跨大西洋移民,而这些移民的旅途生活条件并不比那些从非洲走私的黑人奴隶好。1888年巴西废除了奴隶制,因此就加紧了在葡萄牙的招工,直至每年有25000人正式移民,偷渡的人数更多,这使农忙时人手不足的农民相当为难。政府对制止劳动力流失的态度也很暧昧,因为移民将储蓄寄回在葡萄牙的家庭,且数额巨大,这保证了国家有偿还债务的能力。允许继续移民的唯一有吸引力的替代方案,即建立一个新的帝国,这次是在非洲。

殖民地对19世纪葡萄牙的意义一直是人们争论的一大主题,一些历史学家将其视为民族渴望下造就的非经济性的产物,另一些则认为殖民地是补偿失去巴西后的部分经济损失的新动力。在非洲,古老的葡萄牙血脉幸存下来,这在很大程度上得益于克里奥尔社群,他们大多为非裔,但信奉葡萄牙文化。最突出和有影响力的克里奥尔人居住在佛得角群岛和圣多美,而在那儿混杂土语的葡萄牙语已经发展出书面文字及口头文学。在莫桑比克,克里奥尔人曾长期与印度保持联系,并吸引了有着巨大商业影响力的亚裔社区。

在安哥拉，克里奥尔的黑人社区讲葡萄牙语，信奉天主教，接受民法，配备基本的殖民政府，设立殖民地军队，并认可布拉干萨王朝的主权。克里奥尔商人也贩卖奴隶，起初是正式的，但后来是打着"合同工人"的幌子，为圣多美海岸规模很小但利润颇丰的咖啡和可可种植业提供劳力。当自由主义者废除了王室在非洲的贸易垄断时，克里奥尔人和移民罪犯又开始了象牙贸易，他们还发现了蜂蜡烛、奥尔奇利亚染料和根橡胶这些现成的市场，虽然这些市场的利润不够丰厚，却促进了一个帝国的建立。葡萄牙流动商人则优先发展内河运输、放贷以及亚马孙的橡胶贸易，而不是前往非洲冒险。

1870年的经济危机是一道分水岭，改变了葡萄牙上层对非洲的态度。虽然危机看起来是暂时的，但地中海的葡萄酒、水果与北部的工业以及乳制品业之间的贸易平衡对葡萄牙严重不利，因而寻求新的海外财富具有紧迫性。自由主义的贵族们会聚于他们维多利亚式的、富丽堂皇的新地理学会俱乐部中，听取非洲探险家的冒险经历，追忆过去征服者的辉煌，并且计划在热带地区开拓新机遇。到了1880年，从殖民地输入的橡胶和象牙这些得到广泛宣传的有形进口产品超过了从巴西进口的棉花、蔗糖和皮革，但来自南美移民的无形汇款使巴西在经济上比非洲帝国更为重要，这种状况一直持续到1930年的大萧条。奎宁使非洲的疫病比过去大为减少，然而即使是奎宁也无法说服文盲移民或精明的商人产生纸上谈兵的地理学家所拥有的对非洲的热情。然而，一些政治家坚持梦想着建立一个帝国以防再次被西班牙吞并，并视此为一个可行的选择。西班牙可能会为葡萄牙提供诸如煤、铁等原材料，以及一个可通过新建的铁路进入的当地出口市场，但是西班牙也可能会鼓动社会不安定分子，因此老贵族们倾向于去探索这个未被证实的非洲方案。

葡萄牙建立横贯非洲大陆的帝国的梦想，被拥有相似野心的两

图29 "瓜分非洲"后,葡萄牙控制了5块殖民地。最大的安哥拉,开放采矿和种植业,有英国铁路、比利时贸易、本国的蒸汽船以及在洛比湾新建的深水港,这是当时广告中的想象

图 30 这幅世纪之交的漫画展现的是一位老人携带着卡蒙斯的帝国诗集,周围陪伴着来自中国、印度尼西亚、莫桑比克和安哥拉殖民地的"女儿们",英国、德国的追求者艳羡地看着老人,急切地想瓜分葡萄牙在海外的财产

个竞争对手——比利时和南非开普殖民地——的两次突然行动所毁灭。比利时国王利奥波德二世是王室的萨克斯-科堡表亲,他成功地获得了从刚果至扎伊尔腹地的控制权,此腹地是葡萄牙西海岸的贸易工厂。在一场精心准备、突如其来的外交攻势下,利奥波德二世确保自己拥有100万平方英里的象牙狩猎、橡胶采集区以及获得加丹加省古老且含铜量极高的铜矿。通过获取扎伊尔河口以北的卡宾达海湾的领土权利,葡萄牙保住了一部分民族自尊心,然而,仅仅60年后,在一次近海钻探中这里发现了石油,便成为所有葡萄牙殖民地中最富有的地方。剥夺葡萄牙在非洲的矿物资源和市场的第二次外交突袭发生在半自治的英国的开普殖民地,在那里,强硬的钻石大亨罗德斯依靠英国的帮助觊觎赞比西河流域。他精明地利用了利文斯通的福音传教活动的追随者在英国煽起殖民侵略主义,

并且迫使首相索尔兹伯里去要求葡萄牙撤出莫桑比克的腹地。令罗德斯失望的是，葡萄牙能够保留后来为他的矿场和种植园提供通道的沿海港口，但是这幅玫瑰色地图以及葡萄牙皇家泛非铁路公司的计划不得不被搁置。

虽然规模有限，但19世纪90年代的非洲帝国仍有待探索和征服。在莫桑比克，战争残酷但短暂，随后葡萄牙将大部分领土的实际行政权交给了外国公司，这些外国公司获得了各种不受监督的权利，如征收人头税、征召移民男工、强迫妇女为私营企业种植水稻和棉花作物。其中一家公司保留其行政责任直至1940年，凶残掠夺所造成的后果长期难以消弭；而另一家公司获得了征召南非矿工的区域垄断权，并持续了整个殖民时期。在安哥拉，葡萄牙也采取了类似于奴隶制的政策来建设道路和种植咖啡。但贩卖契约工人的做法十分不人道，在君主制最后几年中遭到了国际社会的谴责。1910年的人道主义批判和1890年的帝国损失表明，帝国是一个有争议的形象，这对葡萄牙共和主义的崛起发挥了重要作用。

两个"帝国的"因素加速了葡萄牙走向共和。1889年，巴西提供了一种革命模式，推翻了布拉干萨家族在美洲的分支，并建立了共和国。次年，波尔图爆发了反英暴动，也动摇了欧洲布拉干萨家族的王位。虽然1890年的暴动名义上与中部非洲的损失有关，但实际上反映了经济萧条和小国无能且不独立给人们带来的长期绝望。复兴时期的旧统治者如果想在革命压力下，尤其是在要求亲英王室下台的压力下保持先机，就需要快速改革政治特权。19世纪90年代，随着工业无产阶级队伍的扩大，共和主义的压力也在持续增长。共和党人与早期社会主义者是间歇性的盟友，都要寻求无自治权的城市中大多数人的支持。更危险的是，共和主义开始在军队中扎根，而军队照惯例应效忠于王室的总司令。正是低级军官发动了1910年政变，并宣告了共和国的来临。但是，由于中产阶级的知识分子和律师就像他们在1820年革命中所做的那样站出来掌控了局势，工人阶级的影响很快就被掩盖。

在整个19世纪，共和主义是葡萄牙政治思想不变的主线，但王室的宪章足够灵活，在满足了保守派的同时又将雅各宾主义拒于门外。共和主义理想已由1836年9月的激进分子和1846年的波尔图起义者提出，但1851年之后，结束革命的妥协阶级联盟给葡萄牙带来了维多利亚时代近半个世纪的稳定，直到职业医生、教师和国家公务员开始发起一场共和主义运动。那时，他们要面对来自共和党其他群体的政治对立，包括机械操作员、收银员和菜农。在更加低微的社会阶层中，大众对君主立宪制的敌意和寻求工会权力与罢工权利的努力是一致的。尽管议会贵族给共和主义和社会主义贴上了颠覆性的标签，但在实践中，他们间的竞争意识使共识很难达成，也使社会主义劳动者和共和党小资产阶级之间的鸿沟难以弥合。共和党获得的第一次政治上的成功是在知识分子的民族主义领域而不是社会改革领域中。他们抓住了一次机会，即1880年举办纪念诗人卡蒙斯逝世300周年的活动——卡蒙斯是葡萄牙最有爱国心的诗人。在教授和将军的支持下，他们受到了尊敬，赢得了其在议会的第一个席位，并创办了一份全国性报纸——《劳动报》，由杰出的共济会会员埃利亚斯·加西亚担任报纸的编辑。

共和党还获得了另一个机会，在1890年英国下发最后通牒所引发的暴乱中展现了自己的领导力。然而暴力抗议逐渐升级并超出了温和派领导层的控制，最终于1891年升级成波尔图的共和主义叛乱。君主制的政治家们获得了反击的机会，粉碎了起义，并建立了严格的新闻审查制度来"抑制"公众的情感表达。政府的反对者被指控为无政府主义者，因此被流放到殖民地，同时国王由重组

图 31 1889 年，卡洛斯一世登上王位，并在里斯本市政厅受到拥戴，如这幅当时的版画所示。18 年后，他被暗杀于一条相邻的街道

图 32　1880 年，共和党人在诗人卡蒙斯逝世 300 周年纪念时把他奉为爱国主义英雄，将一场针对君主主义者的游行化为己用

的刺刀警卫团守卫。议会选区被"不公正地划分",以减少城市的权力。到了 1901 年,知识分子组成的老共和党被排挤出议会,很快就自行解体。然而仅仅 8 年后,葡萄牙君主制出人意料地倒台,政治家们争先恐后地继承了共和主义的衣钵。他们忽略了这一事实——尽管中产阶级被封为在各省里拥有议席的新地主贵族,但是葡萄牙的权力仍牢牢扎根在城市中,尤其是政治影响力不断增长和变化的首都。

1910 年的共和主义革命是一场里斯本革命。全国一半的教师、医生和会计师住在里斯本,同时还有很多的裁缝、化学家和煤炭商人。30% 的工业雇员在里斯本或其附近工作,因为在这里他们的工资是农场工人的十倍。这座城市有 688 家理发店,还有几乎同样多的妓院,以及无数的酒馆——完全由男性构成的政治文化在这些酒馆里活跃着,成为报纸的素材。男人们阅读报纸,因为里斯本男性的识字率是波尔图的两倍,是其他省份的四倍。散布谣言的小资产阶级成员每天都感到自己的地位和经验被羞辱,因为他们要对教士、政治家和雇主卑躬屈膝。里斯本的拉丁街头文化变得越来越不稳定,甚至比波尔图更容易爆发示威游行。虽然城外没文化的村民几乎不了解君主制,甚至对在军事阴谋的驱动下即将发生的君主制崩溃也一无所知,但是在河对岸的整个工业区里,工人的数量和战斗性都增加了。

推翻君主制和成立共和制的发起者是下级军官,他们属于一个 19 世纪早期从意大利传入葡萄牙的秘密社团。他们没有像上流社会的共济会那样借用大教堂的象征性符号,而是使用林业和烧炭的语言,自称为"烧炭党"。入会者需要蒙眼起誓推翻暴君,并只服从该组织下达的命令。他们都对教堂存有敌意,加强了共和主义者中反教会的骨干力量。领袖的阶级出身都十分卑微,但也有一些可能属于上层社会。有人甚至认为，曾在某个持异见的共济会里担任总会长的堂·吉诃德式人物——桑塔哈公爵——后来可能加入了某个烧炭党的分部，为他波澜壮阔的人生又添上了一笔。在君主制的最后时期入狱的400多名烧炭党成员中，大多数人是工厂的工人，只有零星的新闻记者、公务员和军人。他们在军队中的叛乱不过是出于一种无政府主义热情，他们渴望摆脱上级军官的热情不比渴望摆脱国王专制的热情少。相反，海军是共和主义一个重要的来源，当"不可征服者号"在1910年10月4日发出革命的信号时，烧炭党成员表现得十分活跃。

　　葡萄牙是继法国和瑞士之后，欧洲第三个宣布建立持久共和政府的国家。它的形式是法国的，但共和党必须确定英国的自由党政府不会干预政事以恢复布拉干萨家族的统治，也不会允许西班牙这样做。革命发生时，他们确信英国外交部会认为这是一场有序的革命，因而不会干涉。另一方面，共和党领袖被整个事件发展的速度搞得措手不及。葡萄牙国王在与来访的巴西总统一起吃过饭之后就回家打桥牌了。正在打牌时，传来了革命的消息，他匆忙离开宫殿，从一个偏僻的海滩乘船到英国。与此同时，城市中两个已经被烧炭党渗透的兵团逮捕了他们熟睡中的军官，并将武器发放给军营外缺乏热情的暴民。共和党的政治家醒来才发现他们始料未及地接管了一场革命，于是下令进行街道巡逻、保护财产并抑制任何无政府主义的迹象。里斯本平静地变换了统治者，葡萄牙其他地区则接受电报指示降下了君主的旗帜，升起了共和大旗。虽然各省都缺乏热情，但并没有抵抗。军队没有试图挽救其国王，不加反抗地任其离开。尽管国王经常设宴款待军人，但是这并没有提高他在军队中的个人魅力和声望。有一份工会报纸几乎没有提到这个事件。

　　虽然这个共和政体是下层中产阶级创造的产物，但是它立即被

图 33 在 1910 年革命中,武装的共和党人在街道上设置了路障,但仍注意保护私有财产

上层中产阶级所接管，而这些中上阶层将革命的反教权主义口号作为团结城市的口号。知识分子们指定一个最有声望的成员——特奥菲洛·布拉加作为总统，而共和党最伟大的领袖阿方索·哥斯达却被任命为临时政府的司法部部长。阿方索·哥斯达是一名曾任教于科英布拉的律师，并在里斯本创立了法律学院。1891年，不成熟的共和主义思想促使他在波尔图参加未遂的起义；1905年，他宣誓加入共济会；到了1908年，他成为一名议会议员。就任后，对自由的理想促使他削减宗教特权，禁止在教堂外穿神职服装，第二次解散修道院，实行政教分离，受理离婚以及适度承认妇女和儿童的权利。接下来他接管了财政部，改革了货币，减少了公共债务，并创建了一所著名的商业"大学"。然而即使他出任首相，也无法凭危机束缚下的经济资源实现无产阶级因共产主义思想而觉醒的巨大期望。在外交政策上，他赞成与英国保持密切的联系，而这却使他的声望处于危险之中。他认为，只有英国可以在德国虎视眈眈的情况下，保护葡萄牙在非洲的殖民地，即使要付出的代价是1917年派往法国的远征军。参战这一经济和政治上毁灭性的决定导致了政府的垮台，但他个人保留了统帅的地位，被派往凡尔赛出席和平大会，后前往日内瓦，并最终当选国际联盟主席。随着法西斯主义在葡萄牙的影响力提高，他被迫流亡，并被教会的迫害者谩骂；但另一些人崇拜他，视他为打破葡萄牙老旧体制的启蒙领袖。

与阿方索·哥斯达的民主共和制形成最明显对比的是西多尼奥·派斯的军事独裁。西多尼奥·派斯在共和国历史中所起的作用是短暂的，因为在建立普鲁士风格的政权后不到一年他就被暗杀了。然而从长远来看，在20世纪葡萄牙历史中打下印记的不是1910年至1926年的共和时代所采纳的开明路线，而是他的独裁统治作风。西多尼奥·派斯是一名成熟的独裁者，但并非没有先例。

在君主制的最后几年中葡萄牙已经推翻过一名独裁者，而后来的独裁统治者可以以他为参照。1907 年，卡洛斯国王越过议会自己任命首相。具有讽刺意味的是，此时国王受到英国风向变化的影响（英国通过受控的社会改革避免了革命），采纳了自由主义的方针。议会议员们被激怒了，他们的抗议招来了王室的镇压。卡洛斯国王任命的首相不但没有创建一个改革后的民主政权和新的社会正义，相反却在葡萄牙创立了第一个现代的独裁统治政权。其结果自然是共和党的暴力活动不断增加，而首先受害的是卡洛斯国王自己，他与长子在 1908 年被暗杀。

10 年后，西多尼奥·派斯的独裁统治已经失去了 1917 年推翻阿方索·哥斯达政权时的自由主义初衷。西多尼奥·派斯是前共济会会员却迫害同伴，是前共和党部长却藐视共和国，是前数学讲师却向往军队生活，也是战时德国的葡萄牙前驻德大使。在普鲁士长期的生活形成了他的从政风格，当他从柏林返回后，他单方面地任命自己为共和国总统。他的政变得到了那些痛恨英国要求的人的支持（英国要求葡萄牙没收德国在里斯本的舰队，并派 5.5 万人去法国的战壕里战斗和送死）。西多尼奥·派斯赢得了君主主义者、主教、地主、工业家的支持：君主主义者希望他能召回流亡国外的年轻国王曼努埃尔二世；主教希望他能恢复教会的特权；地主希望他能恢复财富分配的不公；工业家则希望他能够抑制工会，虽然工会反对战争并曾帮助他获得认可。然而西多尼奥·派斯却不能调和各方矛盾的政治要求，当他面临粮食短缺所引发的暴动时，他通过流血的方式来镇压并强行执行更独裁的政策。当他在去波尔图应对君主主义者叛乱的途中遇刺后，他关于总统制的尝试仅一年，即宣告结束。

西多尼奥·派斯短暂的专政并不是共和制的典型。共和制的决定性标志是民主而非纪律，也将 1820 年至 1851 年的革命和 1851

年至 1910 年资产阶级君主立宪制的改革成果延续到了第三阶段。然而经过一个世纪的温和自由主义后，压迫性的不平等现象仍然普遍存在，而共和国怀着其中产阶级式的谨慎，试图继续慢慢削除特权。正是因为他们的成功而非失败，保守派才重新组织起来。共和党以冷酷的现实主义方针面对战后金融危机，因此不得人心，但到 20 世纪 20 年代中期已经基本稳定了经济。但是，节省预算的做法不利于狂妄自大的军队高官，他们策划了一场针对平民政治家的诋毁运动，此运动最终为 1926 年爆发的极度倾向天主教的布拉加市的军事政变铺平了道路。然而共和国真正的败笔并不是忽视军队或迫害教会，而是它没有认识到里斯本不等同于葡萄牙，人民的幸福依靠的是土地关系的更新，而非关于城市中阶级冲突的争论。一成不变的土地关系、停滞的生产、浪费的大庄园和零散的小块土地都导致了大量人口移民海外这一现象的持续乃至恶化。这些移民是不幸且不识字的农场工人，他们的生活条件只比开始进入国际劳工市场的中国"苦力"好一些。

共和国时期，尽管移民达到了空前规模，尽管在 1918 年大流感中有 6 万人丧生，并有 1 万名壮丁在第一次世界大战中死亡或受伤，但葡萄牙人口仍不断增加。人口增长意味着小麦问题继续成为政治议程的主导。在君主制最后几年中的保护主义立法，包括 1899 年"饥荒法"在内，并没有将国内的小麦价格提高到足以刺激本国小麦自给自足的程度，尽管之前已经广泛引入了一些新的耕作方法并引进了一些蒸汽脱粒机。当政治家们争论为城市无产阶级购买国外廉价小麦的好处时，战争爆发了，破坏了航运并带来了痛苦的面包骚乱。战后，政治家虽然希望通过补贴面粉厂以稳定社会，但小麦产量依然未能增加，因此粮食短缺的情况未能消除。南部的许多地主继续在远离里斯本的地方生活，对农场现代化兴趣不大。1925

年，社会主义者提议将土地控制权交给那些耕种者，这得到了共产党人和无政府主义者的支持。但是这种激进主义过于超前，最终因1926 年的政变被延后了 50 年。

虽然共和国忽视农业，并坐视葡萄牙劳动力向国外流失而不是为各省注入活力，但它确实给城市支持者带来了显著的变化。尽管大男子主义拉丁文化盛行，但妇女的地位仍得到了提升；同时，通过社会主义者的活动，有工资收入的人能够享受 8 小时工作制，比欧洲其他国家早了几年。思想自由取代了教士的道德限制和政治的审查；教育机会略有增加，使文盲率有所降低。人们对最后一个君主制的遗产——非洲帝国进行了大量思考。在非洲，共和国为下层中产阶级的支持者创造了数千个就业机会，让他们担任政府小职员，因为国内无法提供给他们付薪职务。外来政治家涌进殖民地，寻找闲差而不是带来技术和资金。他们与旧的克里奥尔官僚进行直接的对抗，以种族为借口要求获得这些克里奥尔官僚的职务。在殖民地问题上，共和国远谈不上自由，其最大的殖民总督——诺顿·德·马托斯，继续在安哥拉建立新奴隶制度，以此作为替将来的殖民地投资者建设经济基础设施和提供廉价劳动力的手段。

葡萄牙共和党同几年后的英国第一届工党政府一样，其财政政策都是非常保守的。革命的街头领袖被无意识地带有讽刺色彩地刻画成一无所有的暴民，为有产阶级保护其银行中的财产不被歹徒抢走。共和党寻求受人尊敬的社会地位以及前凯恩斯主义的预算平衡时，对保守价值的捍卫进一步深化。最初，新的政治家们对货币贬值和扩大国债心存顾忌，但战争给他们施加了极大压力。共和党的货币管理人员运气不佳，遭遇了现代最大的金融诈骗。声誉极佳的英国华德路公司上了骗子的当，印制大量葡萄牙纸币，但政府却没有授权，从而不可逆转地破坏了人们对货币的信心，导致储蓄和投资外流以求避难。当时,共和国感到国家储备已低到令人不安的程度。那些最担心金融状况的并不是从战争中获利的投机者,而是有固定收入者,因为他们微薄的收入被通货紧缩和通货膨胀所蚕食。他们成了右翼活动家们高产的新兵征召基地,而那些右翼活动家在研究兴起的法西斯主义。小职员们的工作由共和国创造,但后来他们的薪金没有跟上物价,所以他们随时欢迎压制里斯本无产阶级的政策;后者在共和国下规模翻了一番,同时正在培育共产党。

宗教是共和国主要关注的问题。教会在19世纪30年代已被严重打压,但在第一次梵蒂冈会议后的19世纪70年代又获得了新生。随着新圣徒、新宗教组织和对自由思想家的新迫害,葡萄牙又恢复了宗教上的不容异己。修道院再次合法化,甚至耶稣会士都恢复了他们对保守精英和虔诚王室的教育的控制。共和党对教权主义的反击不仅导致了宗教秩序的第二次解体,而且使许多教区教士退休,这些教士在先前对教堂的攻击中还能幸免。1905年法国率先政教分离后,1911年葡萄牙政府也正式与教会分离,同时设立了民事婚姻制度。对此进行抗议的主教再次被驱逐,葡萄牙同梵蒂冈的关系再次严重受损;但忠诚的信徒,尤其是在北部农村,仍继续公然参加弥撒。对教会高强度的对抗部分来自传统的葡萄牙共济会的反教权主义。共和国时期,百来个共济会分会吸收了4000名社会精英,其中包括大部分前任首相。对教会的敌意因葡萄牙加入第一次世界大战而缓和,战争使政界人士认识到有组织的宗教的价值,甚至使他们允许重开耶稣会。但天主教徒从未完全信任共和国,其中许多人准备颠覆共和。天主教士兵最终于1926年推翻共和国,还取缔了共济会分会,但也遭到部分同僚的抗议。

与上个世纪的自由党一样,共和党攻击教会引起了对公立教育的需求。在君主制下,人们改革了为少数人服务的中等教育;但在共和国时，改革已延伸至小学教育，大规模开设了扫盲班，鼓励发展校外"大学"课程，并举办讲座和辩论会。除此之外，共和国还鼓励出版商为工人编印平装本的文学作品，并允许散发《资本论》的删节本，从而惹怒了右翼社会，尤其是科英布拉大学毕业的右翼，使右翼相信教育有损于国家福祉。教育普及形成了一个有影响力的政治思想学派，即1921年创立的"新收获"（*Seara Nova*）。这一运动支持民主社会主义和国际和平主义，是"葡萄牙原教旨主义"（*Integralismo Lusitano*）思想的对手，"葡萄牙原教旨主义"反对个人权利、人民主权和经济进步的自由主义概念。原教旨主义者甚至拒绝流亡国外的曼努埃尔二世的宪政，并提出让米格尔派专制主义者作为空置王位的继承人。原教旨主义者也将一些20世纪20年代欧洲反犹太主义思想注入葡萄牙的政治之中。

1926年，共和国宣告结束。在其短暂的历史中，一些反对势力已经发展，旨在夺取国家并带领它反方向前进。教会是其中较为强大的反对势力，但其影响力恢复得较慢，并为新型的民族主义者所恐惧，因为他们希望独揽所有的忠诚。下层中产阶级是另一股反对知识分子宏大设想的势力，他们欢迎的是能保住自己微薄的积蓄并保证他们优先于劳动群众获得白领工作机会的政府。那些曾在1910年革命中遭到下级军官掣肘的军官急切地希望恢复其影响力，提高他们的地位，哪怕不是恢复现役军职。他们有武器，能打响反对共和的第一枪，是他们不断破坏和诋毁共和，直到起事时能得到足够的支持以确保成功。

第六章
独裁统治和非洲殖民帝国

20世纪30年代的经济大萧条像影响其他欧洲国家一样也深深地影响了葡萄牙。葡萄牙的对外贸易以两种方式继续着：北上英国换取消费品，南到巴西以侨汇的形式向国内寄回移民的存款。大萧条结束了这个双向依赖的系统，迫使葡萄牙变得更加立足于国内，并在海外寻找新的贸易伙伴。这种国内的变化包含了一种政府规模的严重紧缩。追求资产阶级君主立宪制和共和制的开明改革被抛弃了，一种新的寡头专制统治占据了优势地位。它削减了工人的权利，限制了在教育和服务业上的花费并用不断加强的警察监视来压制不同政见。政治事务越来越受控于一位单一的独裁者——他尽力满足旧军官们的种种愿望，却把他们从政治实践中远远支走。信奉天主教的上层中产阶级文官构成了新一代政治家，他们暗自崇拜法西斯意大利和纳粹德国的纪律政治。同时他们也把目光投向南方，垂涎着那个一方面能作为其倾销酒和纺织品的封闭市场，另一方面又能作为廉价的热带糖和棉花来源的非洲殖民帝国，希望能从它身上攫取新的财富。由于第二次世界大战的爆发以及中立国之间海运贸易的进一步削减，两次世界大战之间因独裁引起的经济紧缩变得更加严重了。到了1943年，就像在1917年一样，葡萄牙被迫放弃它的中立态度转而支持英国抗击德国的战争，向大西洋同盟开放它在亚速尔群岛上的军事基地。战后,尽管作为一个非民主国家,葡萄牙起先被排除在联合国之外,但因为其反共产主义的态度,同盟国容忍了葡萄牙独裁统治的继续。强硬的政府阻止了一场像战后希腊那样的内战,但是并没有像战后复兴的意大利那样引进投资和工业。到了20世纪60年代,非洲殖民帝国的活力恢复和欧洲的"经济奇迹"为葡萄牙移民工人创造了巨大的市场,引发了剧烈的社会变革。直到1974年,寡头统治阶层仍表现出足够的灵活性来驾驭这些变革,但那之后,工业家和军队都想强行加快现代化的速度了。在一场不流血的军事政变之后,一个短暂存在的军事政权抛弃了已经陷入困境的帝国,使葡萄牙转向面对欧洲共同市场。民主党政治家重新担起了他们在1926年失去的责任。

　　经济大萧条时期,葡萄牙两次大战之间的历史与它总理的意识形态关联得如此密切,以至于历史学家无法避免地要用一种人物传记的方式来回溯这段历史。安东尼奥·萨拉查是一个农场经理的儿子,他雄心勃勃的母亲把他送到神学院去接受可能得到的最好的教育。然而,尽管他以"安东尼奥神父"的身份回到了村里,但萨拉查通向牧师的道路并不平坦,只立过一些小职位的就职誓约。他学习法律似乎更为成功,1917年他开始了在科英布拉大学的执教生涯。他是一个爱挑剔的年轻人,据一些人说,他对女人和香槟有一种特殊的喜好,但他也总是担忧,觉得与他的城市朋友一起出入高档餐厅对他的农村家庭收入来说是一个很大的压力。他极其小心节俭地进行着小笔投资,在村子里买了一些土地,和一位神父一块住在一间不大的宿舍里,这位神父后来成为里斯本枢机主教圣·曼努埃尔·赛雷耶拉。萨拉查后来加入了天主教保守党,为出版社撰写有关国家账目的文章。在1921年,他成功入主议会,但是他只在他的位置上待了一天。他对里斯本的政治家们采取一种漠然的态

图 34　萨拉查利用 20 世纪 20 年代的报刊宣传自己在金融上绝对正确的光环，并且与军队和教会结成同盟，他以总理的身份从 1932 年至 1968 年一直实行着"统治"

度，而更倾向于团结科英布拉那些傲慢的精英。通过在象牙塔的经历，他为自己打造了一种对财政无所不知的神秘形象。他嘲笑共和党人的无能，并且瓦解那些在 1926 年取代共和党人的将军在经济上的自信心。当他们寻求他的建议时，他却躲得远远的。当了几天财政部部长后，他拒绝了这一任命，而且言论变得更加不可一世。他最终说服军方相信他并且只有他才能管理好国家的财政。在 1928 年，他出任财政部部长的条件就是对其他各部完全的财政控制。一旦掌权，他就在那位置上待了 40 年，偶尔也会吓唬那些将军，威胁说要辞职，让他们再一次自力更生。40 年中，他成功躲过了由军队少壮派策划的十几次阴谋和潜在政变。

这个由萨拉查创立的被他称为"新国家"的政权和意大利的墨索里尼政权以及西班牙的普里莫·德·里韦拉政权是同一时期的，共同被它们的反对者描述成一个法西斯主义政府系统。然而如此随意地使用"法西斯"这个词，不能体现20世纪30年代葡萄牙政权的具体特征以及它在内容和类型上与西地中海地区其他独裁政权的对立。两者的共同点是对多元自由民主的普遍厌恶和对反对者的暴力镇压，这些共同点掩盖了双方意识形态上的不同，而最为重要的是，掩盖了葡萄牙缺乏大众党派而使煽动家无法号召民众攻击"公敌"的事实。甚至在他执政的早年，萨拉查也不愿把里斯本的群众召集到大街上。即便当他这么做了，他的演讲与那些他在其他国家富有魅力的同行一比仍旧显得那么笨拙。与其被曝光，他宁可隐于幕后，而他的宣传机器则把他打造为一位圣明的修士般的父亲、一位国家的拯救者。他手握十字军长剑出现在海报上，或者作为国家解放英雄——布拉干萨若昂四世的爱国继承者被写进了历史书中。对异己的暴力镇压由受过训练的警探谨慎地执行，而不是由纳粹一类的暴徒执行，然而与法西斯主义的相同点还是显而易见。尽管在共和国无神论之后，萨拉查大肆宣扬自己的基督教道德，但他还是为持不同政见者建立起集中营和下令强迫失业者劳动。法国批判观察家雅克·若热尔把萨拉查视为"小资产阶级独裁者"而不是真正的法西斯主义者。

葡萄牙政权不能因为它的极权主义、警察制度、社团体制、反民主、反议会、反集产主义和蔑视并意欲从肉体上消灭反对者而被贴上法西斯主义标签……这是一种剥夺了所有法西斯属性的法西斯主义，有一点滑稽地被一个在孤独中生活了40年、一旦见人就难受、权力欲极强的男人小气地把持着。这个人声称自己是为了一项特殊使命而被命运选择的；这是一个在谦恭外表后有着热烈骄傲的男人；这是一个希望通过他人民的欢乐这一完全特质化的概念来证明他的天才的男人；这是一个，总的来说，把他的国家和人民带向毁灭的男人。

译自雅克·若热尔:《萨拉查：历史和总结（1926—1974年）》

（巴黎，1981年）第302页

需要面对的问题是，一个明显孤立的天主教会计学讲师到底是如何无视所有关于现代化和发展的经济理论，在大萧条中攫取权力并且将其维持于第二次世界大战及战后那么多年的。为了获得答案，就要分析他玩弄军队、城市中产阶级、君主主义者和教会各派利益的娴熟技巧。政府宣传所灌输的伟大理想就是爱国主义、家长制和谨慎节俭。爱国主义代表着一种对共和制及其所有价值的拒斥，代表着一种对葡萄牙要在非洲殖民地成为"列强"之一的新热情。家长制包含着一种对当局和它所有机构甚至包括那些恢复的天主教堂的绝对与毫无疑问的尊敬。谨慎节俭要求工人和农民把节俭与坚毅作为一种美德，但这一点却不适用于那些吃得很好起得很晚的有闲阶级。像这样的方针确实让大多数把萨拉查推向权力宝座的军官感到非常满意，尽管他们的共济会兄弟并不开心，他们的另一个反天主教阶层被镇压了。这种方针也赋予萨拉查权力，可以从根本上解决使经济衰退的地中海出口贸易的严重萧条，即使这么做会带来痛苦。当农村就业减少的时候，社会控制的铁腕维持着秩序。饥荒来袭，结核蔓延，婴儿的出生率和死亡率不断攀升，移民也被禁止了，但是政府还是决定不动用公共资金来提供福利和医疗设施。

在传统教会高层的协助下，社会绝望地接受一种与温带欧洲相比更接近热带非洲标准的贫困。因为教会希望在一位强有力的天主教政治家领导下重新获得所有原来的权威,但这位政治家决心确保政府的首要地位,所以独裁政权与教会之间的关系非常复杂。双方同意需要让穷人保持顺从和安静,并联手推动法蒂玛秘宗的发展。该秘宗兴起于共和党迫害时期,伴随着神话的形成,它逐渐表现为一种神秘化的末世宗教,儿童是被选中的圣母玛丽亚的使者,教皇则是神秘信息的保护者。恐惧像涟漪般在迷信的人中传播开来,朝圣者开始了他们朝拜法蒂玛的圣途,有的步行,有的甚至用膝盖爬着走。教会鼓励这种歇斯底里的宗教活动形式,即使这有损于更加周全明智的崇拜形式,而且国家还把法蒂玛视为国家神祇,并建了一座巨大的教堂。在西班牙内战期间,法蒂玛的神谕染上了强烈的反共色彩,并且在"法蒂玛,我们的宗教;法多[1]歌谣,我们的乡愁;足球,葡萄牙的光荣"的口号下,被并入独裁者的一整套政治符号中。在20世纪50年代,法蒂玛成了世界上一些最反动的政治家的聚集地;在20世纪60年代,萨拉查在那里欢迎教皇,获得了极大的满足,这让全世界的自由主义天主教徒异常失望。国家和教会之间的利益并不完全一致,在1932年萨拉查颁布独裁宪法的时候,他出其不意地把自己的天主教政党也和其他政治运动一起取缔了,使主教们大为吃惊。他这种不顾情面的鲁钝甚至殃及了枢机主教,那个当年和他一起合租公寓的人,也被勒令保持距离以此来确保他政治上的最高权威。当与梵蒂冈的关系在1940年通过协定得以修复时,政教分离算是正式被保留了。

　　萨拉查对君主主义者的态度同样非常谨慎,因为他一方面需要他们的支持,另一方面又不想让渡太多的影响力给他们。然而当被放逐的国王于1932年去世时,他不失时机地巩固了自己的地位,把自己从财政和殖民部部长提升为内阁总理。如此一来,他便把自己从残留的军方控制中解放出来。那些军方势力迄今为止仍凌驾于政府之上，即使他非常小心地密切关注，尽力满足那些之前让他掌权的军官的社会和财政欲求，他们手中还握有武力，一旦忽视了他们的自尊心，他们便能把萨拉查赶下台。

当神父、君主主义者和士兵精明地加入支持萨拉查统治的精英阶层时，不识字的大众获取教育的途径依然被严格限制，这不仅仅是一种货币主义储蓄政策，也是一种社会控制形式。名义上，儿童应该被送到学校学习4年；但实际上，学校通常很远或者难以进入，童工也很难被经营艰难的农场放走。教育是少数人的出路，他们构成了支持萨拉查的基石，也倾向于相信所谓葡萄牙人缺乏主见的不实宣传，这种面向国外的宣传使农民看起来像美洲的"好黑鬼"或南非的"快乐土著"。这种由狭隘的统治者发布的丑恶、反启蒙的宣传在1936年被贡萨格·德·雷诺尔德所发现。

> 尽管有诽谤性的反神学共和思想在他们脑海中留下了创伤，但葡萄牙农民还是虔诚信教的，并且还将继续保持这样。另一方面，他们也非常迷信一种从古老异教传下来、有时带点恶魔崇拜的迷信。没有太多钱花的时候，他们也显得很镇静，简单地活着，没有什么欲望。除了一些大地主，农民虽很穷但并不抱怨。就算没有欢乐的气氛，葡萄牙农民也洋溢着一种满足的气氛，这看起来让人非常愉快。他们是极其容易被统治的。
>
> 引用并译自雅克·若热尔：《萨拉查：历史和总结（1926—1974年）》（巴黎，1981年）第82页

依靠一个就算不是由德国盖世太保训练而成但也与其类似的无孔不入的政治警察系统，葡萄牙的"无为政府"在20世纪30年代获得了成功。政治警察不是一支庞大的力量，全职雇员的人数从未

图35 通过政治宣传和那些压制任何独立思想的秘密警察的线人的渗透,性别刻板印象和阶级服从被灌输进萨拉查"贫穷但虔诚的"农民的头脑中

超过2000,但可能有1万名兼职线人扎根于每一个小村庄或者每一个公共机构。它凌驾于法律和政府之上,只向萨拉查本人单独汇报,直到1968年的某一天,他中风发作,那时正是警察总监而不是国家总统或者陆军司令,坐在他旁边来决定怎样填补权力真空。有心散播的关于用秘密警察执行刑讯、拘留甚至暗杀的谣言强化了它在国内镇压政治讨论、在殖民地散布恐怖气氛的效力。萨拉查以"一些手铐能让恐怖分子坦白,这样就能拯救无辜生命"的说法为秘密警察正名,但是恐惧也成为他手中一种经过充分打磨的武器,从警察总部门前经过的行人能够听到那些同时遭受粗野残暴的虐待和精心设计的酷刑折磨的犯人所发出的惨叫声。在20世纪30年代,葡萄牙并没有以苏联或纳粹的形式屠杀"多余的"人,也没有发生像西班牙那样的屠杀。但是任何对领袖的不忠和对不公平社会秩

序的质疑都被当作颠覆或共产主义遭到了镇压。对这种高效的政治警察的重要补充是严密的审查制度。任何未经过成本高昂的详细检查的东西是不能被出版和传播的。任何能引起舆论恐慌或者贬损国家尊严的东西都被从报纸的校样上撤了下来，换成那些被批准的材料。政府报告就好像社论的复制品，甚至体育出版物也被检查，看看是否缺少必要的爱国夸张。

当德国式的政治警察免除了1926年军队暴动者"清洗"国家"煽动者"的责任时，一种源自共和国时期的法国式宪兵被赋予了维护"法律和秩序"的责任。老兵被给予了他们所渴求的地位但是被免除了无法胜任的职责，直到1961年才重新获得机会。军官们虚荣地打扮着自己，在文盲应征兵面前称王称霸；这些文盲应征兵，如愤世嫉俗者所言，更像路易十四的军队而不像希特勒的军队。然而军官的生活被高明的社会系统周密地控制着，他们只能娶受过学校教育或者拥有个人资产的天主教徒做老婆，以此来保证他们能够和谐地融入占主导地位的有钱而受过教育的精英阶层。军官必须举行教堂婚礼的规定疏远了一些守旧的士兵，包括那位在1916年至1917年间出任战争部部长、曾是共和国驻安哥拉高级专员、在非法的共济会里担任过总会长的可怕的诺顿·德·马托斯。他是萨拉查最顽强的政治对手，如果天主教政治家未能维持保守的共识，诺顿·德·马托斯本来有可能成为共济会领导的军民利益联盟的焦点。在1948年，诺顿·德·马托斯试图参加总统选举。但是实际上，在严格受限的选举制下，政治自由就是一种骗人的幌子，他最终放弃了这个计划。

葡萄牙的军事化不仅仅限于士兵和警察，还有一个被严格控制的青年团体，他们穿着贴有字母"S"的萨拉查制服，接受法学讲师马赛罗·卡埃塔诺的指挥，马赛罗·卡埃塔诺最后接替了萨拉查的职位做了总理。只有那些最有钱最有特权的年轻人才能逃避这个组织的征召。与青年旅相对应的成人组织是葡萄牙军团，他们穿着绿色的衬衫，被召唤来保卫公共秩序。当政府不得不通过举行"选举"让那些外国观察员相信它的"可敬之处"的时候，葡萄牙军团表现得尤为活跃。即便被允许投票的人受过很好的教育、非常富裕而且对政府怀有感激之心，选举还是可能会导致动荡。虽然废除了政党制度，但葡萄牙军团既不是一个法西斯准军事化组织，也不是一个围绕在萨拉查身边的"国家联盟"似的单一政党。但是它给政府以必要的力量来对付那些在政治上没有发言权的全国86%的人口。它也是一种力量，当1936年西班牙"民族主义者"攻击他们自己的民主共和国的时候，能用来向他们展示葡萄牙的团结。

对"价格稳定"的认同是葡萄牙独裁保持长久的关键之一。通货膨胀曾经伤害过投资者，于是萨拉查决定维持基于过时的金本位的固定汇率，这给投资者提供了某种保障，而在共和国时期是没有的。对民族自豪的强调也有效地扩大了对独裁统治的认同基础。新政府通过大型建筑工程来吹嘘自己的实力。因经济不景气而失业的劳工被打发去建造象征着社会秩序、带有新古典主义装饰外表的公共建筑，以此来最大限度地降低他们对共产主义"煽动"的关注。缺少业务的建筑师愿意放弃他们的现代主义理念去帮国家塑造形象而不是让自己湮没在专业领域中。大型住宅区在首都的黄金地段兴建起来，技术大学搬迁到经过精心设计的新地址。历史纪念碑建造起来了，以此来纪念葡萄牙过去的辉煌和之前独裁者的伟大力量，尤其是蓬巴尔。最后一个巨大的纪念物是用白色石头建造的位于特茹河口的亨利王子雕塑，以此来纪念国家最英勇的神话祖先——"大航海家"亨利500周年诞辰。

在1930年，萨拉查掌权殖民部，在华尔街崩溃之后，帝国突然具有了比以前大得多的潜在经济重要性。在此之前，巴西一直在葡萄牙海外事务中占据着主要地位：买进出口商品，接收移民，寄回百万名出国农民的小额存款。然而在1930年，经济的大门不仅对巴西关闭了，对美国也关闭了，而在美国的新英格兰和加利福尼亚，庞大的经济难民社区正在不可扭转地成型。因为葡萄牙与欧洲（包括英国）的贸易也在明显衰退，所以在海外寻找新的人员和货物出路以取代美洲的非正式帝国突然成了一件非常紧急的事情。唯一的选择看来只能是非洲，萨拉查开始着手制定一份新的殖民条约。他的目标是要终止由外国主导的特许公司实行的间接殖民并建立起一种对葡萄牙自身更为有利的新经济民族主义。然而，这一美好的想法受到了现实的阻挠。在莫桑比克南部，葡萄牙与南非再次确认了通过向矿场提供合同工人来换取金子的条约。在莫桑比克中部，那些管理着各省、经营着港口与铁路和通向罗德西亚的邮政服务、由英国主导的公司被允许继续保留它们的执照直到1940年期满，但是从那以后，外国主权就要被终止了。外国影响中比较微妙的一个方面是为殖民地提供卫生和教育的外国传教士社团的存在，它们经常被怀疑削弱了殖民地人民应有的爱国忠诚。尽管新教传教士对新国家主义表现得非常具有攻击性，但废除他们的权利是不明智的，这些权利得到了外交保障，而同样的外交保障在维多利亚时代的非洲大瓜分中给葡萄牙带来了非洲帝国的领土。随着萨拉查开始寻找从非洲大陆榨取殖民财富的新方法，实用主义思潮也开始盛行起来。

  第一个在殖民地试行的经济动力出现在棉花种植领域中。经济大萧条切断了移民往葡萄牙的美元汇款，葡萄牙再也不能轻松购买美国的棉花了。它尝试用殖民地出产的棉花来凑合代替。纺织厂抗议殖民地产的棉花质量低劣，与美国棉花比，纤维短，价钱却高，但是他们无论如何也要购买殖民地产的棉花，以此来作为一种节省外汇、支持新帝国经济发展的方式。非洲的农民也在抗议，说种植棉花带来了比种植国内粮食作物更为低下的生活水平。然而，政府坚持不改，安哥拉和莫桑比克的农场主都分到了种子，他们被迫亲手在自己的农场里种下这些种子，冒着气候条件不确定的风险，而且国家控制的收购机构不太可能为他们的收成支付像样的价钱。通过把棉花种植的风险从白人商业殖民者转移到受统治的黑人农民头上，殖民政府制造了一种尖锐的政治对立。1945年，饥荒引发了安哥拉棉花地里的叛乱。萨拉查和他那时的殖民部部长卡埃塔诺调查了起义，报告说饥荒不过是那些以闲散出名的"当地人"的凭空想象罢了。殖民地的官员更理解这次危机，但是直到1961年下一次棉花种植区的饥荒爆发、引燃最终摧毁整个葡萄牙帝国的革命进程之前，当局一直专横地堵住他们的嘴。然而在那发生之前，葡萄牙尝试了很多更为成功的、将财富从非洲转移到欧洲的方法。

直到1930年，从葡萄牙去安哥拉的移民中最显眼的是那些罪犯，人们经常看到他们铐着锁链在罗安达城市的大街上除草。尽管非洲人又继续在锁链下工作了30年，但萨拉查终结了殖民地属于罪犯的形象，并且鼓励自由民去非洲寻找经济出路。移民们都是些很难对付的、没有文化的人和种族主义分子。他们作为小店主分散到边陲，和他们无力自保的黑人女佣组建起大家庭，以高利信贷和糟糕的葡萄酒作为交换从农户家庭那里购买玉米与咖啡。最成功的放债人从破产客户那里购买了土地然后从边远地区输入被强迫移民的劳力进行耕作。移民的报酬以代币券支付，只能用来交换农场商店里的缠腰布和兑水烈酒，而且价格还很贵。当货车或汽油紧缺的时候，收获的农作物就由搬运工用头顶着运到最近的殖民地铁路线上。玉米和来自南大西洋的干鱼被卖到比属刚果的工业带，咖啡被出口到美洲，以此来重建里斯本的美元储备。在东海岸，种植公司接管了农民的椰子园，把椰子园主变为受薪劳动者，而那些来自穷乡僻壤的强制移民则被招募去种植剑麻和甘蔗。殖民系统尽管是凑合的却非常高效，到20世纪50年代的时候，萨拉查断定所有殖民地居民中有很大一部分不情愿地"为葡萄牙工作着"。

　　帝国期望着找到矿产资源来支持一项复兴葡萄牙工业化的计划，但是所得到的与南非和比属刚果相比却非常稀少。在1917年，钻石资源还位于安哥拉一个未被完全征服的角落。葡萄牙给一家与戴比尔斯（De Beers）钻石贸易卡特尔联系密切的公司特许权，它在殖民地建立起一种几乎自治的采矿状态。在莫桑比克，丰富的煤矿由一家南非特许商开采以维持蒸汽机车的运行，但是这个地区所有的黄金矿藏却在罗德西亚边境的英国这边。在第二次世界大战后，外国特许商在安哥拉南部获得了一条铁路来运输铁矿石，但是这项计划错过了钢铁的临时涨价期。直到1954年后，随着安哥拉北部卡宾达飞地深海石油的发现，巨大的转变才到来。萨拉查对石油的发现充满了矛盾情绪。与其他矿业相比，石油工业更不服从国家控制，而且由外国政治支持的外国资本是实现其潜在价值的唯一途径。最终油井开钻了，一座孤零零的精炼厂在葡萄牙南部的新工业用地上建了起来，希望能加工出石油。但是，不管是在帝国最后的年月里，还是在争夺独立安哥拉的控制权的过程中，卡宾达一直牢牢处于海湾石油公司的控制下。

　　1943年，在萨拉查封闭的帝国世界中，改革迈出了第一步。在意大利，墨索里尼垮台了；在西班牙，弗朗哥继续以加入轴心国的方式拒绝支付内战中欠德国的债务；在非洲北部，西部的穆斯林归美国入侵者统治；在中东，英国加强了对东部穆斯林石油通道的占有。在里斯本，罗兹·麦考莱夫人自英国情报部抵达，来试探葡萄牙人究竟更支持希特勒和丘吉尔中的哪一方。尽管她很佩服那些衣衫褴褛、在炙热的鹅卵石上蹦蹦跳跳、看起来能准确无误地判断该给哪些顾客《帝国报》而哪些顾客会更喜欢《每日快报》的报贩,但她以无可挑剔的严谨学术报告说,她发现很难相信会有很多人真心亲德。然而当萨拉查被迫放弃中立,让英国军队进驻亚速尔群岛的时候,还是让德国人社群和它们的中产阶级崇拜者大吃一惊。两年后同样大吃一惊的还有英国人社群及其合伙人——萨拉查为了哀悼希特勒之死居然在葡萄牙降半旗。从那时起,世界局势急剧变化:1956年,英国在苏伊士运河被打败了,并且决定放弃在非洲的殖民地,甚至走得更远,以至于在1960年把首相派到南非去警告那些白人民族主义者,告诉他们,把权力移交给占大多数的黑人是不可避免的。首相的建议在开普敦遭到了拒绝,却意外地在安哥拉和莫桑比克被毫无疑问地接受了,在那里爆发了一场叛乱,做到了欧洲战争没有做到的事:使葡萄牙上流社会从它那种自鸣得意的状态中醒来。

国内的政治不安比殖民战争的爆发提前了几年。尽管缺乏民主,葡萄牙在1955年还是被联合国接受了,因为该国既是白人国家又反共产主义,因此被期待能和华盛顿的拉美卫星国与英国的白人英联邦投出同样的票。1958年,葡萄牙的西方支持者寻求一些民主进步的迹象,并举行了一场总统选举。政府推选了一位很不起眼的海军上将来取代即将离职的总统,因为这位总统显出了令人不安的、意图独断专行的迹象。另一方面,反对派设法找到一位从军履历无可挑剔的将军作为领袖。1943年,德尔加多将军代表葡萄牙与英国重新进行结盟谈判。现在,以选举所允许、审查所许可的方式,作为一名总统候选人,他宣称如果他当选,将把萨拉查赶下台。经过30年如冰河期般的严酷时代,获得投票权的富裕中产阶级对改变表现出出乎意料的热情。得票数不得不被篡改,那位大胆的将军被流放,萨拉查对他的痛恨到了丧心病狂的程度,以至于秘密警察最终决定用一场不存在的同谋者会议引诱他去西班牙并暗杀了他。这位高级将领制服独裁的失败唤起了军队中新的政治野心。在1962年,一群下级军官策划了一场不周全而且流产了的军事政变。然而从那时候起,他们的长官又有了一份新职责——保卫帝国免遭颠覆和侵略。

在舒舒服服地拿了30年萨拉查给的巨额补贴后,军队返回现役,这开了一个不好的头。萨拉查意识到民族主义的力量在中国不是闹着玩的,于是在1950年[2]与中国就澳门这块微不足道的小殖民地达成了一项务实的协议。这使得这块飞地在半殖民政府的管理下于财政和博彩业上获得了繁荣,也让萨拉查依然自以为他统治的是一个日不落帝国。相反,在印度,葡萄牙与民族主义的冲突更加严峻,一场殖民战争很快失败,留下葡萄牙在那儿舔自己的伤口。尼赫鲁放弃了要求果阿民主化这一道义上崇高的主张,转而攻占了葡萄牙的飞地,葡萄牙的天真由此受创。葡萄牙的溃败揭示了政府和士兵之间巨大的分歧,政府命令要不畏死亡,而士兵们则立刻向势不可当的印度军队投降。更为可笑的是,惨败还揭示出了将领层的缺乏经验,当被要求送香肠到果阿时,却真送来了猪肉香肠,完全忘记了他们对炮弹的代号就是"香肠"。因此葡萄牙的前殖民地毁于指责和闹剧,而不是人员伤亡。而在非洲,殖民战争将是一件更可怕和长期的事情。

当战争在非洲爆发的时候,葡萄牙既有合理的经济理由,也有爱国的原因要镇压这次叛乱。自从朝鲜战争带来了商品繁荣,安哥拉的殖民者发展得尤其蓬勃。咖啡种植园迅速扩张,成为繁荣的基础,把新气象带到了葡萄牙城镇。在那里,殖民投机商用摇摇晃晃的木质脚手架建起了一个个有高层公寓的小街区。在 20 世纪 50 年代，新一代的移民拖家带口，使葡属非洲的居住人口数量翻了一番，并为葡萄牙的酒和纺织品以及战后经济恢复时期新的消费品创造了一个垄断市场。遵循着"取悦英国人"的古老虚伪传统，顺带借鉴一下之前法国的热带实践，葡萄牙在非洲的领土被冠冕堂皇地重新命名为"海外省"，视为构成葡萄牙的一部分而不是受国际监督的殖民地。然而，移民的行为像殖民者一样，没有任何改革，最终引发了 1961 年安哥拉的非洲叛乱。于是移民们组织治安突击队以阻止非洲人宣布独立。然而他们凶残的努力还不能够制服起义者绝望中的反抗。于是庞大的远征军，不得不首先被派到安哥拉去，接着是去几内亚和莫桑比克，为了使帝国能再苟延残喘 10 年。

在 1963 年，殖民战争给葡萄牙社会文化带来的剧烈改变要超过 1943 年时世界大战带来的。在两次世界大战中以爱德华时代的孤立和辉煌幸存下来的"大资产阶级"的极端保守的社会传统开始逐渐消散。大量的廉价劳动力因为 20 世纪 50 年代向殖民地的移民和 60 年代军队的征召或者征兵过程中的逃亡而不断减少。家政服务变得不那么唾手可得，但太太的女佣们在私人家庭里依然得每天工作 16 小时，穿制服的男童毕恭毕敬地在宾馆门口迎宾。政府停止妓女的注册，废止色情场所的公共卫生执照，这些场所有弦乐四重奏表演，其中的年轻女子迎合了萨拉查上流社会的色情癖好。通过这些举措，政府想表现其社会的现代性。然而，平民的乐趣还是没有变化——乘坐通向海滩的大游览车，包裹全身的装束不管对男人还是女人而言依旧是一项社交礼节。尽管社会改革开始了，电车售票员仍然通过向从歌剧院晚归的有闲阶级出售一便士的车票，每周赚一英镑的钱。工人们则没能从原始且人浮于事的政府中得到任何福利或退休金，并且还有一些人依旧没能接受教育。对一些游手

图 36　葡萄牙应征兵和非洲军队的新兵手持 1961 年至 1974 年殖民战争期间从解放武装手中缴获的武器

好闲的人来说，军队看起来是一个颇受欢迎的冒险场；对其他人来说，要在非洲丛林中度过 4 年危险时光的威胁促使他们逃避这项工作而逃往法国。在这 10 年结束的时候，有 100 万名葡萄牙人与阿尔及利亚人和土耳其人一起在欧洲大陆工作。虽然他们的工作时间仍然很长，但是他们已经从等级秩序的压迫中解放出来并且回到家里，而且多少摆脱了一见绅士就抬手致敬的条件反射。他们也对新的文化和经济充满期待。

葡萄牙首都以外的地区在殖民战争中遭受了特别严重的痛苦。受过教育的城市男人尚有机会成为一名士官，去非洲兼一项差，而那些来自北部乡村——那里没有文化的工匠还在用头顶着他们的商品去最近的公路上叫卖——的农村应征兵,除了饱受非洲的无聊和危险外,也就没有什么可期待的了。当他们离开乡村后,女人承担了比以前更多的工作。生活是艰难而孤独的。许多被抛弃的情人要么在一个男人越来越少的世界里依旧独守空房,要么就和那些逃避兵役的人一起爬过山去法国寻找工作。当法国的劳动力市场饱和,他们便转向比利时、德国和瑞典去开阔眼界、寻找机遇。成功的移民把他们省下来的钱用在两种形式的高档消费上。一种是买一辆汽车,那些不算非法劳工的人,每个假期都自豪地开车回家,在他们充满嫉妒的邻居们的注视下将车停在村子的水泵旁。另一种是在家庭自留地上盖一间混凝土房子。一旦梦想中的房子封顶,音响、洗衣机、彩电和电冰箱都被从"欧洲"搬了回来等待农村通电。与19世纪的巴西移民相比,此时移民的摆阔型花费恐怕还不是引发北方变革的一个巨大力量。相反,从法国寄回给农民母亲们的邮政汇款维持着由小块土地、少量牲口和向教区教堂捐赠的传统构成的新农村经济。

北方的许多妇女,不管是土地上的农民还是寓居法国的家庭佣人,与那些被解放的城市妇女的差别大得不能再大。中产阶级的女儿去大学念书,坐飞机旅行,在殖民地获得称心的工作。非洲开放的边境社会不再有年长女性陪同未婚女子出入社交场合的做法,家里的苦差事由乡下黑人女孩来承担。骑着昂贵的小摩托车驶向热带海滩展现了一种自由,这与在一位保姆的尾随下被一位获认可的情郎正式护送去里斯本斗牛场完全不同。足球的全民热情给男男女女带来了不少激动的时刻。随着本菲卡取代皇家马德里成为20世纪60年代欧洲最受欢迎的球队,这种对足球的热情也超越了阶级的界限。解放了的学生,特别是女学生,尽管对剥夺和压迫的含义没有一点个人经验,但甚至也开始大胆地谈论起政治,对以前被禁止的意识形态产生遐想。当革命到来的时候，这些光彩夺目的年轻人涌到街上，与产业工人暂时团结到一起，还一同兴奋地喝着酒。

葡萄牙的社会巨变不仅仅是由前往法国和非洲的移民造成的，更受国内工业化影响。在萨拉查想象中与阿卡迪亚一样如田园诗般永恒的葡萄牙，负担不起一场大战来维持他的殖民帝国。在一种意想不到的灵活性下，他的政治追随者从此转向美国寻求经济现代化的方法。美国，1943年进驻亚速尔群岛基地为英国提供护航后，一直坚定支持着葡萄牙，允许其政权在1945年独裁统治垮台后保留下来，然后把它拉进北约同盟，而最夸张的是允许它在1961年安哥拉叛乱发生后保留自己的殖民地。作为回报，葡萄牙修正了它的经济民族主义，向外国投资敞开了国内和殖民地的大门。与此同时，新一代的葡萄牙企业家，受到大银行家族的鼓动，给服务业和制造业的国内投资带来了爆发性的增长。在略有松动的政治氛围下，纺织、酿酒、电子、塑料、建材、食品加工都大大提高了产量，并创造出了一个急于挣脱旧社会约束的微型消费社会。与此同时，在船厂加工重金属的老工人也开始展示他们的力量，尽管他们自1926年共和国成立时就失去了罢工的权利，而且迄今没有再次正式获得。

独裁统治最后几年的工业爆发式增长与君主制最后几年的工业大爆发颇为相像。按葡萄牙过去的标准来看，这是戏剧性的，但是国家还是落后于对手。19世纪君主制时代的工业化曾经取得3%的增长率，但还是不能与沙皇俄国取得的8%的增长率相媲美。在萨拉查治下的经济复苏时期，服装和纺织品在1960年取代了软木和木浆在出口中的地位，此后不久，纺织又超过了食品和农业生产。到了20世纪70年代，机械和化工也超过了农业出口，然而葡萄牙的财富水平仍然难以赶上"法西斯"西班牙。工业所有制的局限与工业增长的局限同样突出。10个大家族拥有168家公司，控制着53%的国家财富，而只有1%的葡萄牙人属于少数被选中、拥有体面生活方式的上等阶层。尽管工业所有权集中了，但工业生产却更分散了，甚至在20世纪80年代，在经历了一场革命和大规模的国有化计划后，98.5%的公司依旧只雇用不到500名工人，占压倒性多数的企业都只雇用不到50名工人。然而，就算是这种有限的规模，鞋厂、精炼糖厂、金属车间和面粉厂的建立还是给那些依旧要费劲地把玉米扛到山上的磨坊、年复一年地把靴子送到街角的鞋匠那里去修的公众带来了巨大的变化。

工业带给葡萄牙的缓慢社会变化与20世纪60年代旅游业兴起而带来的一种更明显的社会变化同时到来。随着北欧国家越发繁荣，人们对阳光明媚的南欧越来越憧憬，这对葡萄牙所确立的社会保守主义构成了严峻的挑战。游览葡萄牙的上流精英总是会得到欢迎。一小群外国君主和朝臣在埃什托里尔[3]举办舞会，当地精英也带着他们的女儿出席。然而，平民大众的度假又是另外一回事了。大众旅游业是一种获得硬通货的快速方法，但是它给那些"温顺的"、原先"很容易统治的"工人带来了物质上的渴望。新的音乐、新的服装、新的富裕、新的休闲、新的发型、新的道德观对一个封闭的社会来说都是威胁。然而，葡萄牙几乎没有与其未被开发的海滩一样具有潜在市场价值的资源，最终，阿尔加维的旧王国通过一座横跨里斯本河的大桥、一条改进的公路、一条机场跑道和酒店海外服务的发展而被打开了。新的阳光产业不应该只维持在外国飞地上，葡萄牙的投机者和假日制造者也紧紧跟着。当非洲帝国在1974年垮台的时候，殖民老板把他们没有得到满足的能量投放到旅游产业上来。与一本正经的当地人相比，他们那些豪放不羁的殖民习俗更能满足那些他们既嘲弄又羡慕的游客的需求。在不把游客赶到布拉瓦海滩或更遥远的零星热带岛屿的前提下，旅店老板竭力盘剥他们的客户。来自里斯本的中产阶级度假者模仿外国的方式，将争取社会解放的革命压力又向前推进了一步。

教会慢慢接受了20世纪60年代在葡萄牙发生的社会转型。尽管在南方有许多人秘密加入共产党，反对教权至上，但在北方，宗教活动在圣日依旧举行，法蒂玛的神力也继续当道。教皇若昂二十三世以及第二次梵蒂冈教会改革在葡萄牙大多数教会统治阶层中引起了一阵恐慌，所以当教皇在1963年过早去世时，他们毫不掩饰地舒了一口气。虽然波尔图主教尝试让教会对社会责任产生兴趣，并因此而被放逐，但拉美的"解放神学"概念在葡萄牙并不受欢迎。在莫桑比克，一位更为激进的主教——贝拉城主教圣塞巴斯蒂昂·苏亚雷斯·德·瑞森德，表现得有点出格，因为没有支持帝国的政治宣传而遭到斥责。教会和帝国之间的关系是一件比较难处理的事。葡萄牙教会在传教领域中很少表现积极，而是专注于为移民提供教区服务，把转化和照料黑色人种的任务留给外国牧师或者新教徒。意大利、荷兰和西班牙的传教士不悦地发现，在解放战争期间，他们不得不对抗殖民地政府日益加重的压迫，捍卫他们非洲教徒的福利。那些对种族剥削和压迫所受到的"不忠"指控表示认同的葡萄牙牧师作为严重污蔑者被特别点名。正是教会对热带地区独裁统治的谴责吸引了外国对葡萄牙的关注，从而把革命推向高潮。

非洲战争给葡萄牙带来了深远的影响。首先，它给政府带来了新生；接着，在1974年，推翻了持续48年的独裁统治。新生源于一种政治机敏，这在一个老朽的政权下是不可想象的。最重要的是，葡萄牙迫使美国在非洲政策上做出了彻底转变，使美国不再像在英国、法国和比利时殖民地问题上一直坚持的那样支持黑人民族资产阶级的崛起与托管殖民地的解放，而是特许葡萄牙夺回在非洲的殖民地。作为亚速尔群岛空军基地军事续约的交换,美国谨慎地同意把原先用于北大西洋防务的军事装备转而用于殖民战争。军队被重新武装起来并被给予进行一场大型战争所需的充足预算。军官也得到提升并被给予在殖民地服役时赚外快的机会。军官通过操控黑市汇率获益颇丰,以至于一位旅长每次在非洲服役完之后都能造一座很高的公寓楼。与之相反,那些非洲叛乱者遭到了入侵的殖民军队的残酷镇压,单是在安哥拉就有数以千计的人被杀,更多的人则加入了逃往扎伊尔的难民行列。这几乎掏空了殖民地北方省份的人口,但还留下了一批批叛乱者,足以让殖民军队在此后13年里不得脱身——如果不是疲于奔命的话。最大的军事行动是扫荡安哥拉东部辽阔的稀树草原,那里遭到神出鬼没的游击队的渗透。越来越多的巡逻任务由那些花钱雇来的黑人应征兵来承担,他们保卫殖民地、对抗他们自己的亲戚和家族。

除了重塑军队的自信之外,非洲也刺激了葡萄牙的经济。25万在安哥拉的侨民和移民以及12.5万在莫桑比克的侨民和移民建立起服务业与加工厂,这在其他热带地区的殖民地很少见。建筑业繁荣起来,旅游业拓展到了印度洋上的旅游胜地,航空勘测描绘出了新的畜牧场,巨大的水力发电工程也开始修建,白人农民灌溉水稻田,拖网渔船船舱直接冷藏鲜鱼,油井开始产油,酒厂的产量也翻了好几番,帝国每年能出产25万吨咖啡,再把它们换成美元和坚挺的荷兰盾。在20世纪60年代的时候,经济泡沫还没有表现出要破裂的迹象;到了1968年,葡萄牙和帝国的管理权四平八稳地从萨拉查转到了卡埃塔诺手里。尽管经历了严重的中风,萨拉查这位老人还是活了下来,他的政策也得以延续。军方坚持他的继任者应该是位文官,以便把自己的政治影响力隐藏于幕后。被任命的继任者有点害怕这位上将总统,他似乎有要转向左倾的迹象,但最后还是维持原样，如果要说有什么改变的话，也是一种对公众自由更为严格的控制和对机构进行的一点表面上的改变。然而，改革仅仅是被推迟了，20世纪70年代，移民繁荣的小幅度衰退和非洲民族主义的复苏同时发生了——这次不是在安哥拉而是在莫桑比克。

在20世纪60年代晚期，莫桑比克的解放运动遭到了两次严重的打击：一次是北部省份的"解放区"有一部分被殖民军队重新占领了，另一次是它的总统爱德华·孟德兰被一份寄到他办公室的邮包炸弹给炸死了。新的军事领袖萨莫拉·马谢尔被选了出来，一种新策略也得以采用，这种新策略旨在袭击莫桑比克的移民中心，搞垮通向罗德西亚的铁路，阻止旨在向南非提供廉价电力以确保南非和其欧洲同伴会帮助葡萄牙保护莫桑比克不落于黑人解放者之手的赞比西河大坝的完工。新的非洲民族主义策略获得了部分成功。尽管大坝的修建并没有因此耽搁，游击队还是越过了赞比西河，破坏了莫桑比克中部的通讯和生产。殖民地的保安部队感觉受到了羞辱，他们采用了从越南战场上学来的恐怖策略，焚毁村庄，把农民都驱赶围拢到安全区里。传教士向公众披露了大屠杀，将万人坑的挖掘结果记录在案。军队也开始怀疑殖民战争是否有利于其形象。

萨拉查死后对继续殖民最公开的质疑来自一位叫斯皮诺拉的独眼的前骑兵部队将军。他曾经是葡萄牙在几内亚进行第三次非洲战争时的总司令。他开始确信，他的军队无法战胜那些非正规部队解放自己家乡的坚定理想。他属下的一些军官甚至开始钦佩起对手的政治思想来，尽管这位几内亚将领就像莫桑比克的爱德华·孟德兰那样也被暗杀了，但他关于在一个贫困农业国实现政治解放的著作被认为与葡萄牙自身密切相关。几内亚左翼军官对意识形态的质问和莫桑比克战败军官低落的士气，引起了葡萄牙本土工会主义军官的共鸣。长官们眼睁睁地看着他们在非洲的事业被一群受过良好教育的应征兵所动摇,他们有利可图的晋升机会化为乌有。1974年2月,斯皮诺拉出版了一本书,小心地质问一个联邦型社会是否一定不会比再来一代战争更能给葡萄牙帝国提供一个更加美好的未来。下级军官们在听到这个消息后,在乡村组织起政治集会,避开警方监视机构的耳目,谋定了他们军事政变的计划。在1974年4月25日黎明之前,一个广播站开始播放《博爱的土地》这首歌,坦克纵队开进了里斯本,收到了狂热的人群送的康乃馨。托马斯总统和他的总理卡埃塔诺很快被遣送去了巴西,斯皮诺拉将军成了他信奉马克思主义的晚辈所操纵的傀儡。这起不可想象的事件确实发生了。在接下来的一年半时间里,四月革命激烈地展开,直到被又一场反政变所中止,并最终被一个在轻度军事监管下的民主政权所取代。

第七章
民主和欧洲共同市场

1974年的四月革命给葡萄牙带来了一丝欢乐的曙光,一扫长时间以来作为其社会标志的忧郁气象。悲伤的法多被限制在旅游胜地演唱,自由的一代则投身20世纪的打击音乐。在里斯本书市上,以前非法出售的书现在充斥着自由大道,这些书的主题在以前是被禁止的,比如说心理学和社会历史,同时也传播着马克思主义和现代小说。共产党组织起盛大的仲夏节,在那里,世界上最著名的音乐组合被邀请了过来,人群漫步在占地数百英亩的货摊前,吃吃喝喝,听着音乐,毫无惧怕地互相表示着亲善,度过了一个个惬意的夜晚。虽然有少数秘密警察被揭露出来并被监禁,但在极度愉快的心情下,人们无暇进行指责和迫害。一些商界的成功人士发现随几名政治家暂时前往巴西是有利可图的。士兵们发现要想形成一个稳定的政府组织形式和他们的先辈在1926年时一样困难。一些人热切渴望用新的马克思主义信条来代替旧秩序下的货币主义信条。

最早宣称革命所有权的是共产党人。他们几乎是唯一一股在整个独裁统治时期幸存下来的秘密的政治力量。然而,与欧洲大陆的共产党人不同,他们没有为了迎合民众而放弃马克思主义的纯粹性和传统底线。他们英雄般满头白发的领袖库尼亚尔[1]在1960年逃出监狱,流亡莫斯科。在返回时,他受到热烈欢迎,但是他依旧维持着对葡共的专制统治,连赫鲁晓夫时代苏联的温和改革都不认同,更别提西方的欧式共产主义了。其坚定的立场对左翼知识分子和社会民主党人的吸引力都不大,而北方天主教省份对其深恶痛绝。共产党人的得票数在选民人数的八分之一上下波动,主要集中在两大地区。共产党动员的第一个焦点是里斯本的工业区,在那里,工会被归还给了愤怒而急切的工人。另一个共产党人得票数比较高的地方是辽阔的南方农场,在那里,天主教力量一直比较弱小,几乎没有任何教士敢带领农民起来反抗无神论的意识形态。而正是在南方,农场的劳工们还记得50年前由共和党人提出的那个古老的政治提议:要把土地的控制权从远在他乡的地主那里转移到劳动者手上。

"农业改革"成为四月革命中最活跃的主题之一,但同时也是引起争论最多的。在城镇里,工业家、银行家和股东们暂时跑到乡村去等待社会剧变的结果,甚至定居到金融环境更为保守的巴西。但在葡萄牙本土,共同所有制和国有化问题一直处在长期争斗中。当时,分裂的各政治派别在里斯本的街区上举行示威游行,设计出种种口号,挥舞着装满红色油漆的罐子作为武器。财产所有制的关键改革在河对岸的阿连特茹省被决定下来。在一小段时间内,革命中激进的军官曾委任共产党人执掌农业部。共产党人确实尽心尽力地去改善南方庄园里大量农民的生活,可是他们对农村社会却毫不了解,一位后来试图驾驭共产党人已经控制不了的农业改革风暴的社会党农业部部长在下面这些经粗浅翻译的文字中回忆了1975年时的情景:

> 在这两年的改革中,胃口一直大得没边,还一直用"可能"这种无法定量的字眼。"适度"经常等于旧秩序的复辟。解放和报复之间的区别也越来越小。公平和专制之间本来就细微的差别更模糊了。每一件事情都被质疑,不管是社会等级还

是倒行逆施的压迫，不管是人权还是共同法制。在这种社会动荡下，甚至对那些以前没有自由的人来说，对于权力的争夺也高过了为自由而奋斗。就像所有革命一样，正义总是与非正义相伴。社会和政治行为变得更加极端，每一场胜利之后都是另一场新的征服。最终在1977年，伴随着进步、退让和妥协，一个明确的、平衡的目标达成了。但是，这种平衡是否能稳固还无法预测。阿连特茹地区的农村雇佣劳动者赢得了一些权利和特权，而土地与灌溉用水的所有者则有所损失。中小农民几乎没有赢得任何东西，甚至在地位上还有所下降。革命创造了权利，摧毁了压迫，但是革命的逻辑却并不总是尊重正义。

安东尼奥·贝雷托：《农业改革的回忆》
（欧洲-美国出版社，里斯本）无日期，第1卷第14页

虽然在葡萄牙的大平原上，农民和工人过去是农业改革斗争中的对手，但马克思主义革命理论的神话使他们结成同盟，肩并肩地站在了一起。农民从名义上的"合作化"公社中所获甚少，这些公社甚至没能给企业主提供最小规模的资助。共产主义将不管拥有多大规模农场的农场主都视为剥削雇工的"老板"。因此，在地主和劳工的冲突中，佃农和租佃农场主被两边排挤，受到痛苦的压榨。一名这样的农场主以匿名的方式记录下了他的童年：光着脚，披着一个肥料袋作为披肩，走11公里的路去学校。在他11岁时，学校的女老师怀孕了，他就成了同学们的老师。他通过沿途搜集软木塞上掉下的木屑度过了20世纪40年代晚期的大饥荒。他知道，一旦被抓住的话，他在警察局将会遭到一顿毒打。他和年迈的佃户父亲一起种植水稻，就是为了让地主不要终止租佃。在20世纪60年代劳动力短缺的时候，他的生活开始变好。到了20世纪70年代，他

出租了自己的土地，购买了自己的拖拉机，还雇用了25个男劳力。但是突然，在1975年12月，他被看作一个资本家、一个剥削者而被赶了出来，来自城里的"工人"在"士兵"和"大学生"的领导下，以革命和改革的名义闯入了他的农场。18个月后，当反革命运动兴起的时候，尽管并不心甘情愿，警察还是帮他恢复了地产。

土地改革计划采用了大量粗劣的口号，没有认识到经济压力已经使一些人的工作条件得到了改善。当劳动力短缺的时候，是很难期望有人会从黎明一直工作到傍晚的，而且在革命开始前，每周48小时工作制已经开始实施了。工资得以上涨而且一些地产管理者采用家长式的管理方式来留住他们最好的工人，或者在他们服完兵役之后再把他们又吸引回来。同时，农场劳工对工会缩短时间的提议表示怀疑，担心假如保障一天工作8小时，那么"他们每天有4小时会挨饿"。尽管变革开始了，但剥削依然存在，一些南方的劳工也欢迎把大地产或地产集团改造成集体生产单位的革命政策，但那些来自城市的士兵强制成立的集体农场却没有兴盛起来，并且熟练的劳工经常被那些缺乏工作履历、没有经验的人取代。在一些集体农场，管理一开始做得很好，为工人提供咨询的模式也很有效地建了起来。与此同时，国家相关部门也提供资金用于投资和实现机械化。但是，随着贷款的增加，投资变得愈来愈不审慎。1976年第二季度的收成预示了一个不好的结果。社会党政府被要求咬紧牙关，他们推翻了集体化方案，请回了下地的农场主，甚至还有远在他乡的地主——这招致了共产党人和他们支持者的愤怒。许多劳工为了保障生活回到了他们以前的农场，并接受了尽管工资增加很多但仍不能赶上通货膨胀这一事实。受意识形态鼓动的士兵被遣散和消失了，旧的共和宪兵又返回警察的岗位上来保护私有财产。

在公有制领域中发生的另一个试验是在城镇里，在那里，过

图 37 马里奥·苏亚雷斯是在独裁统治时期被迫害的民主党成员,1974 年革命后成功立场不坚定的民主社会党人,后在 1986 年至 1996 年间担任第二共和国的家长式总统

渡政府推行了大规模的国有化计划。这个计划引起了巨大的政治论战，不比土地改革引起的争议更小。四月革命的元勋、独眼将军斯皮诺拉，与葡萄牙大工业家族有着密切的往来。他尝试通过让非洲人民在经济上满意的方式来实现几内亚殖民制度的现代化，并说服了他在梅洛（Melo）家族里的朋友支持他的试验，这个家族控制着国家最大的工业联合体，并拥有大规模的殖民投资。这样，当革命在葡萄牙爆发时，斯皮诺拉方能从一开始就确保温和的工业政策得以推行。几个月后，大金融家的利益被围绕在将军周围的同伙有效地保护起来了。然而不久，军官和工会领袖发出了更为激进的声音。斯皮诺拉尝试号召"沉默的大多数"于1974年9月举行游行去抵制"无政府主义"和联合工会势力不断高涨的抗议，以此使后者闭嘴。但他的右翼民粹主义试验失败了，他也辞去了总统的职务。他接下来计划在1975年3月11日发动一场军事政变，但又失败了，并暂时逃到了西班牙。在这次右翼复炽的威胁之后，四月革命的左翼军官们现在自称为"武装力量运动"，并加强了对政府的把持。一系列共产主义国有化政策被采纳，远远超出了国有化的初衷：由政府对水电等公用事业的私人垄断加以控制。

在为了工人和社会整体的利益所进行的征收行动中，梅洛的商业帝国是最显著的目标，那也是斯皮诺拉曾竭力保护的对象。它是伊比利亚半岛上最大的财政联合体，持有全葡萄牙10%的股份资本。其他实质垄断银行业和保险业的家族式网络则按照正当法律程序被国有化了。过去的金融巨头还控制了出版业，因此该产业也落入政府手中，尽管政府尝试用来做政治宣传，但对于几乎没有文化的乡下人或者习惯于报纸上的谎言、不会轻易上当的城市读者收效甚微。国家控制越来越变本加厉，1975年夏季，革命达到高潮，并且扩展到炼油、轧钢、烟草包装、啤酒酿造、化肥生产、造船和药品销售领域，更不用说公路、铁路和航空运输业了。大约20%的葡萄牙工业变成政府所有或者由政府经营，旧式中产阶级如此惧怕政府力量的增长，以至于多达1万户个体所有者和股东离开去了巴西与欧洲。董事和经理的离去使国家专业技术人才极度短缺，以至于政府不能充分地管理国家各个部门。国有化计划，就像农业改革计划一样，不得不在1976年被撤销。社会党人担任部长，取代了以前在临时革命内阁中的共产党人，他们呼吁那些工业家族从巴西回来，让这个教育和专业基础薄弱的国家重获只有资本主义才能提供的技术。

革命极端主义者无法获得全面支持的第一个标志出现在1975年4月25日。掌权的军方为了使革命制度化并为制定一部民主宪法做准备，举行了一次立宪议会选举。他们想以此来庆祝四月革命1周年。当选举开始计票的时候，他们吃惊地发现，极左派就像右派基督教一样，几乎因民主社会党人的各种游说而被其压倒。最大的赢家是马里奥·苏亚雷斯，他是一位共和党政治家的儿子，其父亲有过坏名声：他曾经向海外宣传旧政权的道德是多么虚伪，给葡萄牙抹了黑，而被萨拉查放逐到非洲的圣多美岛上。但是，社会党人的胜利还不够赢得对军队控制下的政府的绝对掌握。认识到自身政治实力的不足，苏亚雷斯不久便辞去了他在内阁中的职位。他进一步行动，领导了一起贯穿里斯本的示威游行，抗议共产党员工代表在社会党出版社中所谓的干涉。随着军队在对农业和工业的介入中越来越走向极端，权力中心的政治家们也开始秘密谈判，寻找可替代的选择。他们甚至探讨了和苏亚雷斯的社会党人以及围绕在斯皮诺拉周围的保守的流亡者达成协议的可能。然而，最后给由共产党文官和军官组成的执政联盟画上句号的并不是这些政治家，而是一股军队内部的温和势力。极端主义结束于1975年11月25日，安东尼奥·拉马尔霍·埃亚内斯在一场驱逐了军官的军事政变后获得了政治支配地位，随后不久，他成为将军并当选共和国非行政总统。5个月后，在四月革命2周年的时候，马里奥·苏亚雷斯被选为葡萄牙49年又11个月以来的第一位民选总理。

在为期2年的革命中，全世界都带着希望和焦虑，注视着革命的方方面面。当试图维护萨拉查传统的寡头统治垮台时，各国外交机构措手不及。秘密情报机构掌握的信息同样不足，美国中情局甚至更倾向于相信本国关于葡萄牙正在赢得莫桑比克殖民战争的宣传。另一方面，金融界则料到了这种改变。在革命前5天，由尼德兰女王的丈夫主持召开的西方财长会议听取了与斯皮诺拉关系密切的里斯本港口执行官发动一场政变的可能性。2天后，在伦敦改革俱乐部吃饭的银行家们也都对莫桑比克即将发生的政变很感兴趣；但是令人吃惊的是，他们从容不迫地预言，这种政变将从里斯本开始。当政变开始的时候，美国开始关注起这个能接触到北约军事情报的盟友来，担心它会接受一个共产党人进入它的内阁。葡萄牙新政府，不管是对还是错，开始害怕起美国像在拉美那样进行干涉的可能性来。然而，美国大使是一个非常精明的人，他经历了桑给巴尔革命，后来成为美国的国防部部长。他显然建议采取一种耐心关注的态度，在当时华盛顿和莫斯科正处于缓和的氛围下不采取任何行动。后来革命也正如他之前所预计的那样偃旗息鼓了。美国的干涉倒很有可能重振共产党的声望，但是葡萄牙共产党和莫斯科之间的紧密联系却可能削弱了人们对它政治成就的期待。共产党曾获得15%的民意支持，这是公共声望的顶点，后逐渐降低。

不管是偶然还是其他原因，终结革命的反政变仅仅出现于殖民帝国最终消亡2周之后。决定如何处理这场殖民战争成为摆在试图驾驭革命的临时内阁面前最首要最紧急的政治决策。他们做出军事决定时，殖民地的雇佣军，不管是白人还是黑人，都拒绝继续为帝国而战。在那些民族主义的对手较易确定的非洲地区，停火可以很快达成。几内亚在几周后就获得了独立保证，在几个月内莫桑比克也赢得了独立。经历了数年激烈的战争后，这场转变来得如此和平，令人吃惊，社会改革最初也显得温和且不分种族。在安哥拉，情况更为复杂，涉及的经济利益也高得多。葡萄牙准备建立一个由三个主要非洲政党组成的联盟，这样就能形成一个政府，在其中，移民就能作为第四种力量保持权力的平衡。可惜这种策略失败了，在1975年7月，90%的移民愤怒地离去，打包带走了他们所能装进箱子里的一切东西，把绝大多数不能带走的东西也愤怒地毁掉了。殖民者被三支由三个对立非洲政党所招来的远征军所取代，由外国干涉而引发的内战也随之发生。葡萄牙放弃了调停，并于1975年11月11日在夜幕掩护下撤回了它最后的士兵，它在非洲的最后一任总督宣称他已经将权力移交给"全体安哥拉人民"而不是其中某一个政党。那些住在首都的"人民"一觉醒来发现扎伊尔和南非的军队正在家门口用重炮轰击，有几千名支持解放运动"大众"阵营的葡萄牙人留了下来，在他们的鼓舞下，一些古巴军队坚守城内。

帝国的遗产之一便是有大量外裔人口返回葡萄牙。在18世纪至20世纪中叶，黑人在里斯本是非常少的，即便是来的那些也都是混血的殖民地精英，是到这儿来寻求大学教育或者在殖民管理学校里接受训练的。在20世纪70年代，来自殖民地的移民被大量接纳了，尤其是那些被影响他们近海岛屿的可怕的萨赫勒[2]旱灾所打击的佛得角人。经济难民并非都能到达他们想去的地方，即新英格兰旧捕鲸据点的亲戚那儿，因此他们被允许驶往葡萄牙。在那里，他们取代了一些已经前往法国的移民，寻找安身立命的工作，比如廉价的临时工和佣人。他们住在里斯本市郊的棚户区里或者住在旧城昏暗的廉价公寓里。随着帝国的崩塌，大约50万人突然从天而降，来到了这个欧洲最穷但也许风景最好的首都城市，加入了佛得角人住的喧嚣拥挤的城市贫民窟和近郊的渔村。那些通常没有受过教育的白人返乡客和黑人难民与土著穷人竞争收入微薄、技术含量极低的工作，例如用小锤子整修马赛克人行道。年轻的返乡客力图用现代非洲打击音乐给城市带来活力，这些音乐后来风靡欧洲。

不断返回的帝国的失业者使得住房领域中业已严重的社会问题突显出来。到了1974年，将近30%的葡萄牙人口缺乏达到最低标准的体面住房。20世纪60年代的经济发展给里斯本和波尔图城市带来了大量的资金，把里斯本南部的塞图巴尔从一个旧渔港转变为葡萄牙第三大城市。当政治沉默的年月终结后，当地的城市商会很快动员起来寻求社会重建的计划。居民委员会以一种工业工会谈判代表和农业劳动者都没达到的方式跨越了阶级隔阂，通过了行动计划。他们致力于控制租金，相信在理想情况下，家庭住房上的花费不应该超过收入的10%。为了克服严重短缺，他们管理那些革命中逃亡的业主所抛弃的空房子的占用和分配。这些基层政治家受到武装力量运动的支持，并且试图夺取城市和国家都不能履行的管理角色。街道委员会大力推广改善健康和照顾儿童的项目，并且通过"活跃的"家庭单元组织了一个互助计划。每个人都有自己的观点，都投身到无休止的讨论中，这成为新民主政治的基础。这就是开放论坛的成功之处，差异也能得到调和，在革命中武器始终没有被使用。

革命后的葡萄牙并没有认真考虑以"新殖民主义"法兰西帝国的方式恢复它在非洲的权益。尽管有一些与刚果-扎伊尔做贸易的商人和一些在葡萄牙过得不是很好的商业返乡客又去南非安了家，但是一种深刻的国家失忆几乎遮盖了与非洲有关的一切。在里斯本的民主领袖当中，社会党人对他们之前在非洲的党羽不再抱有希望，工业领袖则死盯着欧洲。仅仅经过了10年，以商业为导向的政府又开始介入前殖民地的政治。在莫桑比克有一家葡萄牙公司负责管理赞比西河水电计划，因此葡萄牙希望设法结束造成不稳定的战争，以便重新修建通往比勒陀利亚的输电线，重新开辟国家收入来源。莫桑比克的民族主义政府抛弃了它平等主义的理想，开始对国外资本做出让步。在1991年，葡萄牙与莫桑比克在意大利和梵蒂冈的支持下达成了政治妥协，而正是这份妥协实现了停火并打开了这个葡语共和国的贸易和投资大门。作为葡萄牙人的对手，在前罗德西亚和南非持有利益的英国大亨也想分一杯羹。在对非洲进行经济瓜分的新一轮狂潮中，莫桑比克被吸收进了英联邦，尽管它坚持使用葡萄牙语作为官方和商业用语。

与莫桑比克相比，安哥拉是一个更引人注意的新殖民目标，但是那里的竞争也更为激烈。从20世纪80年代晚期开始，南非在安哥拉境内的军事失败、非洲主要冷战成员苏联的瓦解、4万名古巴士兵和非军事辅助人员的撤离，看样子都为葡萄牙重返安哥拉铺平了道路。许多前葡萄牙殖民地的移民、军官和工业家一直以来都表现出一种强烈的意识形态倾向，但这不是官方意识形态，而是放弃了毛主义后，在第一场后殖民主义内战中接受美国帮助的反对派的意识形态。然而，更为现实的是，潜在的经济合作者看出，无论是油井、城市管理、苏联装备的空军，还是工业疲敝、规模庞大的首都，都受准马克思主义政府的控制，虽然美国与该政府关系不佳，但葡萄牙还维持着冷淡但正确的关系。结束城市和乡村之间、亲美派和亲苏派之间、说葡萄牙语的中产阶级和说方言的农民与部落酋长之间激烈冲突的期望，使在城市长大的安哥拉政治家们再一次对葡萄牙在1975年放弃的不切实际的发展计划产生梦想。被烧毁的种植园、被遗弃的矿场、没有完工的灌溉水坝似乎都保留着潜力。安哥拉主动招手，葡萄牙也渴望带来和平，以有利的条件获得新旧财源。第一份富有前途的和平协议在俄罗斯、美国和葡萄牙三方的努力下达成了。随后，安哥拉迎来了该国的第一次民主政治实践。1992年，前马克思主义执政党在联合国精心安排的议会选举中获胜。然而，全副武装的反对派拒绝承认他们的失败，安哥拉又陷入两场内战中。直到2002年，由于采取在不满的偏远省份制造饥荒的残忍战术，叛乱首领乔纳斯·萨文比最终山穷水尽并被杀死。之后葡萄牙尽力使用外交手腕和语言优势来挤压法国对手，渴望成为安哥拉进入欧盟的桥头堡，以此来获得这个前殖民地的近海油井和海岸上的钻石矿。

在1974年革命后，葡萄牙在世界上的地位看起来在逐渐改变。这个国家作为一个背离了伊比利亚王室联盟的独立王国在1640年开始了它的现代生活。此后，一段长时间的对经济生存能力的探寻导致了两个帝国的建立，一个是在美洲，一个是在非洲。在17世纪晚期、18世纪晚期和19世纪晚期，葡萄牙经历了三次不成功的工业化尝试，最终与英国结成了紧密的联系，来保证葡萄牙优质酒类的销路。在20世纪80年代，景象完全改变了。在巴西的美洲帝国基本被遗忘，尽管电视的出现给葡萄牙人的荧屏带来了如潮水般的巴西电视剧。非洲至少暂时淡出了视野，尽管随着后殖民主义战争的拖延，它继续出现在电视新闻里。对于大多数葡萄牙人来说，非洲的现实几乎不影响政治生活，而参加过丛林战争的那几代人也选择压抑苦涩、遗忘过去。年轻人甚至声称对最近的一段殖民历史一无所知。在过去几个世纪里力图使葡萄牙工业化的老一辈经济学家成为学院派历史学家分析探讨的流行话题。但是20世纪中叶的工业在结构上通常是跨国的，因此并不能成为本国骄傲的资本。英国人以一种傲慢的、半殖民的、外国绅士的形象存留在民间记忆里，人们不得不以半带嘲弄的尊敬对待他们。但是随着以米为度量衡的计量体系取代了磅和平方英寸，在贸易和技术领域中广泛的英国影响迅速消失了。然而，在经过激烈斗争获得独立的三个半世纪后，最大的改变，是与西班牙紧密关系的修复。

20世纪30年代，当葡萄牙和西班牙都处于对法西斯力量表示谨慎同情的独裁统治下时，两国的关系本有望修复，但这并没有发生，尽管萨拉查的确帮助弗朗哥赢得了内战，而且当萨拉查将一批里斯本难民流放到马德里作为杀鸡儆猴的惩戒还混进一些让人头疼的强硬分子时，弗朗哥也没有深究。然而两位独裁者都是坚定的民族主义者，这就把问题留给了他们的继任者——社会民主党人和民主社会党人，就算不恢复友谊，也要恢复合作。新的伊比利亚自由贸易协定使西班牙与葡萄牙之间的贸易额超过了之前西班牙与前西属美洲帝国的贸易额，与此同时，葡萄牙与西班牙的贸易额也开始超过葡萄牙与英国的贸易额。1985年后，西班牙开始在葡萄牙进行投资。不久，更多的西班牙资本涌入了葡萄牙，超过了西班牙在任何其他国家中的投资。西班牙游客被葡萄牙低廉的价格所吸引，超过了其他国家游客人数的总和。尽管在去西班牙的游客人数上，葡萄牙可以和英国相竞争了，但是相邻的两个伊比利亚国家之间还是出现了10亿美元的贸易差额。原本两国期望更加紧密的关系能使双方受益，甚至制定了建设高速公路将安达卢西亚繁荣的南部城市与葡萄牙相连接的计划。然而，葡萄牙货物和人员的流动被西班牙资本的流动所超过了，因为西班牙公司想从只相当于本国一半的葡萄牙工资水平中获益。那些革命后回到私人所有者手中的葡萄牙银行纷纷倒闭，面临着来自入侵的西班牙银行的威胁。在新的氛围下，有关渔场和纺织税的旧纷争必须得到解决。最后，曾被放逐到葡萄牙、在那里度过童年的西班牙国王得以故地重游进行一次国事访问，参观了巴塔利亚大修道院——那是葡萄牙的国家标志，修建于6个世纪之前，用来纪念在1385年对卡斯蒂利亚人统一伊比利亚野心的成功挫败。

与西班牙的新关系只是20世纪80年代的转变之一。1983年的时候发生了小小的耽搁，那时，保守派领袖突然死亡，随后保守派政府也垮台了。但是，社会党人领导权的回归并没有带来任何革命的旧火种。激进的士兵实际上已经远离了政治，大多数葡萄牙劳动者也倾向于加入非共产主义的工会，这些工会能够平静理智地接受企业定期缩减开支的要求。在后革命时代的葡萄牙，最重要的改革年份是1986年。它标志着10年"试行"民主期的结束，在这10年里，一群保守派军官一直对政治家保持着监视。那位在1975年领导反政变的上校，安东尼奥·埃亚内斯，结束了他作为第二共和国民选总统的第二个五年任期。产生于1974年激进军事传统的革命委员会逐渐消失，文官统治变得根深蒂固。1986年选出的新总统是老到的民主社会党人马里奥·苏亚雷斯，他击败了保守党竞争对手，成为一位为全体葡萄牙人民服务的无党派的总统。苏亚雷斯在旧独裁统治下长期呼吁民主，在第一个任期内就表现出高超的内阁技巧，在无政府主义者、共产党人、军国主义者和前法西斯主义者之间编织起一条中间路线，他是一位那么受欢迎和尊敬的人物，以至于1991年在喝彩声中他再一次当选总统，开始了第二个总统任期。

在议会方面，1986年也是一个改革之年。几个月前，一位年轻莽撞的经济学家，卡瓦科·席尔瓦，被选举为总理。卡瓦科曾在撒切尔夫人执政时期的英国接受培训，他的执政为葡萄牙指明了一个新的发展方向。那些曾部分根除萨拉查执政晚期和卡埃塔诺最后时期不人道的严酷统治的社会党人和半社会党人政策被流行的欧洲保守主义所取代了。新的思想家相信,葡萄牙长期所缺少的服务,其最可靠的提供者不是政府,而是商业。不仅仅银行和国家工业要实行私有化,而且那些从未落入私人之手的公共服务设施也要被出售给那些再一次获得青睐的工商业巨头。卡瓦科驾驭着一波经济增长的大潮,这掩盖了一些经济变革中的阵痛。所以他能又赢得两次大选,也成为葡萄牙第一个赢得议会大多数选票的总理。他与老的社会党总统同台执政,带来了10年的政治稳定和巩固。据说,"法西斯主义者"在经济管制时期存下来的700吨黄金储备是这份稳定的基石,而且之前的"社会党人"没有为自己的社会和政治重建试验动用这笔储备。

1986年不仅仅带来了一位新的民选总统和一位新的保守派总理,同时也带来了一系列新的经济挑战和机遇。当帝国熬过了后殖民主义死亡的阵痛,葡萄牙开始在革命的余波中寻找机会。20世纪70年代中叶,葡萄牙开始疏远非洲,努力融入一个新的欧洲。在20世纪70年代晚期,社会党人政府提出了加入欧洲"共同体"的申请。在20世纪80年代早期,由一些复职政治家领导的保守派政府开始了艰难的谈判。这些复职政治家在革命前政权的最后一届"议会"中曾是小小的"自由派"。在人们看来,1986年成功融入欧洲既是一种民主化的体面标志,又可以打开新的经济之门。尽管葡萄牙的确在敏感的地中海农业领域中构成了一些竞争,但布鲁塞尔并没有预料到葡萄牙会是一个难以消化的国家,因为整个葡萄牙的国内产值仅相当于欧洲总产值的1%。在农业领域中,新的自由给葡萄牙乡村带来的最大的变化就是生产合作社的进化,尤其是在酿酒业。以前那些销路依赖于剥削的私人企业家的农场主现在获得了以政府资助的农业扩展计划为支撑的对社会负责的市场体系。葡萄牙酒类品质提高,农民生活水平也随之略有改善。葡萄牙的人均国民生产总值，尽管仅是西班牙人的一半和欧洲人的三分之一，但在20世纪80年代也增加到近5000美元，是痛苦战后岁月中人均每年500美元的十倍。

在1986年的时候，葡萄牙终于得以加入欧洲共同市场（不久改为欧盟）。这种整合伴随着持续了近10年时间的经济繁荣，给葡萄牙的面貌带来了大量可见的改观。国家第一条上千英里的高速公路大大改变了以前仅仅依赖于嘎吱作响的铁路和鹅卵石铺成的道路的交通基础设施。欧洲现代化的最大受益者是那些居住在沿海城镇的居民，而不是那些住在山地和边陲的半被忽视的人。城市迅速从有轨电车时代转到汽车时代，没有接受荷兰式的自行车，也没有采用意大利式的小型摩托。当城市被汽车革命弄得拥堵不堪时，大众公司用来自欧盟的10亿欧元的丰厚补贴金建造了一座工厂。好年景也被50万名涌入劳动力市场的殖民地移民和军队士兵所推动着，他们大多从非洲回来，希望能在急速增长的服务业和建筑业中找到工作。改变最富戏剧性的标志是欧洲最大的铜矿开发，但是当产量达到15万吨的时候，商品价格降低了，葡萄牙和欧洲的蜜月也就结束了。

20世纪90年代中期见证了葡萄牙和来自地中海地区的其他后进欧盟的国家享有的暂时财政特权的终结。基础设施领域的可见变化并没有带来任何经济结构的显著进步。尽管经济增长率暂时保持高位，但葡萄牙从来没有能像法国那样利用好欧盟农业补贴的巨大福利。葡萄牙的农业大幅度衰退。在20世纪60年代葡萄牙国民生产总值的四分之一来自农业和捕鱼业，但是，到了2000年，过时的土地所有制、古老的农场生产方式、不经济的小船捕鱼方式使得葡萄牙传统行业占国民生产总值的比重降至不到4%。一些增长出现在林业，广阔的橡树和松树林通过种植50万公顷桉树得以补充。另一方面，农民生产的食物不到葡萄牙所需的一半，甚至动物饲料都有赖于从国外进口。同时，旅游业为来自西班牙的一日游游客和400万海外葡萄牙人中一些回家度假的人提供食宿，在提供国家收入和提供就业两方面的作用都超过了农业。在阿尔加维南部的海滩上，旅游业也迎接着100万左右的英国人和来自北部的其他游客。在21世纪刚开始的时候，一些高档的旅游项目的发展增加了葡萄牙丰富的艺术和建筑遗产的商业价值。尽管有从农业向服务业的转变，但葡萄牙的工资依旧不高，与欧洲21欧元的平均时薪相比，葡萄牙的平均时薪仅仅为7欧元。即使低物价为葡萄牙人提供了更高的购买能力，葡萄牙的平均国民财富也仅仅维持在爱尔兰的一半。

生产者贫困，服务业效率低。欧洲整合初期的激动时刻并没有导致人类发展指数出现任何快速增长。在1991年，官方统计数字指出至少20万儿童从事像成年人那样的全日制工作，失去了受教育的机会，也没有得到成年人那样的报酬。在接下来的10年里，一半葡萄牙儿童仍在14岁的时候离开学校。这些儿童（包括他们的父母）的健康指数远远落后于其他西方国家，尽管新生儿死亡率从10‰下降到了5‰。那些完成中学课程的青少年有时被迫去私立院校接受进一步的培训。三分之一的葡萄牙大学生进入独立学院。在1995年的时候，对医疗和教育基础设施缺乏的不满混合着经济的下滑，选民们最终拒绝了保守党人而转向社会党人，选他们上台执政。然而，在经济不景气的时候进行管理结构的改革可不是一件简单的工作，就算政府有意增加花费也不能弥补葡萄牙人浮于事的官僚机构工作低效的缺陷。2002年，趋势再次改变，新一届保守派政府承诺解决健康医疗服务的危机，如果有必要的话，将采取把医院卖给营利性经济实体的手段。

当政府竭力加强经济生产并缩减基于税收的社会服务时，葡萄牙度过了一段追寻民族精神的时期。加入欧盟实质上抹除了存在了

8个世纪之久的国家边界。按一位幽默作家的说法，西班牙总是觉得葡萄牙与直布罗陀一样落后于时代，而该国仍在利用新开放的边界为自己谋利。葡萄牙支离破碎的投资结构吸引了外国的投资者，他们购买土地的同时也进行着金融领域的投资。然而，较低的工资并没有将投资商们明显地吸引到制造业中去；同时，低成本的国际制造业和装配业仍然持续不断地迁离地中海周边，移向亚洲地区。随着"铁幕"的瓦解，葡萄牙至关重要的纺织业、服装业和鞋业制造领域，开始对外开放并受到东欧工厂的强烈冲击，这些东欧工厂可以更为便利地占领德国广大的消费市场。一方面为了保护葡萄牙的民族意识，另一方面为了宣传它经济的现代化，一场世界贸易博览会于1998年在里斯本举行，将城市的创新带到北部乡村。横贯特茹河的新桥的落成开通也在同一时间，这座桥把里斯本与东边的遥远的工业化郊区连接在一起。葡萄牙1000万总人口中将近有200万人现在居住在这座大都市及其周围。尽管其中许多很贫困，但他们现在享有现代民主生活，而且其中一些已经和那些流散在西欧各地的葡萄牙人类似，具备城市化的文化观念。然而，反观乡下省份，葡萄牙依旧保持着一种完全属于自己的独特的农村活力。尽管地里的工作依旧那么艰难，家族仍保持着强大和凝聚力。在大团圆的时候，一家人享用着葡萄牙独特的烂鱼炖、烤山羊，喝着浓郁的红酒。在海外赚钱的亲朋好友会在节日和特别的日子里到访，使多姿多彩的传统节日更加热闹与丰富。葡萄牙文化和习俗在21世纪依旧保持着旺盛的活力。

译　　注

导言

1. 蓬巴尔侯爵（1699—1782），原名塞巴斯蒂昂·何塞·德·卡瓦略·梅洛，18 世纪葡萄牙著名政治家、国王若泽一世的首席大臣。
2. 威灵顿公爵（1769—1852），著名英国军事家，后在滑铁卢击败拿破仑。
3. 前身为韦廷家族（House of Wettin）的一支，因为受封于德意志萨克斯-科堡和哥达公国，遂以此国名为王朝名。后来该分支的数位王子通过婚姻或继承成为多国国王，如葡萄牙、比利时和保加利亚国王等。1836 年 1 月 1 日，萨克斯-科堡-哥达公爵恩斯特一世的侄子斐迪南郡王，与葡萄牙女王玛丽亚二世结婚，并于次年，他们的长子——未来的佩德罗五世出生后，和妻子并列为王，称"斐迪南二世"。自此开始了布拉干萨-萨克斯-科堡王朝在葡萄牙共 5 代君主的统治，直至 1910 年 10 月 5 日被葡萄牙第一共和国取代。
4. 德国著名旅游手册出版商。
5. 塞西尔·罗德斯（1853—1902），英属南非金融家、政治人物和钻石帝国创始人。
6. 罗兹·麦考莱（1881—1958），英国著名女作家，战时是和平承诺联盟的赞助人。

第一章　人民、文化和殖民地

1. 西班牙著名伊斯兰教城市。
2. 卡蒙斯，16 世纪葡萄牙著名诗人、剧作家，代表作有《卢西塔尼亚人之歌》。
3. 里斯本最古老的城区，里面保留了很多摩尔式建筑。
4. 即阿尔穆拉比特王朝，11 世纪至 12 世纪由北非和西班牙南部及东南部的柏柏尔人所建。
5. 俗称"圣衣会"，天主教隐修会之一。12 世纪中叶，由意大利人贝托尔德（Bertold）创建于巴勒斯坦的加尔默罗山，故名"加尔默罗修会"。

6. 加纳利群岛最大的岛屿。
7. 摩洛哥北部港口城市，1580 年交给西班牙统治，1995 年西班牙批准其实行自治。
8. 即哥伦布。
9. 位于里斯本东北约 120 公里的托马尔市，原为圣殿骑士修道院，后为基督教修道院，集中了葡萄牙 12 世纪至 16 世纪流行的建筑风格，1983 年被列入联合国教科文组织世界遗产名录。

第二章　17 世纪的反抗和独立

1. 这里指的是 1640 年的英国资产阶级革命。
2. 西班牙和葡萄牙的统称。
3. 1618 年至 1648 年间由神圣罗马帝国内战演变而成的一场全欧参与的大规模国际战争。
4. 马拉巴尔，现指南印度的一个地区，位于西高止山和阿拉伯海之间。当年曾是东印度公司控制的马德拉斯邦的一部分，被划为马拉巴尔区。有时也会用"马拉巴尔"一词来泛指印度半岛的整个西南海岸，称作"马拉巴尔海岸"。
5. 位于加纳首都以西 130 公里处，早先是欧洲殖民者掠夺黄金的总部，后来随着奴隶贸易的兴起，它又成为因禁奴隶并进行奴隶贸易的重要据点。
6. 这里指天主教分裂。新教在法国被称为"胡格诺教"。
7. 1622 年修建，1698 年毁于大火。英国国王常居于此。
8. 摩洛哥北部海港，位于直布罗陀海峡西端，1471 年落入葡萄牙人之手，后来被转让给英国，1684 年英国人放弃该地归还给摩洛哥。
9. 萨尔瓦多·德·萨（1602—1688），葡萄牙军事家和政治家，里约热内卢、南部巴西和安哥拉总督。
10. 卡斯特罗·梅略尔伯爵（1636—1720），阿方索六世的大臣，1662 年至 1667 年葡萄牙的实际统治者，成功展开了对西班牙的战争，致使西班牙于 1668 年承认葡萄牙独立。
11. 安东尼奥·维埃拉（1608—1697），葡萄牙耶稣会士和作家，当时天主教的"演讲王子"。路易斯·德·曼尼塞斯（1632—1690），第三代埃里塞拉伯爵。

第三章　18 世纪的黄金时代和大地震

1. 历史上西班牙国王的居所之一，位于西班牙首都马德里西北 45 公里处，以其建筑而出名。
2. 指那些在北非海岸活动的所有穆斯林海盗。
3. 1611年葡萄牙国王腓力二世授予塔沃拉领主路易斯·阿尔瓦雷斯·德·塔沃拉侯爵封号。1759年第四代塔沃拉侯爵因为塔沃拉事件被处死，塔沃拉侯爵的封号亦被撤销。

第四章　巴西独立和葡萄牙革命

1. 托里什韦德拉什防线是在半岛战争期间为保卫里斯本而秘密修建的要塞防线，以附近的托里什韦德拉什而得名。
2. 生于拉丁美洲的欧洲人及其后裔。

第六章　独裁统治和非洲殖民帝国

1. 一种葡萄牙悲歌，由歌曲和器乐两部分组成，歌声充满悲切、哀怨之情。
2. 应为1952年的关闸事件。
3. 葡萄牙中西部的著名海滨旅游胜地，濒临大西洋，附近有埃什托里尔山。

第七章　民主和欧洲共同市场

1. 库尼亚尔（1913—2005），前葡共总书记。
2. 阿拉伯语意为"沙漠之边"，指非洲苏丹草原带北部一条宽320公里至480公里的地带，是由典型的热带草原向撒哈拉沙漠过渡的地带。

阿维斯、贝雅和哈布斯堡家族世系表

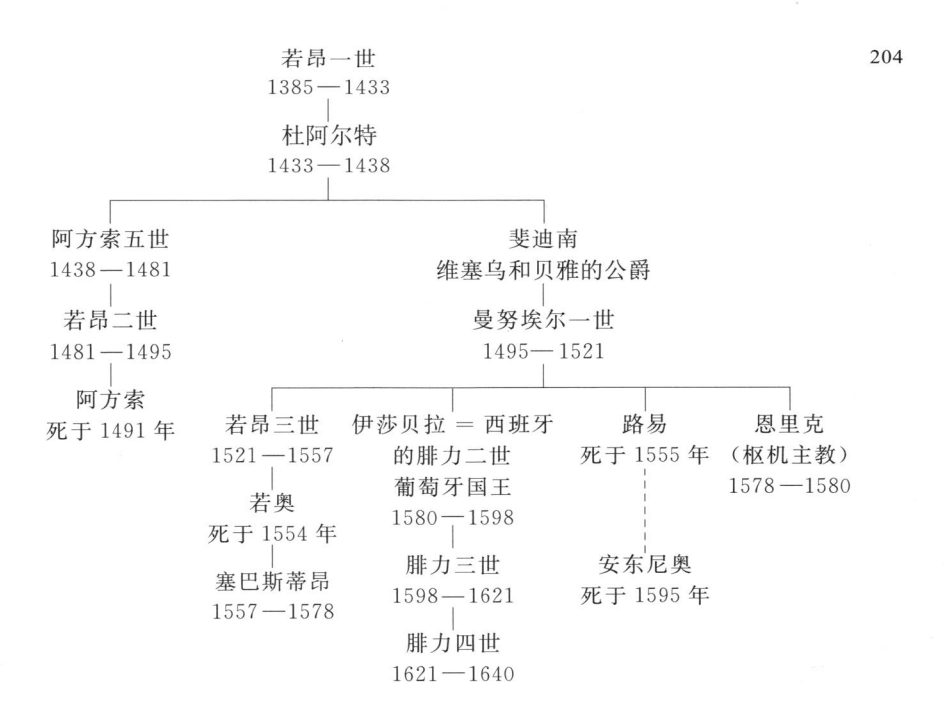

```
                           若昂一世
                          1385—1433
                              │
                           杜阿尔特
                          1433—1438
          ┌───────────────────┴───────────────────┐
       阿方索五世                              斐迪南
       1438—1481                          维塞乌和贝雅的公爵
          │                                      │
        若昂二世                              曼努埃尔一世
       1481—1495                            1495—1521
          │                ┌──────────┬──────────┬──────────┐
        阿方索           若昂三世   伊莎贝拉＝西班牙    路易      恩里克
       死于1491年        1521—1557  的腓力二世     死于1555年  （枢机主教）
                           │       葡萄牙国王                 1578—1580
                         若奥      1580—1598
                      死于1554年       │
                           │        腓力三世         安东尼奥
                       塞巴斯蒂昂    1598—1621       死于1595年
                       1557—1578       │
                                    腓力四世
                                   1621—1640
```

布拉干萨和布拉干萨-萨克斯-科堡家族世系表

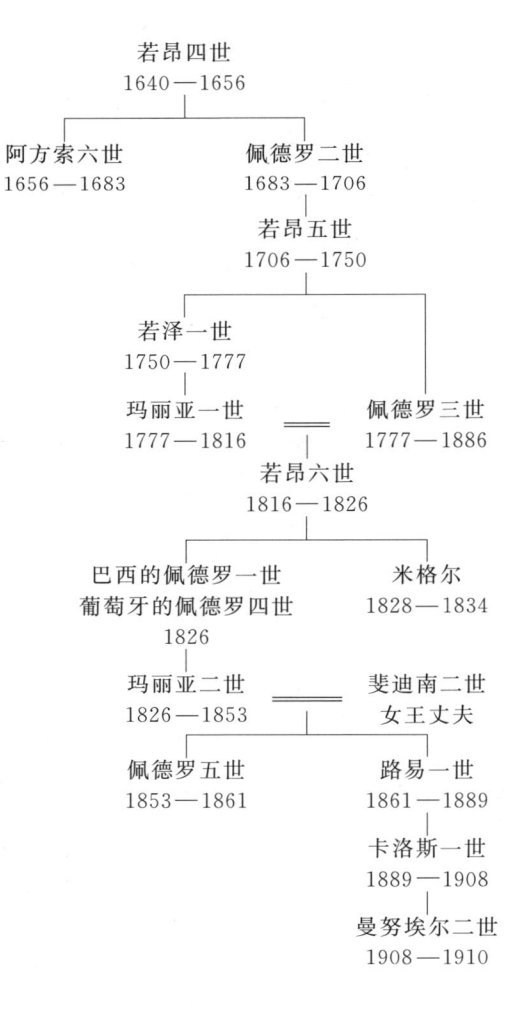

若昂四世
1640—1656

阿方索六世　　　佩德罗二世
1656—1683　　　1683—1706

若昂五世
1706—1750

若泽一世
1750—1777

玛丽亚一世 ═══ 佩德罗三世
1777—1816　　　1777—1886

若昂六世
1816—1826

巴西的佩德罗一世　　　米格尔
葡萄牙的佩德罗四世　　1828—1834
1826

玛丽亚二世 ═══ 斐迪南二世
1826—1853　　　女王丈夫

佩德罗五世　　　路易一世
1853—1861　　　1861—1889

卡洛斯一世
1889—1908

曼努埃尔二世
1908—1910

葡萄牙共和国历任总统

特奥菲洛·布拉加（Teófilo Braga） 1910—1911，1915
曼努埃尔·德·阿里亚加（Manuel de Arriaga） 1911—1915
贝纳尔迪诺·吉马良斯（Bernardino Guimaraes） 1915—1917，1925—1926
西多尼奥·派斯（Sidónio Pais） 1917—1918
若奥·安图内斯（João Antunes） 1918—1919
安东尼奥·德·阿尔美达（António de Almeida） 1919—1923
曼努埃尔·特谢拉·戈梅斯（Manuel Teixeira Gomes） 1923—1925
奥斯卡·卡尔莫纳（Oscar Carmona）（首相，后任总统） 1926—1951
　［安东尼奥·萨拉查（António Salazar）（部长会议主席） 1932—1968］
克拉维罗·洛佩斯（Craveiro Lopes） 1951—1958
阿梅里科·托马斯（Américo Thómaz） 1958—1974
　［马赛罗·卡埃塔诺（Marcello Caetano）（部长会议主席） 1968—1974］
安东尼奥·斯皮诺拉（António Spínola） 1974
弗朗西斯科·达·哥斯达·戈梅斯（Francisco da Costa Gomes） 1974—1976
安东尼奥·拉马尔霍·埃亚内斯（António Ramalho Eanes） 1976—1986
马里奥·苏亚雷斯（Mário Soares） 1986—1996
　［阿尼巴尔·卡瓦科·席尔瓦（Anibal Cavaco Silva）（总理） 1985—1995］
若尔热·桑帕约（Jorge Sampaio） 1996—2006
　［安东尼奥·古特瑞斯（António Guterres）（总理） 1995—2002］
何塞·杜朗·巴罗佐（José Durão Barroso） 2002—

原始材料选录

207 José Hermano Saraiva, *História de Portugal* (6 vols., Publicaçoes Alfa, Lisbon, 1983–84, illustrated)
V. Magnlhães Godinho, *Os Descobrimentos e a Economia Mundial* (4 vols., second edition, Presença, Lisbon, 1981)
F. Mauro, *Le Portugal et l'Atlantique au XVIIe siècle* (Ecole Pratique des Hautes Etudes, Paris, 1960)
Flausino Torres, *Portugal: Uma Perspectiva da sua História* (Afrontamento, Oporto, n. d.)
Susan Schneider, *O Marquês de Pombal e o Vinbo do Porto* (Regra do Jogo, Lisbon, 1980)
Teresa Bernardino, *Sociedade e Atitudes Mentais em Portugal 1777–1810* (Imprensa Nacional, Lisbon, 1986)
V. Magalhães Godinho, *A Estrutura da Antiga Sociedade Portuguesa* (second edition, Lisbon, 1975)
Manuel Villaverde Cabral, *O Desenvolvimento do Capitalismo em Portugal no século XIX* (Regra do Jogo, Lisbon, 1981)
Miriam Halpern Pereira, Maria de Fátima Sá e Melo Ferreira and João B. Serra, *O Liberalismo na Península Ibérica* (2 vols., Sá da Costa, Lisbon, 1982)
Manuel Villaverde Cabral, *Portugal na Alvorada do Século XX* (Regra do Jogo, Lisbon, 1979)
Jaime Reis, Maria Filomena Mónica and Maria de Lourdes Lima dos Santos, *O Século XIX em Portugal* (Presença, Lisbon, n. d.)
Vasco Pulido Valente, *O Poder e o Povo* (Dom Quixote, Lisbon, 1974)
António José Telo, *O Sidonismo e o Movimento Operário Português* (Biblioteca Ulmeiro, Lisbon, n. d.)
José António Saraiva and Júlio Henriques, *O 28 de Maio e o Fim do Liberal-*

ismo (2 vols., Bertrand, Lisbon, 1978)

Oliveira Martins, *Portugal Contemporâneo* (2 vols., third edition 1984, reprinted Lello e Irmão, Lisbon, 1981)

Franco Nogueira, *Salazar: Estudo Biográfico* (Atlântida Editora, Coimbra, and Livraria Civilização, Oporto, 6 vols., 1977-1985)

Jacques Georgel, *Le Salazarisme: Histoire et Bilan 1926-1974* (Cujas, Paris, 1981)

António Barreto, *Memória da Reforma Agrária* (Publicações Europa-America, Lisbon, n. d.)

J. Rentes de Carvalho, *Portugal, de Bloem en de Sikkel* (Arbeiderspers, Amsterdam, 1975)

Mario Filomena Mónica, *Os Grandes Patrões da Indústria Portuguesa* (Dom Quixote, Lisbon, 1990)

Joaquim Veríssimo Serrão, *História de Portugal* (Verbo, Lisbon, in progress)

Valentim Alexandre, *Origens do Colonialismo Português Moderno* (Sá da Costa, Lisbon, 1979)

Maria Filomena Mónica, *O Movimento Socialista em Portugal* (Imprensa Nacional, Lisbon, 1985)

António M.Hespanha, *As Vésperas do Leviathan* (Rio do Mouro, Ferreira, 1987)

António José Telo, *Portugal na Segunda Guerra* (P & R, Lisbon, 1987)

António José Telo, *Decadência e Queda da I República Portuguesa* (Regra do Jogo, Lisbon, 1980)

Albert Silbert, *Le Portugal Méditerranéen à la Fin de l'Ancien Régime* (3 vols., INIC, Lisbon, 1978)

Manuel Braga da Gruz, *O Partido e o Estado no Salazarismo* (Presença, Lisbon, 1988)

César Oliveira, *Portugal e a II República de Espanha* (P & R, Lisbon, n. d.)

César Oliveira, *Salazar e a Guerra Civil de Espanha* (O Jornal, Lisbon, 1987)

Sebastião José de Carvalho e Melo, *Escritos Económicos de Londres 1741-1747* (Biblioteca Nacional, Lisbon, 1986)

João Medina, *Oh a República* (INIC, Lisbon, 1990)

David Justino, *A Formação do Espaço Económico Nacional Português 1810-*

1913 (2 vols., Vega, Lisbon, 1989)

Manuel Villaverde Cabral, *O Operariado nas Vésperas da República* (Presença, Lisbon, 1977)

J. Borges de Macedo, *Problemas de História da Indústria Portuguesa no Século XVIII* (second edition, Querco, Lisbon, 1982)

Suzanne Chantal, *La vie Quotidienne au Portugal après le Tremblement de Terre de Lisbonne de 1755* (Hachette, Paris, 1960)

Eça de Queirós, *Os Maias* (Biblioteca Ulisseia, Lisbon, fourth edition, 1988, fiction, first published 1888)

Pepetela [Artur Pestana], *Yaka* (Publicações Dom Quixote, Lisbon, second edition, 1985, fiction)

1990 年以来出版的相关作品选介

1. José Mattoso and Armindo de Sousa, *A Monarquia Feudal 1096–1480* (Estampa, Lisbon, 1993). 此书是由若昂·马托佐主持编撰的重要著述多卷本《葡萄牙历史》中的第 2 卷,包含了他自己对葡萄牙中世纪社会和文化历史的富有启发性的评论。书后附有关于葡萄牙历史的详细书目和一份关于人物与主题的综合索引,参见该丛书第 8 卷。
2. Jorge de Almeida and Maria de Albuquerque, *Os Painéis de Nuno Gonçalves* (Verbo, Lisbon, 2000). 这是若热·德·阿尔梅达和玛丽亚·德·阿尔布柯尔克撰写的一本绘画研究著作,译解了这幅成对三联画——葡萄牙王室和家臣哀悼斐迪南王子殉道——的象征意义。这幅成对三联画展示了这位被美化王子的两张图片,他先是作为人质被兄长亨利留在摩洛哥,最终在 1443 年因失去人质的价值而被杀害。两位作者验证了这对画的确为努诺·贡卡瓦所作,并令人信服地表明这幅画作被委托于 1445 年。这一年份早得令人吃惊,而 6 块波罗的海橡木画板上的年轮数也可作为佐证。
3. Peter Russell, *Prince Henry 'the Navigator' A Life* (Yale, New Haven, 2000). 此书是牛津学者彼得·罗素一生心血的结晶。他默默地解开了围绕在这位"兰开斯特"葡萄牙王子身上的爱国主义神话,写出了一份杰出的关于 15 世纪葡萄牙及其海外扩张野心的另类记述。
4. Landeg White, *Luis Vaz de Camões: The Lusiads* (Oxford University Press, 1997). 这是葡萄牙帝国首屈一指的历史学家兰德格·怀特对伟大的卡蒙斯帝国史诗的翻译,并获得过相关奖项。怀特本人也是一位著作等身的诗人。
5. David Birmingham, *Trade and Empire in the Atlantic 1400–1600* (Routledge, London, 2000). 这本书是写给那些喜欢简明历史,但又感觉《剑桥简明葡萄牙史》所讲述的大西洋帝国史过于简略的读者。
6. Sanjay Subrahmanyam, *The Portuguese Empire in Asia 1500–1700: a political and economic history* (Longman, London, 1993). 最宏大和丰富的修正主义葡萄牙史著作之一,将帝国的东方分支放到亚洲史的广阔背景下进行考察,这是里

斯本的葡萄牙人所罕见的视角。作者还出版了《达·伽马的事业和传奇》一书，剑桥大学出版社 1998 年出版。

7. James D. Tracy ed., *The Political Economy of Merchant Empires: State Power and World Trade 1350–1750* (Cambridge University Press, 1991). 本书是他关于商业帝国兴起那一卷的续作。对于帝国的经济，他从根本上提出了新问题，以最广阔的语境带来了对葡萄牙的新认知。

8. Glenn J. Ames, *Renascent Empire? The House of Braganza and Quest for Stability in Monsoon Asia ca. 1640–1683* (Amsterdam Unversity Press, 2000)。本书是对布拉干萨家族 17 世纪在亚洲帝国末期实现崛起的一个很好的研究。

9. Angela Delaforce, *Art and Patronage in Eighteenth Century Portugal* (Cambridge University Press, 2002). 在这本充满插图的书中，安吉拉·德拉福斯探讨了葡萄牙继承 18 世纪巴西帝国的财富后在艺术和音乐上的后果，从而弥补了一些文化史上的严重缺陷，而读者在目前的简明研究中会看到这些不足。

10. Kenneth Maxwell, *Pombal: Paradox of the Enlightment* (Cambridge University Press, 1995). 肯尼兹·麦克斯维尔力图重新评估蓬巴尔，改变他以往残忍的独裁者的形象，将他描述成热衷于学术阅读的有远见的政治家。

11. Dauril Alden, *The Making of an Enterprise: The Society of Jesus in Portugal, its Empire and Beyond, 1540–1750* (Stanford Unversity Press, 1996). 多瑞尔·阿尔登是美国顶尖的巴西问题专家，此书是一项关于葡萄牙耶稣会士的重大研究。这本书是献给查尔斯·博克斯的，他是一位英国学者，后来阿尔登为他撰写了传记。

12. Hardd Johnson, Maria Beatriz Nizza da Silva and Frédéric Mauro eds., *O Império Luso-Brasileiro* (Estampa, Lisbon, 1986, 1991, 1992). 此书收录于若埃尔·赛朗和奥利维拉·马尔克斯的 11 卷本《葡萄牙新扩张史》，分成三部分，对殖民地巴西进行了详细全面的研究。第一部分由霍尔德·乔纳森和玛丽亚·贝亚特里斯·妮莎·德·席尔瓦编辑，第二部分由弗雷德里克·莫隆编辑，第三部分复由玛丽亚·贝亚特里斯·妮莎·德·席尔瓦编辑。

13. Luis Torgal and João Roque eds., *O Liberalismo* (Estampa, Lisbon, 1993). 此书由路易斯·托尔高和若奥·托克编辑，是若昂·马托佐所主编的《葡萄牙历史》的第 5 卷。本书对自由主义和共和主义竭力赞扬，这在 1926 年至 1974 年的时候是被受独裁统治资助和鼓励的学者所不断全面诋毁的。

14. João Pedro, *Os Sons do Silêncio: o Portugal de Oitocentos e a Abolição do Tráfico de Escravos* (Imprensa de de Ciência Sociais, Lisbon, 1999). 这是若昂·佩德

罗·马尔克斯就葡萄牙反抗奴隶贸易运动所写的一部著作，标题不乏讽刺性。本书强调了九月革命的激进派和务实的反对派之间争论的重要意义。前者得到了本不属于他们的、废奴的功劳，后者则认识到允许这项被英国禁止的贸易所能带来的好处。

15. Fernando Rosas ed., *Portugal e O Estado Novo (1930–1960)* (Presença, Lisbon, 1990). 此书是若埃尔·赛朗和奥利维拉·马尔克斯所编的《葡萄牙新史》的第 12 卷，包含了由萨拉查时代最顶尖的现代学者整理校点的文章。随后是费尔南多·若萨斯的文章，展现了那个时代不断深化的视野和认知。

16. Manuel Braga da Cruz, *O Estado Novo e a Igreja Católica* (Bizâncio, Lisbon, 1998). 此书探索了萨拉查公开的天主教独裁与梵蒂冈和葡萄牙教会之间纠结的关系。

17. Anne Pitcher, *Politics in the Portuguese Empire: The State, Industry and Cotton, 1926–1974* (Clarendon Press, Oxford, 1993). 此书以潜在意义重大的纺织业为背景，仔细分析了萨拉查与他的非洲帝国的关系中的谜团和现实。

18. *O Império Africano* (Estampa, Lisbon, 1998, 2001). 此书包含了若埃尔·赛朗和奥利维拉·马尔克斯论帝国系列的两个部分。它开创了后殖民研究的新视野，把目光放在葡萄牙的同时也关注非洲自身和更为广阔的外部世界。1825 年至 1890 年这一时间段由瓦伦廷·亚历山大和吉·迪亚士负责编辑。1890 年至 1930 年这一时间段由奥利维拉·马尔克斯负责。

19. *Lusotropicalisme: Idéologies coloniales et identités nationales dans les mondes lusophones* (Karthala, Paris, 1997). 此书是一部国际合作的多卷本巨作中的一卷，首先刊登于米歇尔·卡昂领导的法国学者搜集和编辑的年刊 *Lusotopie*。这本大部头致力于研究所有的葡语国家，包括帝汶岛，也囊括所有的主题，包括宗教研究在内。

20. Cláudia Castelo, "O Modo Português de estar no Mundo", *O luso-tropicalismo e ideologia colonial portuguesa (1933–1961)* (Afrontamento, Oporto, 1999). 这是一篇就一度流行的葡萄牙种族宽容理论为主题的论文，内容简明，对过去的观点进行了修正。

21. Pepetela, *A Geração da Utopia* (Dom Quixote, Lisbon, 1992). 此书通过一群虚构的在里斯本的非洲学生的视角，心酸地追随着他们的幻想和幻想的破灭，从中捕捉帝国晚期的特点。这是佩佩特拉众多备受赞扬的小说之一，反映了葡萄牙从 17 世纪到今天在安哥拉的经历。

22. Marion Kaplan, *The Portuguese: the Land and its People* (Penguin, London,

1991). 玛丽安·凯普兰所撰写的一份历史调查,对《剑桥简明葡萄牙史》是很好的补充,并且就文学和艺术进行了出色的探讨。

23. Kenneth Maxwell, *The Making of Portuguese Democracy* (Cambridge Unversity Press, 1995). 肯尼兹·麦克斯维尔,蓬巴尔的传记作家,同样也对1974年革命写了一份极为学术和不带感情色彩的国际分析。此书甚至包含了这样珍贵的材料:当安东尼奥·罗马里奥·埃亚内斯被送去北约总部接受培训的时候,美国人竟把年轻的埃亚内斯称作我们"民主的童子军"。

24. Patrick Chabal et al., *A History of Postcolonial Lusophone Africa* (Hurst, London, 2002). 此书包含了马兰·纽维特关于莫桑比克后殖民时代的调查以及戴维·伯明翰关于安哥拉的调查。这本书是乔巴尔《葡属非洲的后殖民文化》一书的续作。Patrick Chabal: (The postcolonial Literature of Lusophone Africa), (Hurst, London, 1998).

25. Karl Maier, *Promises and Lies* (Serif, London, 1996). 卡尔·梅耶是一名杰出美国记者,在本书中记录了帝国的遗产。

26. David Mourão-Ferreira, *Um Amor Feliz* (Presença, Lisbon, 1986). 这是戴维·莫朗·费雷拉的一部受到高度赞誉的小说,比大多数社会科学的学术著作更能告诉别人葡萄牙的社会和社会关系。

27. Claudine Roulet, *Rien qu'une écaille* (Monographic, Sierre, 1996). 这是克劳迪·鲁莱特的法语获奖小说,通过一名妇女的视角,回顾她暂居亚速尔群岛时的生活,以此捕捉葡萄牙法西斯主义晚期的微妙感觉。

28. David Birmingham, *Portugal e África* (Vega, Lisbon, 2003). 此书是一些关于葡萄牙在非洲的论文汇编,由阿尔林多·巴尔贝托斯翻译成英语,并于2004年在雅典由俄亥俄大学出版社出版。

29. Jean-François Labourdette, *História de Portugal* (Dom Quixote, Lisbon, 2001, originally in French, 2000).

拓展阅读英文书目

A. H. de Oliveira Marques, *History of Portugal* (2 vols., Columbia University Press, New York, 1972)
C. R. Boxer, *The Portuguese Seaborne Empire* (Hutchinson, London, 1969)
José Cutileiro, *A Portuguese Rural Society* (Clarendon Press, Oxford, 1971)
Rose Macaulay, *They Went to Portugal* (Jonathan Cape, London, 1946)
Rose Macaulay, *They Went to Portugal Too* (Carcanet, Manchester, 1990)
A. C. de C. M. Saunders, *A Social History of Black Slaves and Freedmen in Portugal* (Cambridge University Press, Cambridge, 1982)
Carl A. Hanson, *Economy and Society in Baroque Portugal* (Macmillan, London, 1981)
Kenneth Maxwell, *Conflicts and Conspiracies: Brazil and Portugal* (Cambridge University Press, Cambridge, 1973)
R. F. Disney, *The Twilight of the Pepper Empire* (Harvard Press, Cambridge, Mass., 1978)
Stanley Paine, *A History of Spain and Portugal* (2 vols., Wisconsin University Press, Madison, 1973)
C. R. Boxer, *Race Relations in the Portuguese Colonial Empire* (Oxford University Press, London, 1963)
H. V. Livermore, *A New History of Portugal* (Cambridge University Press, Cambridge, 1977)
C. R. Boxer, *The Golden age of Brazil* (University of California Press, Berkeley, 1966)
Joseph C. Miller, *Way of Death: Merchant Capitalism and the Angolan Slave Trade* (Wisconsin University Press, Madison and James Currey, London, 1989)
A. D. Francis, *The Methuens of Portugal* (Cambridge University Press, Cambridge, 1977)
C. R. Boxer, *Salvador de Sá and the Struggle for Brazil and Angola* (Athlone

Press, London, 1952)
214 H. E. S. Fisher, *The Portugal Trade: A Study in Anglo-Portuguese Commerce* (Methuen, London, 1971)
L. M. E. Shaw, *Trade, Inquisition and English Nation in Portugal* (Carcanet, Manchester, 1989)
Sandro Sideri, *Trade and Power: Informal Colonialism in Anglo-Portuguese Relations* (Rotterdam University Press, Manchester, 1970)
Gervase Clarence-Smith, *The Third Portuguese Empire* (Manchester University Press, Manchester, 1985)
Richard Hammond, *Portugal and Africa 1815–1910* (Stanford University Press, Stanford, 1966)
Douglas Wheeler, *Republican Portugal* (Wisconsin University Press, Madison, 1975)
Tom Gallagher, *Portugal: A Twentieth-Century Interpretation* (Manchester University Press, Manchester, 1983)
Richard Robinson, *Contemporary Portugal* (Allen and Unwin, London, 1979)
Hugh Kay, *Salazar and Modern Portugal* (Eyre and Spottiswoode, London, 1970)
John Sykes, *Portugal and Africa: the People and the War* (Hutchinson, London, 1971)
António de Figueiredo, *Portugal: Fifty Years of Dictatorship* (Holmes and Meier, New York and Penguin, Harmondsworth, 1976)
T. D. Hendrick, *The Lisbon Earthquake* (London, 1956)
D. L. Raby, *Fascism and Resistance in Portugal* (Manchester University Press, Manchester, 1988)
Lawrence S. Graham and Douglas L. Wheeler, *In Search of Modern Portugal: the Revolution and its Consequence* (Wisconsin University Press, Madison, 1983)
A. J. R. Russell-Wood, *A World on the Move: the Portuguese in African, Asia and America 1415–1808* (Carcanet, Manchester, 1992)
Bruce Chatwin, *The Viceroy of Ouidah* (Jonathan Cape, London, 1980, fiction)
José Saramago, *The Year of the Death of Ricardo Reis* (Harper Collins, London, 1992, fiction)
David Birmingham, *Frontline Nationalism in Angola and Mozambique* (James Currey, London, 1992)

索　引

（索引条目后数字为原书页码，即本书边码）

A

absolutism　专制主义　42-43, 62-64, 70, 114-117, 129, 160
administrative system　行政系统　30-31, 42, 60, 97
　　colonial　殖民的　157
　　Pombal's reforms　蓬巴尔改革　4, 85
　　professionalisation of　～的专业化　123
　　see also taxation　另见税收
Afonso I (Henriques), of portugal　葡萄牙阿方索一世（恩里克斯）　18
Afonso, son of john I, see Bragnanza, Afonso, first duke of　阿方索，若昂一世的儿子，见第一代布拉干萨公爵阿方索
Africa: gold mines　非洲：金矿　25-26, 33, 46
　　see also African empire; slave trade　另见非洲帝国；奴隶贸易
African empire, Portuguese　葡萄牙的非洲帝国　70, 121, 144-148, 153, 157, 165
　　economic importance of　～的经济重要性　3, 88-89, 144-145, 161, 170-173, 175, 182
　　expansion in fifteenth and sixteenth centuries　15、16世纪的扩张　25-28, 29, 31-33, 39
　　liberation movements and collapse of empire　解放运动和帝国的垮台　173, 175-177, 180, 181-184
　　post-colonial attitudes　后殖民主义看法　195-196
　　rivalry with other European powers　与其他欧洲国家的对抗　5, 46, 49, 131, 146-147, 196
　　see also Angola; Mozambique　另见安哥拉；莫桑比克
agrarian reform　农业改革　157, 186-189
agriculture　农业　17, 54, 58, 118-119, 123-125, 132-134
　　backwardness of　～的落后　93-94, 118-119, 141-142, 142-143, 156-157

collective farms 集体农场 187–189

exports 出口 62, 64–66

improvement 改进 107, 124–125, 132–134, 186–189

working conditions 工作条件 134, 187–189

see also agrarian reforms; farmers 另见农业改革；农民

Alcacer Quibir, battle of (1578) 阿尔卡萨基维尔战役（1578） 33

Alcobaca, abbey of 阿尔科巴萨修道院 19, 95

Alentejo province 阿连特茹省 97, 187

Algarve 阿尔加维 19, 21, 25, 27, 100

tourism 旅游业 180

Aljubarrota, battle of (1352) 阿祖勒巴洛塔战役（1352） 22

Almohad 阿尔摩拉维德 18

Almoravids 阿尔摩拉维德 18, 25

American Independence, war of 美国独立战争 96, 103

Amsterdam 阿姆斯特丹 38, 46, 51, 61, 75

Andalusia 安达卢西亚 21, 34, 44, 198

Angol-Portuguese treaties 英葡条约 4, 197

of 1810 1810年的 99, 106, 109–110

in seventeenth century 在17世纪 46, 47–48

see also Methuen Treaty; Windsor, Treaty of 另见《梅休因条约》；《温莎条约》

Angola 安哥拉 73, 95, 121, 131, 144, 图29, 196–197

economic exploitation 经济剥削 147, 图29, 171–173

Lisbon trade 里斯本贸易 88–90

Luso-Dutch war 葡荷战争 46, 49

slave trade 奴隶贸易 29, 49, 59, 89–91

struggle for independence 争取独立的斗争 173, 175, 179, 181–182, 193–194

Anne, queen of England 英国女王安妮 64

anti-clericalism 反教权主义 2, 118–119, 127, 152, 153–155, 159, 180–181

April Revolution (1974) 四月革命（1974） 162, 183–184, 185–193

counter-coup of 1975 1975年的反政变 189, 192, 193

Aquinas, St Thomas 圣托马斯·阿奎那 39

Aragon 阿拉贡 34

architecture: eighteenth-century 建筑：18世纪 2, 4, 67, 97

Manueline 曼努埃尔式的 30, 32

medieval 中世纪的 16, 17, 19

Roman　罗马的　11, 图 1, 图 2
　　twentieth-century　20 世纪　169–170
aristocracy, see nobility　贵族
army　军队　97–98, 114
　　and colonial wars　与殖民战争　176, 177, 183
　　and republicanism　与共和主义　131, 148, 152–153
　　and restoration of democracy　与民主的复归　183–184, 185, 187, 191–192, 199
　　and Salazar regime　与萨拉查政权　6, 163, 165, 166, 168–169, 174
art and culture　艺术和文化　5, 7, 图 12, 67, 97
　　see also architecture; literature　另见建筑；文学
artisans　工匠　97, 109
Asian empire, Portuguese　葡萄牙的亚洲帝国　1–2, 8–9, 29, 30, 44–46, 58, 70
　　see also Bombay; Goa; Indonesia; Macao　另见孟买；果阿；印度尼西亚；澳门
Atlantic empire, Portuguese　葡萄牙的大西洋帝国　1, 24–25, 46, 47, 73, 93
　　see also Azores; Canary Islands; Cape Verde Islands; Maderia; São Tomé　另见亚速尔群岛；加纳利群岛；佛得角群岛；马德拉；圣多美

Austria　奥地利　82, 117
Aveiro, José de Mascarenhas, eighth duke of　第八代阿维罗公爵何塞·德·马什卡雷尼亚什　84
Avis, Order of　阿维斯军事修会　22
Avis dynasty　阿维斯王朝　22–24, 25
Azores　亚速尔群岛　24, 54, 73, 104, 117
　　foreign military bases on　～的外国军事基地　162, 173, 179, 181

B

Baedeker, Karl　卡尔·贝德克尔　5
Bahia (Brazil)　巴伊亚（巴西）　58, 62, 88
　　1798 rebellion　1798 年的起义　105–106
Batalha, abbey of　巴塔利亚修道院　22, 图 3, 198
Beckford, William Thomas　威廉·托马斯·贝克福德　95
Belgian Congo　比属刚果　146, 172
Belgium　比利时　120, 131, 146
Beresford, William Carr, first viscount　第一代贝雷斯福德子爵威廉·卡尔　99, 101, 111, 116, 117
Black Death　黑死病　21
Bombay　孟买　48
Bourbons　波旁王朝　64, 114
bourgeoisie, see middle class　资产

阶级，见中产阶级
Boxer, C. R.　C. R. 博克斯　7
Braga　布拉加　16, 17, 18, 94
　　1926 military coup　1926 年军事政变　132, 156
Braga, Teófilo　特奥菲洛·布拉加　153
Braganza, Afonso, first duke of　第一代布拉干萨公爵阿方索　24
Braganza, Fernando, third duke of　第三代布拉干萨公爵斐迪南　29
Braganza, John, eighth duke of, see John Ⅳ　第八代布拉干萨公爵若昂，见若昂四世
Braganzas　布拉干萨家族　4, 24, 71-72, 99, 100, 112
　　insurrection of 1640 and independence from Spain　1640 年起义和从西班牙独立　35-51 多处
　　overthrow of　推翻　148, 152
　　South American branch　南美分支　99, 139, 148
Brazil　巴西　2, 28-29, 58-59, 62, 129, 184
　　British access to trade　英国获得贸易权　54, 86, 88, 99, 106
　　bullion shipments to Britain　运往英国的金条　74-75
　　coffee　咖啡　88
　　cotton exports　棉花出口　108-109
　　diamonds　钻石　75, 105
　　Dutch in　荷兰的参与　45-46, 46-47, 49
　　economic expansion　经济扩张　69-70, 88-89
　　independence (1822)　独立（1822）88, 103-107, 114, 116
　　Jesuit missions　耶稣会的使命　39, 48-49, 86-88
　　overthrow of Braganza dynasty (1889)　推翻布拉干萨王朝（1889）139, 148
　　Pombal's policy on　蓬巴尔关于～的政策　85-88
　　Portuguese court at　在～的葡萄牙王室　99, 103, 106, 112
　　slave labour　奴隶劳力　59, 69, 86, 87
　　slave trade　奴隶贸易　29, 49, 59, 69, 89-90, 99
　　slavery, abolition of　奴隶制的废除　106, 121, 136, 139, 144
　　society　社会　105-106
　　support for Portuguese independence from Spain　支持葡萄牙从西班牙独立　48, 49
　　termination of trade with Portugal　与葡萄牙贸易的终止　132, 146, 161, 170
　　white emigration to　白人移民到～58, 70, 100, 110-111, 119, 120, 图 28, 143-144, 187, 191
　　see also Bahia; gold; Minas Gerais; sugar; tobacco　另见巴伊亚；黄金；米纳斯吉拉斯；糖；烟草

brazilwood trade 巴西红木贸易 73

Britain, England 英国 36, 44, 86, 88, 132, 173

 Anglo-Portuguese rivalry in Africa 英葡在非洲的竞争 5, 131, 196

 and Lisbon earthquake 与里斯本大地震 81

 Peninsular Wars and occupation of Portugal 半岛战争和对葡萄牙的占领 99-102

 Portuguese economic dependence on 葡萄牙对～的经济依赖 2, 54, 58, 67, 129-130, 137, 141

 and Portuguese Revolution 与葡萄牙革命 116, 117

 Portuguese view of 葡萄牙对～的看法 125, 128, 197

 relations with Potugal (see also Anglo-Portuguese treaties) 与葡萄牙的关系（另见英葡条约）22-24, 45-48 多处, 51, 88, 128, 129, 153

 and republican revolution of 1910 与1910年共和革命 152

 trade with Portugal (see also 'Factory') 与葡萄牙的贸易（另见"工厂"）58, 59, 60-61, 62, 64-66, 74, 91-93, 129-130, 161

 see also Brazil 另见巴西

burial customs 丧葬风俗 127

Bussaco, battle of (1810) 布萨科战役（1810）101-102

C

Cabinda, Bay of, discovery of oil 卡宾达海湾，发现石油 146, 172-173

Cadiz constitution 加的斯宪法 113, 114

Caesar, Julius 尤利乌斯·恺撒 12

Caetano, Marcello 马赛罗·卡埃塔诺 169, 171, 182

Camões 卡蒙斯 17, 36, 147, 150

Canary Islands 加纳利群岛 24

Cape Colony 开普殖民地 146

Cape of Good Hope 好望角 29, 47

Cape Verde Islands 佛得角群岛 24, 144, 194

capitalism 资本主义 127-128, 138-139

'carbonari' "烧炭党" 131, 152

Carlos I, of Portugal (1889-1908) 葡萄牙国王卡洛斯一世（1889—1908）131-132, 图31, 151, 155

Carthaginians 迦太基人 12

Castelo Melhor, third count of 第三代卡斯特罗·梅略尔伯爵 50, 56

Castile 卡斯蒂利亚 18, 19-21, 22, 24, 31, 34, 35, 36, 47

Catalonia 加泰罗尼亚 35, 38, 44, 47

Catherine of Braganza 布拉干萨的凯瑟琳 3, 47, 48, 50, 58

Catholic party 天主教政党 162, 166

Catholicism 天主教 112
　see also church 另见教会
Cavaco Silva, Anibal 阿尼巴尔·卡瓦科·席尔瓦 199
Celts 凯尔特人 11, 12
censorship 审查 39, 127, 151, 168, 190, 191
Ceuta 休达 25, 51
Charles Ⅰ, of England 英国查理一世 48
Charles Ⅱ, of England 英国查理二世 48
'chartists' "宪章派" 129
China 中国 29, 45, 89, 174
Christ, Order of 基督骑士修道会 24, 68
Christianity 基督教 16
　see also church; wars of religion 另见教会；宗教战争
church 教会 4, 30, 67, 160, 180-181
　confiscation of church lands 没收教会土地 5, 119
　and empire 与帝国 105, 181
　and Lisbon earthquake 与里斯本大地震 78, 79
　Pombal's attacks on 蓬巴尔对~的攻击 84-85, 87, 95
　and Portuguese independence movement 与葡萄牙独立运动 38, 41-42
　and Portuguese Revolution 与葡萄牙革命 112, 127
　religious intolerance 宗教不宽容 31, 56, 105, 108, 112, 159
　republican attacks on 共和党对~的攻击 152, 153, 159
　and Salazar regime 与萨拉查政权 165-166
　separation from state 与国家分离 153, 159, 166
　survival during Muslim era 在穆斯林时代中幸存 16, 17-18
　tithes and taxation 什一税和税收 42, 118
　see also anti-clericalism; Inquisition; Jesuits; missionaries; papacy; religious orders 另见反教权主义；宗教裁判所；耶稣会士；传教士；教皇；宗教组织
Churchill, Sir Winston 温斯顿·丘吉尔爵士 173
Cistercians 西多会 19
citrus fruits 柑橘类水果 62
civil wars: medieval 内战：中世纪 18, 22, 31
　nineteenth-century 19世纪 117-118, 119-120, 121
Clarence-Smith, W. G. W. G. 克拉伦斯-史密斯 7
Cluny 克吕尼 18
coffee: Angolan 咖啡：安哥拉 175, 182
　Brazilian 巴西 88
Coimbra 科英布拉 12, 18, 22, 77, 85, 94, 111

sack of (1810) 对～的劫掠（1810） 102
university 大学 39, 图10, 71, 103, 120, 121, 160, 162
Colbert, Jean Baptiste 让·巴普蒂斯特·柯尔贝尔 56
colonial wars 殖民战争 173, 174-177, 192, 193-194
colonialism 殖民主义 1-2, 24-31, 144
　and Portuguese economy 与葡萄牙经济 3, 51-54, 58-59, 69-75
　see also African empire; Asian empire; Atlantic empire; Brazil 另见非洲帝国；亚洲帝国；大西洋帝国；巴西
Columbus, Christopher 克里斯托弗·哥伦布 28, 31
communications, see transport and communications 通讯，见交通和通讯
communism 共产主义 168, 181, 185-188, 189, 192-193
Congo 刚果 139, 146, 172
Conimbriga (Condeixa) 科英布拉加（孔代沙） 12
conscription 征召 175
constitution: 1822 宪法：1822年 112-113, 114-116, 120, 121, 129
　1826 1826年 116, 120, 121, 122
　1932 1932年 166
co-operatives, producer 生产合作社 200

Córdoba 科尔多瓦 16, 21
cork industry 软木业 62, 图26, 139, 143
Corpus Christi festival 圣体节 68
cortes, see parliament 国会，见议会
Costa, Afonso 阿方索·哥斯达 153-155
Costa Cabral, António Bernardo da 安东尼奥·贝尔纳多·达·哥斯达·卡夫拉尔 122, 124-125, 127-128, 130
cotton industry 棉花产业 88, 95, 109, 139, 143, 171
Counter Reformation 反宗教改革 39
Covilhã 科维良 55
creoles 克里奥尔人 104, 144, 157
Cromwell, Oliver 奥利弗·克伦威尔 48
Cuban soldiers (in Angola) 古巴士兵（在安哥拉） 194, 196
culture, see architecture; art; literature 文化，见建筑；艺术；文学
Cunhal, Alvaro 阿尔瓦罗·库尼亚尔 186
currency 货币 153, 169
　devaluation 贬值 62, 158
Cutileiro, José 何塞·库蒂莱罗 7

D

De Beers diamond traders 戴比尔斯钻石贸易商 172

debt, national 国债 128, 158
Delgado, General Humberto 温贝托·德尔加多将军 174
democracy 民主 2, 6
 ideas of ～思想 96, 103-104, 106
 movement towards 争取～的运动 111-114, 131-132, 155
 transition to, after 1974 revelution 1974年革命后转变为～ 185-186, 195, 197-199, 200
 and the European Union 与欧盟 155-203
Descartes, René 勒内·笛卡尔 39
diamond industry 钻石业 75, 105, 172, 197
Dias, Jill 吉尔·迪亚士 7
dictatorship 独裁统治 3, 132, 155, 161-185
Douro River 杜罗河 18, 91, 92, 94
Douro Wine Company 杜罗葡萄酒公司 92
Duarte, king of Portugal 葡萄牙国王杜阿尔特 24, 27
Dutch, see Netherlands 荷兰，见尼德兰

E

Eanes, António 安东尼奥·埃亚内斯 192, 199
earthquake, Lisbon (1755) 里斯本大地震（1755）4, 67, 75-82

Eça de Queirós, José Maria 何塞·马里亚·埃萨·德·盖罗斯 141
economy 经济 2-3
 British domination of 英国对～的统治 2, 53-54, 58, 67, 88, 130, 137, 139-141
 in nineteenth century 在19世纪 109-110, 120-121, 128, 129-130, 133-146 多处
 Pombal's eighteenth-century reforms 蓬巴尔的18世纪改革 82-84, 85-94
 in seventeenth century 在17世纪 36-37, 51-66 多处
 in twentieth century 在20世纪 153, 156, 158, 179-180, 185
 see also colonialism; fiscal policy; industrialization; trade 另见殖民主义；财政政策；工业化；贸易
education: in eighteenth century 教育：在18世纪 67, 85
 Jesuit 耶稣会 39
 in nineteenth century 在19世纪 120, 137, 141, 143
 in twentieth century 在20世纪 157, 159-160, 166, 202
Edward Ⅲ, of England 英国爱德华三世 24, 64
Eiffel, Gustave 古斯塔夫·埃菲尔 5
Eilzabeth Ⅰ, of England 英国伊丽莎白一世 33

Elmina (West Africa) 埃尔米纳（西非） 46
emigration 移民（对外） 7, 16-17, 110-111, 119, 124, 156
  to Africa 去非洲 171-172, 175
  as alternative to domestic economic development 作为国内经济发展的替代 54-55, 58, 70
  to other European countries 去其他欧洲国家 176-178
  see also Brazil 另见巴西
England, see Britain 英国
English Revolution 英国革命 43
Ericeira, Luis de Meneses, third count of 第三代埃里塞拉伯爵路易斯·德·曼尼塞斯 55, 61, 62, 图13, 94
Escorial, Spain 西班牙的埃斯科里亚尔 72
Estoril 埃什托里尔 180
Estremadura 埃斯特雷马杜拉 97
European Community 欧洲共同市场 162, 200, 202
  Portuguese entry into 葡萄牙加入～
  (1986) （1986） 200
  (2002) （2002） 8
Evora 埃武拉 图1, 图2, 27, 29-30, 38, 43
  Jesuit University 耶稣会大学 39, 85

F

'Factory' (English trading community in Portugal) "工厂"（在葡萄牙的英国贸易团体） 57-58, 61, 75, 84, 93, 110
  fate in Lisbon earthquake 在里斯本大地震中的命运 75, 77-78, 81
Falmouth, bullion imports 法尔茅斯，金条进口 74
famine: in Angola 饥荒：在安哥拉 171
  in Portugal 在葡萄牙 124, 128, 157
farmers 农场主 133, 134, 186, 187-188, 189, 200
fascism 法西斯主义 6, 9, 132, 155, 159, 161, 163-164
Fátima, cult of 法蒂玛秘宗 165-166, 181
Fernando I, of Portugal 葡萄牙斐迪南一世 64
Fernando II, king-consort 王夫斐迪南二世 5, 120, 136, 137
feudal relations 封建关系 21-22, 67, 95, 118-119, 132-133, 134
financial institutions 金融机构 187, 189-190
First World War 第一次世界大战 132, 153, 155, 157, 159, 161
fiscal policy 财政政策 62, 127-128, 141-142, 153, 158-159, 169
fishing industry 捕鱼业 14, 53-54, 74, 143
Fontes Pereira de Melo, António Maria de 安东尼奥·马里亚·德·方特

斯·佩雷拉·德·梅洛 136, 138
food supply 粮食供应 54, 123–124, 133–134, 157
football 足球 178
France 法国 18, 43, 44, 60, 89, 96–97, 137, 178
   intellectual influences 知识的影响 96–97, 103, 129
   Napolenoic invasions of Portugal 拿破仑对葡萄牙的入侵 99–103, 108, 124
   political and economic relations with Portugal 与葡萄牙的政治和经济关系 47, 50–51, 56, 117, 136
   and Spain 与西班牙 50, 64, 100, 114
Franco, Francisco 弗朗西斯科·弗朗哥 173, 198
freemasons 共济会 111, 116, 131, 151, 152, 169
   outlawing of 取缔～ 155, 159, 165
Freire de Andrade, Gomes 戈梅斯·弗雷尔·德·安德拉德 111
French Revolution 法国大革命 6, 62, 103, 108
'Fundamentalism Portuguese' (*Integralismo Lusitano*) "葡萄牙原教旨主义" 160

G

Gama, Vasco da 瓦斯科·达·伽马 8, 9, 29, 31
Garcia, Elias 埃利亚斯·加西亚 151
Geographical Society 地理学会 146
Georgel, Jacques 雅克·若热尔 164
Germanic period 日耳曼时期 15–16
Germany 德国 47, 81, 137, 153, 155, 161, 173
   see also Prussia 另见普鲁士
Ghana 加纳 27
Gibraltar 直布罗陀 100, 202
Goa 果阿 29, 44–45, 89, 174
Goethe, Johann Wolfgang von 约翰·沃尔夫冈·冯·歌德 81
gold: Brazilian 黄金：巴西 2, 3, 4, 59, 62, 67–75 多处, 103, 104
   impact on Portuguese economy 对葡萄牙经济的影响 62, 70
   West African 西非 25, 33
Gold Coast 黄金海岸 27
gold reserves 黄金储备 199
'golden age' "黄金时代" 67–75
grain trade 谷物贸易 54, 62
   see also maize farming; wheat production 另见玉米种植；小麦生产
Granada 格拉纳达 31
Greeks 希腊人 12
Guadalquivir River 瓜达尔基维尔河 16
Guimarães 吉马良斯 18

Guinea 几内亚 175, 183, 189, 193

H

Habsburgs 哈布斯堡王朝 33, 36, 38, 42, 49
Haiti 海地 103, 105
Hamburg, flax imports from 从汉堡进口亚麻 109
health 健康 202
Henry Ⅷ, of England 英国亨利八世 118
Henry of Burgundy, Count of Portugal 葡萄牙勃艮第伯爵亨利 18
Henry the Navigator "大航海家"亨利 24, 25, 图 4, 170
'historical party' "历史党" 136
histories of Portugal 葡萄牙的历史 7–8
Hitler, Adolf 阿道夫·希特勒 173
housing 住房 123, 194–195
Hundred Years War 百年战争 23

I

Iberian unification 伊比利亚的统一 33–34, 137
Idrisi 伊德里斯 17
immigration 移民（对内） 27–28, 194
imperial expansion, see colonialism 帝国扩张，见殖民主义
independence, wars of (1640–68) 独立战争（1640—1668） 2, 21, 35–51
India 印度 29, 31, 44–45, 48, 89, 90
see also Goa 另见果阿
Indonesia 印度尼西亚 29, 89
industrialisation 工业化 2–3, 6, 54, 56, 197
  attempted textile production in seventeenth century 17 世纪尝试纺织品生产 55–56, 62
  creation of import substitution industries 创建进口替代工业 3, 131, 142
  industrial programme of Pombal 蓬巴尔的工业计划 94–95
  in nineteeth century 在 19 世纪 107, 108, 109–110, 131, 138–139, 197
  in twentieth century 在 20 世纪 172, 178–180, 197
industrialists 工业家 56, 187
influenza epidemic 1918 1918 年大流感 156
Inquisition 宗教裁判所 31, 39–41, 77
  opposition to economic innovation in seventeenth century 反对 17 世纪的经济创新 56, 60, 61, 62
  show trials 公开审判 68, 图 15, 79
  transformation into state tribunal 转为国家法庭 85–86, 96
Ireland 爱尔兰 7, 48, 78, 202

iron and steel 钢铁 95, 142, 172
Islam 伊斯兰 16-19, 21, 31
　contribution to science and learning 对科学和知识的贡献 16-17
Italy 意大利 25, 31, 137, 161, 173
ivory trade 象牙贸易 59, 90, 144, 146

J

Jacobinism 雅各宾主义 106, 148
Japan 日本 29
Jefferson, Thomas 托马斯·杰斐逊 103
Jesuits 耶稣会士 39, 45, 61, 79, 159
　Pombal's persecution of 蓬巴尔对～的迫害 85
　see also Brazil 另见巴西
Jews 犹太人 4, 37, 38, 56, 61, 85-86, 160
　see also New Christians 另见新基督徒
John Ⅰ (Master of Avis) 若昂一世（阿维斯军事修会会长） 22
John Ⅱ, of Potugal 葡萄牙若昂二世 29, 31
John Ⅳ, of Potugal (eighth duke of Braganza) 葡萄牙若昂四世（第八代布拉干萨公爵） 35, 41-50 多处, 61, 164
John Ⅴ, of Potugal 葡萄牙若昂五世 67, 70-71, 71-72, 75, 78, 82

John Ⅵ, of Potugal 葡萄牙若昂六世 114, 116
John XXIII, Pope 教皇若昂二十三世 181
Joseph Ⅰ, of Potugal 葡萄牙若泽一世 75, 78-79, 81, 83-84, 95
Juan Carlos, king of Spain 西班牙国王胡安·卡洛斯 198
Junot, General Andoche, duke of Abrantes 阿布兰特斯公爵安多什·朱诺将军 99, 100, 101, 108

K

Katanga copper mines (Zaire) 加丹加铜矿（扎伊尔） 146
Kongo 刚果 59
Korean War 朝鲜战争 175

L

labour 劳动力 21-22, 119, 120, 134-135, 139, 178, 180
　child 儿童 134, 139, 166
　female 妇女 139
　migrant 移民 162, 176, 177-178
　working conditions 工作条件 134-135, 157, 187-189
　see also slavery; trade unions 另见奴隶制；贸易联盟
Labrador 拉布拉多 53
Lagos 拉古什 21, 25, 27
land tenure 土地所有制 14, 38,

124, 141, 156, 157, 186–189
disposal of church and crown lands 对教会和王室土地的处理 5, 119, 132
enclosure and registration 圈地和土地登记 124–125, 132–133
land tax 土地税 125
peasant holdings 农民自留地 123–124
see also landowners 另见地主
landowners: new class of, in nineteenth century 地主：19世纪的新阶级 118–119, 122, 129, 132–134, 151
and tenants 与佃户 118, 188
see also land tenure; nobility, landed aristocracy 另见土地所有制；贵族，土地贵族
language 语言 17, 36
latifundia 大庄园 14, 27, 119, 156
League of Nations 国际联盟 155
Leopold II, of Belgium 比利时利奥波德二世 146
linen spinning and weaving 亚麻纺织 109
Lisbon 里斯本 6–7, 12, 39
aqueduct 水渠 4, 71, 82
and colonial expansion 与殖民扩张 25, 27
Customs House 海关大厦 75, 78
eighteenth-century (see also earthquake) 18世纪（另见大地震） 4, 71, 84, 89–92, 94–95, 97

industries 工业 94–95, 109
medieval 中世纪 17, 18, 22
merchants (see also 'Factory') 商人（另见"工厂"） 46, 51, 86–91
nineteenth-century 19世纪 110, 111, 117–118, 128
seventeenth-century 17世纪 38, 52–53, 54
Spanish court at 在～的西班牙王室 34, 36
transport system 交通系统 5, 136
twentieth-century 20世纪 151, 159, 178, 195
World Trade Fair 1998 1998年世界贸易博览会 203
literature 文学作品 160
Livingstone, David 戴维·利文斯通 146
Locke, John 约翰·洛克 103
London, commercial treaty with Lisbon 伦敦与里斯本签订的商业条约 64
Louis XIV, of France 法国路易十四 47
Luanda 罗安达 46, 49, 171
Lucena, Francisco de 弗朗西斯科·德·卢塞纳 42, 43
Luis I, of Portugal 葡萄牙路易一世 136
Lusitanians 卢西塔尼亚人 12, 图1, 15

M

Macau 澳门 29, 89, 174

Macaulay, Rose 罗兹·麦考莱 7, 173
Madeira 马德拉 24, 60
Madrid 马德里 34, 35
Mafra, palace of 马弗拉宫 4, 72, 97
Magalhães Godinho 马加良斯·戈迪尼奥 7
maize farming 玉米种植 54, 94, 124
Malabar 马拉巴尔 45
Manuel Ⅰ, of Portugal 葡萄牙曼努埃尔一世 30, 31, 67
Manuel Ⅱ, of Portagal 葡萄牙曼努埃尔二世 152, 155, 160, 166
Maria Ana, of Austria (m. John Ⅴ) 奥地利的玛丽亚·安娜（嫁予若昂五世） 82
Maria da Fonte rebellion (1846) "喷泉边的玛丽亚"起义（1846） 121, 123, 124-127
Marx, Karl, *Das Kapital* 卡尔·马克思,《资本论》 160
Marxism 马克思主义 185, 187
Massena, General André 安德烈·马塞纳将军 102
Mattoso, José 若昂·马托佐 8
Mauritanian slaves 毛里塔尼亚奴隶 27
Melo business empire 梅洛商业帝国 183-184
merchants 商人 31, 33, 90-91, 97, 111, 122, 129

English, in Portugal, see 'Factory' 在葡萄牙的英国商人，见"工厂"
middle-class 中产阶级 21-22, 38, 56-57, 109-110, 116, 137, 141
New Christian 新基督教 31, 46
Mértola 梅尔图拉 14
Mestiços 麦士蒂索人 28, 105, 106
Methuen, John 约翰·梅休因 4, 64
Methuen, Sir Paul 保罗·梅休因爵士 64, 图14
Methuen Treaty (1703) 《梅休因条约》(1703) 4, 64-66, 74, 99, 109
middle class, bourgeoisie 中产阶级, 资产阶级 21, 27, 34
ennoblement of 被封为贵族 5, 97, 119, 129
in nineteenth century 在19世纪 2, 108, 109, 119, 127, 129, 138
Pombal's promotion of, in eighteenth century 18世纪蓬巴尔对～的扶持 4, 84, 86, 92, 97
in seventeenth century 在17世纪 38, 54, 56
in twentieth century 在20世纪 153, 160, 161, 175, 178, 191
see also merchants; nobility 另见商人；贵族
Miguel, king of Portugal 葡萄牙国王米格尔 116-118, 118-119, 121, 125
Miller, Joseph C. 约瑟夫·C.米勒 7

Minas Gerais rebellion (1789) 米纳斯吉拉斯起义（1789） 103-105, 106
mines 矿藏 12, 14, 201
　　see also gold 另见黄金
Minho province 米尼奥省 93, 123-124, 128
Minho River 米尼奥河 18
miscegenation 种族通婚 28, 45, 87, 104-105
Misericordia 慈爱之心 134
missionaries 传教士 38, 49, 87, 105, 170-171
Mombasa, Portuguese fortress 葡萄牙要塞蒙巴萨 29
monarchy 君主制 4
　　confiscation of crown lands 没收王室土地 5, 118, 132
　　medieval 中世纪 11, 18, 22-24, 25
　　and nobility 与贵族 18, 29-31, 42-43, 50, 51, 68, 97
　　overthrow of 推翻～ 5, 148, 151-152
　　and parliament 与议会 19, 42-43, 49-50, 62, 70, 97, 136, 137
　　and Portuguese Revolution 与葡萄牙革命 114, 116-117, 119-121, 128-129
　　see also absolutism; Avis dynasty; Bragnzas 另见专制主义；阿维斯王朝；布拉干萨家族
monasteries, see religious orders 修道院，见宗教组织
Mondego River 蒙德古河 18
Montesquieu, Charles de Secondat, Baron de 夏尔·德·塞孔达·孟德斯鸠男爵 107
Morocco 摩洛哥 25, 27, 33
Mozambique 莫桑比克 45, 121, 131, 144, 181
　　economic exploitation 经济剥削 147, 170, 171, 172, 182
　　independence 独立 173, 175, 183, 192-193
　　Muslims, see Islam 穆斯林，见伊斯兰
Mussolini, Benito 贝尼托·墨索里尼 134, 163, 173

N

Nagasaki, Japan 日本长崎 29
Napier, Sir Charles 查理·纳比尔爵士 117
Napoleon I, invasion of Portugal 拿破仑一世入侵葡萄牙 4, 66, 98, 99-103, 119
nationalization programme 国有化计划 179, 189-191
nationalism 民族主义 3, 4, 36, 41, 150, 169-170
NATO 北约 179, 193
navigation 航海 17
navy, role in 1910 revolution 海军，在1910年革命中的角色 152

Nehru Jawaharlal 贾瓦哈拉尔·尼赫鲁 174
Netherlands 尼德兰 75
    Luso-Dutch war in Angola 安哥拉的葡荷战争 49
    relations with Portugal 与葡萄牙的关系 38, 44, 45, 61
New Christians 新基督徒 31, 46, 61, 85
'New Harvest' (*Seara Nova*) movement "新收获"（*Seara Nova*）运动 160
Newfoundland 纽芬兰 53
Newton, Sir Isaac 艾萨克·牛顿爵士 39
nobility, landed aristocracy 贵族，土地贵族 34, 39
    eighteenth-century 18世纪 4, 67, 68, 79, 82, 83–84, 95, 97
    medieval 中世纪 21–22, 27, 29–31, 33
    and middle class 与中产阶级 31, 54
    nineteenth-century 19世纪 108, 132–133, 134, 137
    seventeenth-century 17世纪 2–3, 35–38, 41–43, 50, 51, 54–56, 61
    transformation of bourgeoisie into 资产阶级向～的转化 5, 97, 118–119, 129
    see also monarchy 另见君主制
Norton de Matos, General José Mendes Ribeiro 何塞·门德斯·里贝罗·诺顿·德·马托斯将军 157, 168–169

O

oil: discovery of, in Africa 石油：在非洲发现 146, 172–173
    Angola 安哥拉 196, 197
olive oil exports 橄榄油出口 62
Oliveira Marques, A. H. de A. H. 德·奥利维拉·马尔克斯 7
Oporto 波尔图 7, 18, 61, 104, 123, 181, 195
    English merchants in 在～的英国商人 84, 110
    French occupation 法国占领 100, 101
    industries 工业 95, 109, 139
    nineteenth-century growth 19世纪的发展 110, 120, 136
    riots (1890, 1891) 暴动（1890，1891） 148–151, 153
    role in Portuguese Revolution 在葡萄牙革命中的角色 111, 117, 121, 127, 128, 151
    wine trade 酒类贸易 60, 91–93
orders, military 军事修会 19, 25
    see also Avis, Order of; Christ, Order of; Templars 另见阿维斯军事修会；基督骑士修道会；圣殿骑士
Ottoman empire 奥斯曼帝国 29
ovens, communal 公共烤房 112

P

Pais, Sidónio 西多尼奥·派斯 155–156
Palmerston, Henry John Temple, third viscount 第三代帕默斯顿子爵亨利·约翰·坦普尔 117
papacy 教皇 41, 85, 122, 159, 166
parliament 议会 5, 19, 62, 112, 129
   see also monarchy 另见君主制
Paulistas 保利斯塔人 74, 87
peasantry 农民 166–167, 187–188
   'feudal' dependency of ～的"封建"依附 21, 67, 95, 118
   loss of traditional rights 传统权利的丧失 125, 132–133
   revolt of 1637 1637年反抗 36
   uprising of 1846 1846年起义 123–127, 132
Pedro I, of Brazil 巴西佩德罗一世 114, 116–118
Pedro II, of Portugal 葡萄牙佩德罗二世 50, 54, 56, 60, 62, 67
Pedro V, of Purtugal 葡萄牙佩德罗五世 136
Pedro, Duke of Coimbra, regent 摄政科英布拉公爵佩德罗 24, 25, 27, 29, 31
Peninsular Wars 半岛战争 99–103, 121
Peru 秘鲁 34, 37, 90
petroleum industry 石油工业 172–173
Philip II, of Spain 西班牙腓力二世 33–34, 72
Philip IV, of Spain 西班牙腓力四世 50
Philippa of Lancaster (consort of John I) 兰开斯特的菲利帕（若昂一世的配偶） 24
Phoenician traders 腓尼基贸易者 12
piracy 海盗 73, 74
plague 瘟疫 21, 22
police 警察 6, 97, 167
Pombal, Sebastião José de Carvalho e Mello, marquis of 蓬巴尔侯爵，塞巴斯蒂昂·何塞·德·卡瓦略·梅洛 4, 79, 81–98多处, 116, 135, 170
   economic policy 经济政策 82–84, 86–89, 92–93, 122
population growth 人口增长 1, 157
port wine 波特酒 91–93
   see also wine trade 另见酒类贸易
Portuguese independence wars of, see independence, wars of 葡萄牙独立战争，见独立战争
Portuguese Legion 葡萄牙军团 169
Portuguese Revolution 葡萄牙革命 4–5, 62, 97
   (1820–51) （1820—1851）99, 107–130多处
postal services 邮政 94, 135
prehistory, Portuguese 葡萄牙史前史 11
press censorship 出版审查 151, 168, 190, 191

Primo de Rivera, Miguel 米格尔·普里莫·德·里韦拉 163
protectionism 贸易保护主义 122, 129, 132, 137, 157
Protestants 新教徒 47, 57
Prussia 普鲁士 155
public works programmes 公共工程计划 2, 4, 5, 71, 78–79, 110, 135–136, 169–170
Pulido Valente, Vasco 瓦斯科·普利多·瓦伦特 7
Pyrenees, Treaty of (1659) 《比利牛斯条约》(1659) 50

Q

Queluz, palace of 克卢什宫 97

R

racial discrimination, measures against 反对种族歧视的措施 85
railways 铁路 5, 136, 138–139, 200
recession, economic 经济萧条
　1870 1870 年 131, 132, 145
　1890s 18 世纪 90 年代 131, 148
　1930 1930 年 3, 6, 132, 161, 165, 170
'regeneration' party "复兴"党 136
Reis, Jaime 海梅·雷斯 7
religious orders, monasteries 宗教组织，修道院 19, 22, 41, 95, 159
　dissolution of ～的解散 5, 88, 118–119, 120, 127, 159
Republic (1910–26) 共和国（1910—1926） 5–6, 148, 151–160
republicanism 共和主义 2, 131, 137, 148–153
revolution of 1383 1383 年革命 22
revolution of 1640, see independence 1640 年革命，见独立
revolution of 1974–5 1974—1975 年革命 183–194 多处
Reynold, Gonzague de 贡萨格·德·雷诺尔德 166
Rhodes, Cecil John 塞西尔·约翰·罗德斯 5, 146
Rhodesia 罗德西亚 170, 183, 196
Rio de Janeiro 里约热内卢 49, 59, 70, 74, 87, 91, 106
　royal court at 在～的王室 4, 106
roads 道路 94, 122, 135, 200–201
Roman colonisation 罗马的殖民 12–15
Rousseau, Jean-Jacques 让-雅克·卢梭 103
Royal Society of London 伦敦皇家学会 81
Royal Transafrica Railway 皇家泛非铁路公司 147
rubber industry 橡胶业 144, 146

S

Sá, Salvador de 萨尔瓦多·德·萨 49

Sá da Bendeira, Viscount 萨·达·班代拉子爵 117, 120-121, 128, 136
Sado River 萨杜河 14, 54
Saint George of the Mine (Elmina) 圣乔治堡（埃尔米纳） 27
St Vincent, Church of, Lisbon 里斯本圣文森特教堂 68
Salazar, António de Oliveira 安东尼奥·德·奥利维拉·萨拉查 6, 图10, 132, 162-179 多处, 182, 183, 192, 198, 199
Saldanha, João Carlos, duke of 若奥·卡洛斯·桑塔哈公爵 图22, 116, 117, 120, 128-130, 136, 137, 152
Salisbury, third marquis of 第三代索尔兹伯里侯爵 146
salt industry 盐业 51-52, 62, 106
São Paulo 圣保罗 62, 87
São Roque, church of 圣罗克教堂 4
São Tomé 圣多美 24, 144, 191
Saraiva, José Hermano 何塞·埃尔马诺·萨赖瓦 7
sardine canning 沙丁鱼罐头 143
Savimbi, Jonas 乔纳斯·萨文比 197
Saxe-Coburg, house of 萨克斯-科堡家族 5, 120, 146
Schomberg, Frederick Herman, duke of 弗雷德里希·赫尔曼·绍姆贝格公爵 50
Sebastian, king of Potugal 葡萄牙国王塞巴斯蒂昂 33, 36, 图9

Second World War 第二次世界大战 6, 161, 172
Senegal 塞内加尔 27
'September' (1836) government and reforms "九月"（1836）政府和改革 119-120, 121-122, 130, 148
Setubal 塞图巴尔 195
Seville 塞维利亚 21
sexual mores 性道德 68, 175-176
share-croppers 分成佃农 134
shipbuilding 造船业 3, 12, 17, 53
shipping 航运 29, 图8, 46, 73, 74-75, 130
silk industry 丝绸业 56-57, 94-95
silver 白银 34, 37, 90
Sintra peace convention (1808) 《辛特拉和平条约》（1808） 100-101
slave trade 奴隶贸易 27-28, 46, 144
  to Brazil 运往巴西的～ 29, 49, 59, 69, 89-91, 99-100, 121
  see also slavery 另见奴隶制
slavery 奴隶制 14, 22, 24, 图5, 68, 104, 157
  abolition in Portugal 在葡萄牙得以废除 106, 121, 136, 139, 144
  in Goa 在果阿 45
  see also slave trade 另见奴隶贸易
Smith, Adam 亚当·斯密 104, 107
smuggling 走私 73, 90-91, 144
Soares, Mário Alberto Nobre Lopez 马里奥·阿尔贝托·诺布雷·洛佩斯·苏亚雷斯 图37, 191, 192, 199

Soares de Resende, Sebastião 塞巴斯蒂昂·苏亚雷斯·德·瑞森德 181

social security, welfare 社会保障，福利 134-135, 165, 176, 194-195

socialism 社会主义 137, 148-149, 160, 186, 191, 195

society, social life 社会，社会生活 17, 21-22, 31, 56
 colonial 殖民时期 44-45, 104-105, 106
 eighteenth-century 18世纪 67-68, 96-98
 nineteenth-century 19世纪 110-111, 图24, 132-135
 twentieth-century 20世纪 175-180, 194-195
 see also middle class; nobility; peasantry; urban proletaviat 另见中产阶级；贵族；农民；城市无产阶级

South Africa 南非 46, 170, 172, 194, 195

Spain 西班牙 7, 88, 110, 122, 146
 civil war 内战 165, 173
 and France 与法国 50, 64, 100, 114
 political and ideological influences on Portugal 对葡萄牙政治和思想的影响 7, 31, 127, 129, 137
 portuguese independence from, see independence, wars of; restoration of closer ties with Portugal within EC 葡萄牙独立，见独立战争；在欧洲共同市场内与葡萄牙紧密关系的恢复 197-198, 202
 union with Portugal 与葡萄牙结盟 33-34
 see also Castile; Spanish America 另见卡斯蒂利亚；西属美洲

Spanish America 西属美洲 34, 36-37, 78, 87, 90, 103

spice trade 香料贸易 1-2, 44-45, 45-46

Spínola, General António 安东尼奥·斯皮诺拉将军 183, 189, 190, 191

Subrahmanyam, Sanjay 桑贾伊·苏拉马尼亚姆 8

Suez, British defeat at (1956) 英国在苏伊士运河被打败（1956） 173

sugar trade: Brazilian 蔗糖贸易：巴西 46, 58, 59, 70, 87, 90
 Medeira 马德拉 60

T

Tagus River 特茹河 8, 14, 18

Tangier 丹吉尔 48

tariffs, see protectionism 关税，见贸易保护主义

Tavira 塔维拉 21

Tavora family 塔沃拉家族 84, 95

taxation 税收 42, 70, 90, 137
 of peasantry 农民的～ 118

technocrats 技术官僚 122, 136

Templars 圣殿骑士 19

Tenerife 特内里费 24
textiles 纺织品 3, 55-56, 62, 74, 109-110, 137, 179, 203
   see also cotton industry; linen spinning; silk industry; woollen textile industry 另见棉花产业；亚麻纺织；丝绸业；羊毛纺织业
Thirty Years War 三十年战争 43, 47, 49
Timor 帝汶岛 89
tobacco trade 烟草贸易 58-59, 69, 73, 88, 139
Toledo 托莱多 16, 18
Tomar 托马尔 122
Torres Vedras, lines of 托里什韦德拉什防线 102
torture 折磨 56, 84, 168
tourism 旅游业 180, 182, 198, 201
towns 城镇 110, 148, 151
   see also urban proletariat 另见城市无产阶级
trade: eighteenth-century 贸易：18世纪 69-70, 73-75, 86-94 多处
   Luso-Dutch rivalry 葡荷竞争 44, 46
   monopoly trading companies 垄断贸易公司 86, 87, 90, 122, 144
   nineteenth-century 19世纪 99, 109-110, 121, 122, 129-130, 137, 141-143, 144
   seventeenth-century 17世纪 38, 44-55, 151, 66 多处
   twentieth-century 20世纪 161, 170-173, 198, 203
   see also merchants; protectionism; and individual commodities 另见商人；贸易保护主义；和各商品单独条目
trade unions 工会 139, 148, 186, 188, 189, 198
transport and communications 交通和通讯 94, 122, 135-136

U

unemployment 失业 120, 134, 169
United Nations 联合国 162, 173
Untied States 美国 170, 171, 179, 181, 192-193, 196
   civil war 内战 137
   see also American Independence. war of 另见美国独立战争
urban proletariat 城市无产阶级 3, 122, 131, 137, 157
Uruguay 乌拉圭 87
USSR 苏联 196

V

Vatican, see papacy 梵蒂冈，见教皇
Venice 威尼斯 29, 46
Versailles peace conference 凡尔赛和平大会 153
Viana 维亚纳 61, 93
Vieira, António 安东尼奥·维埃拉 61-62

Virginian tobacco 弗吉尼亚烟草 59
Visigoths 西哥特人 16
Voltaire, François Marie Arouet 弗朗索瓦·马里耶·阿鲁埃·伏尔泰 72, 79, 103

W

wars of independence, see independence, wars of 独立战争，见独立战争
wars of religion 宗教战争 17–18
Waterlow and Sons 华德路公司 158
welfare provision, see society security 福利保障，见社会保障
Wellington, Arthur Wellesley, first duke of 第一代威灵顿公爵亚瑟·卫斯理 4, 66, 100–102, 117
Westminster, Peace of (1668) 《威斯敏斯特和约》(1668) 51
wheat production, domestic 国内小麦生产 54, 97, 122, 132, 133–134, 157
windmills 风车房 95, 图20
Windsor, Treaty of (1386) 《温莎条约》(1386) 24, 64
wine trade 酒类贸易 3, 60–61, 92, 139, 143
    with Brazil 与巴西 89
    with Britain 与英国 4, 64–66, 91–93, 197
    price reductions 降价 5, 131, 137
Witham, Kitty, account of Lisbon earthquake 凯蒂·威瑟姆，对里斯本大地震的记述 76–77
women; role in 1846 rebellion 妇女；在1846年叛乱中的角色 124–125, 图23
    in society 在社会上 68, 157, 177, 178
    workers 工人 109, 139
woollen textile industry 羊毛纺织业 3, 55, 62, 66, 97
World Wars, see First World War; Second World War 世界大战，见第一次世界大战；第二次世界大战

X

Xavier, Silva (the 'Teethscrewer') 席尔瓦·哈维尔（"拔牙医生"） 105

Y

youth brigades, Salazar's 萨拉查的青年旅 169

Z

Zaire 扎伊尔 146, 182, 194, 195
Zambezi 赞比西河 44, 131, 139, 146
Zambezi dam 赞比西河大坝 183, 195
Zanzibar 桑给巴尔 193

译校说明

本书的译校是多人合作的结果，具体分工如下：

导言、第一章至第三章：佟悦初译，周巩固、周文清重译并校对；

第四章、第五章：周巩固、周晶译，周文清校；

第六章、第七章：周文清译，周巩固校；

附录及书后索引：周文清译，周巩固校。

最后由周巩固、周文清对全部译稿进行校对统筹。

在译校过程中，还得到以下人士的大力帮助：澳门理工大学语言及翻译学院客座讲师杨舒耐心为译者解答了附录中有关葡萄牙语的翻译问题。北京外国语大学的石荣博士仔细校读了全部译文并提出了修改意见，最终由周文清、周巩固校对定稿。

区域国别史丛书

第一辑

中亚史（全六卷）	蓝琪 主编
印度洋史	〔澳〕肯尼斯·麦克弗森 著
越南通史	〔越〕陈仲金 著
日本史	〔美〕约翰·惠特尼·霍尔 著
丹麦史	〔丹〕克努特·J. V. 耶斯佩森 著
法国史（全三卷）	〔法〕乔治·杜比 主编
俄国史（全五卷）	〔俄〕瓦·奥·克柳切夫斯基 著
巴西史	〔美〕E. 布拉德福德·伯恩斯 著
加拿大史	〔加〕查尔斯·G. D. 罗伯茨 著
美国史（全两册）	〔美〕埃里克·方纳 著

第二辑

德意志史（全四卷）	〔德〕赫伯特·格隆德曼等 著
葡萄牙史	〔瑞士〕戴维·伯明翰 著
奥地利史	〔美〕史蒂芬·贝莱尔 著
新西兰史	〔新西兰〕菲利帕·梅因·史密斯 著
阿拉伯简史	〔美〕希提 著
意大利简史	〔意〕路易吉·萨尔瓦托雷利 著
加勒比海地区史	〔澳〕B. W. 希格曼 著
芬兰史	〔英〕大卫·科尔比 著
英国史（全两册）	〔美〕克莱顿·罗伯茨、戴维·罗伯茨、道格拉斯·R. 比松 著
玻利维亚史	〔美〕赫伯特·S. 克莱恩 著

图书在版编目(CIP)数据

葡萄牙史/(瑞士)戴维·伯明翰著;周巩固,周文清译.—北京:商务印书馆,2025
(区域国别史丛书)
ISBN 978-7-100-23639-3

Ⅰ.①葡… Ⅱ.①戴… ②周… ③周… Ⅲ.①葡萄牙—历史 Ⅳ.①K552

中国国家版本馆 CIP 数据核字(2024)第 074695 号

权利保留,侵权必究。

区域国别史丛书

葡萄牙史

〔瑞士〕戴维·伯明翰 著
周巩固 周文清 译

商务印书馆出版
(北京王府井大街36号 邮政编码100710)
商务印书馆发行
山东韵杰文化科技有限公司印刷
ISBN 978-7-100-23639-3

2025年2月第1版 开本 880×1240 1/32
2025年2月第1次印刷 印张 7⅜ 插页 2
定价:58.00元